"十四五"普通高等教育国际经济与贸易专业核心课程教学案例丛书

U0656740

国际贸易实务教学案例

曾莉婷 李勤昌 白雪 主编

GUOJI MAOYI SHIWU

JIAOXUE ANLI

东北财经大学出版社
Dongbei University of Finance & Economics Press

大连

图书在版编目（CIP）数据

国际贸易实务教学案例 / 曾莉婷，李勤昌，白雪主编. —大连：东北财经大学出版社，2024.2
（"十四五"普通高等教育国际经济与贸易专业核心课程教学案例丛书）
ISBN 978-7-5654-5034-1

Ⅰ. 国… Ⅱ.①曾… ②李… ③白… Ⅲ.国际贸易-贸易实务-教案（教育）-高等学校-教材 Ⅳ.F740.4

中国国家版本馆CIP数据核字（2023）第224565号

东北财经大学出版社出版
（大连市黑石礁尖山街217号　邮政编码　116025）
网　　址：http://www.dufep.cn
读者信箱：dufep@dufe.edu.cn
大连永盛印业有限公司印刷　　东北财经大学出版社发行
幅面尺寸：170mm×240mm　字数：303千字　印张：14.5　插页：1
2024年2月第1版　　　　　　　2024年2月第1次印刷
责任编辑：李　彬　章北蓓　　　责任校对：赵　楠
封面设计：原　皓　　　　　　　版式设计：原　皓
定价：49.00元

"十四五"普通高等教育国际经济与贸易专业核心课程教学案例丛书

丛书主编： 李勤昌

丛书编委（按姓氏笔画排序）

方韵诗　关建波　何　芬　袁　柳

常　崑　鲁朝云　曾莉婷　潘银坪

总序

　　教材是体现教学内容和教学要求的知识载体，是教与学的基本工具，是提高人才培养质量的重要保证。为进一步贯彻落实《教育部关于加快建设高水平本科教育全面提高人才培养能力的意见》（教高〔2018〕2 号）、《教育部关于一流本科课程建设的实施意见》（教高〔2019〕8 号）、《高等学校课程思政建设指导纲要》（教高〔2020〕3 号）和《普通高等学校教材管理办法》（教材〔2019〕3 号）等文件精神，更好地服务于学校全面深化教育改革、提升教育教学水平和人才培养质量，支持一流本科专业和一流本科课程建设，我们组织编写了"'十四五'普通高等教育国际经济与贸易专业核心课程教学案例丛书"。

　　根据应用型人才培养目标，运用 OBE 理念下的"多元组合教学法"，包括问题导向教学法（PBL）、合作学习、自主课堂、研讨式教学、探究式教学、翻转课堂、对分课堂等，抓住"一个中心三个基本点"（以学生为中心，问题导向、课堂思政、能力培养），实现为党育人、为国育才的教学目的，应该是普通高等教育高质量发展的总体趋势和重要内容。

　　多元组合教学法的要义还是 PBL 教学法（也可称为案例教学法），就是倡导学生通过自主学习培养主动学习的能力和运用知识解决实际问题的能力，其他的方法只是侧重点不同而已。PBL 教学法就是根据以学生培养为中心的理念，老师按照教学计划，给出特定的问题，让学生课前通过自主学习，准备出问题解决方案，再通过翻转课堂等手段，通过课上的学生变老师、老师变导师的生生互动、师生互动、审辩创新，优化解决方案，由此激发学生学习的主动性，培养自学能力、创造能力、团队精神的一种教学方法。PBL 教学法应该具备以下要素：一是要具有真实的带有普遍性的特定问题，作为学生学习的起点；二是要建立学习小组，以便小组合作，自主学习，培养学生自学能力和协作能力；三是要有课上讨论，让学生在讨论中优化解决方案，培养思辨能力、挑战精神和沟通能力；四是要有具备教练能力的教师，维持学习秩序和指引方向；五是要有课后的自我评价，观察学生的知识、能力升华状况，反馈至课程的初始设计。

　　与传统的讲授式教学法相比，PBL 教学法是颠覆性的。在这种教学方式下，课堂的主体是学生，由学生通过对思考问题的讨论，锻炼前述各项能力，教师只是课堂的组织者和学习的促进者。为了解决来自现实世界的特定问题，学生必须在课堂讨论之前主动收集和学习相关理论知识，运用自己的智慧分析特定问题并提出解决问题的方案，由此提高学生学习的主动性和自觉性，培养学生的知识运用能力和决策能力。正因如此，自美国哈佛商学院在1921年正式采用案例教学法后，这一方法在全球商学院迅速传播开来，我国的相关专业也在大力推行这一教学方法。

　　实施PBL教学的一个先决条件是要有好的教学案例。这里所说的教学案例不是传统教学中使用的简短的说明性案例，一个标准的教学案例应当包括案例正文和案例使用说明两个部分。案例正文是对某个企业所发生的需要解决的问题的客观情景描述，有时间、地点、人物、事件发生过程和所遇困惑的交代，结构通常包括背景、情景描述、思考问题和参考资料等，其编写目的是让学生能够识别案例所设置的问题，然后通过主动学习相关理论知识，提出解决这些问题的方案。案例使用说明是为教师组织和引导学生课堂讨论提供指导，通常包括教学目的、分析思路、理论指导、教学组织等内容。

　　案例教学的实施过程也是颠覆性的。在经典的案例教学课程中，教师应当指定课前阅读材料，包括案例正文、思考问题、相关教材和理论文献等。学生必须课前阅读所有材料，识别和认真分析案例中设置的特定问题，提出问题的解决方案。在进入正式课堂讨论前，学生还应当进行小组讨论，通过相互学习，完善自己的决策方案。在课堂讨论中，教师是学习的组织者和促进者，而不是简单的知识灌输者。教师应当努力将教室营造成为一个合作性的讨论场所，围绕特定问题，组织和动员每个学生有序地参与各个具体问题的讨论，通过讨论让学生去发现知识、运用知识，使课堂成为自主学习和锻炼合作决策的场所。

　　正是基于上述认识，本教学团队近些年来在积极尝试推行国际贸易和国际商务专业的PBL教学和案例编写工作，《海上货物索赔教学案例》已于2016年由东北财经大学出版社出版，其中3个教学案例被中国专业学位教学案例中心收录。现在呈现给大家的教学案例丛书目前暂定七部，为国际经济与贸易本科专业核心课程的PBL教学改革而编写，包括《经济学教学案例》《世界经济概论教学案例》《国际贸易教学案例》《国际贸易实务教学案例》《国际货物运输教学案例》《国际商法教学案例》《国际结算教学案例》。

　　各分册采用统一编写体例。总体架构采用盯住主教材架构的方法，章、节、目名称总体上与其服务的主教材的章、节、目保持一致。原则上，每一章编写综合性的引导案例，涵盖该章的主要知识点。主要节、目（若目下有若干个知识点，则每一知识点）编写随堂案例，每一章（包括主要的节）编写若干综合案例，供该章（节）的学习总结与能力培养效果检验之用。各类型案例有中文表达的，也有全英文表达的。

　　各类案例原则上采用哈佛商学院的案例编写框架与构成要素。

　　引导案例是在讲授新的章节之前引出主题，激发学生兴趣，启发学生思考的短篇案例。其正文应当是涵盖该章、节、目的知识点的，或综合性的或单一性的短篇案例，可以不编制案例使用说明。

随堂案例是针对本次课程的核心知识点，在课堂上发放、现场阅读、即时展开讨论的短篇案例，讨论时间一般为10~15分钟。该种案例短小精悍，主要预埋有特定问题的故事情节、讨论思考题等。为加强课程思政建设，还编有较为丰富的课程思政类教学案例。

综合案例通常是针对一次或几次课程的内容，需要学生课前或课后自行阅读、认真准备，课上以小组为单位作案例分析报告，并进行自由讨论的长篇案例。该种案例正文包括时间、地点、人物、预埋有特定问题的跌宕起伏的故事情节、讨论思考题、参考文献、附录等。

各分册主编和参编人员均具有长期专业或课程的教学经验，成果丰富，从而保证了本丛书的先进性、创新性和挑战度。各分册既包括编者自己开发的教学案例，也包括对国内外权威机构公开发布和其他学者编辑的案例改编形成的教学案例，在此谨向这些机构和学者表示衷心的感谢。为多门课程编写系统的教学案例乃首次尝试，不妥之处欢迎读者和使用者提出宝贵修改意见。

本教学案例丛书为"广州工商学院2021年度校级教材建设项目"成果。

李勤昌

前言

　　《国际贸易实务》是国际经济与贸易专业的重要实践课程之一，课程目标是为国家培养国际贸易专业的应用型人才。该课程知识体系基本上以国际货物买卖合同为构建模块，在各模块中讲授合同基本条款、相关法律规则、履约技能，培养定立合同与履行合同的综合能力。为提高为党育人、为国育才的效果，全国上下都在推动一流课程建设，其核心内容之一就是改革课程教学方式。推行PBL教学方式是课程教学改革的重要内容，而PBL教学离不开好的教学案例，因此我们编著了《国际贸易实务教学案例》。

　　本教材总体框架采用盯住国内主流《国际贸易实务》教材的章、节、目框架下的主要知识点，对应性地配备教学案例。每一章编配有引导案例，让学生体会本章主要学什么，为什么学。主要的节、目编配了精短的解释性案例，帮助学生理解知识点、运用知识点。每章最后编配有综合案例，其编写方法基本采用哈佛商学院的教学案例编写范式，内容较长，故事情节曲折复杂，其间隐含了本章涉及的多个重要知识点，启发学生自主地运用所学的知识和网络知识来解决案例中遇到的问题，具有一定的高阶性和挑战性，从而能够培养学生独立思考的习惯和运用知识解决复杂问题的能力。为落实课程思政的育人任务，每章单独编有适当的思政案例，其他案例中也含有思政元素，使用者可根据具体情况来学习。

　　本教材由曾莉婷、李勤昌、白雪主编，柴虎虎参与了部分案例的撰写和编辑工作，张丽婷、林永瑜、王渤雄参与了部分文字的整理工作。教材部分引用了法院判例、公开出版的案例集、主流媒体相关事件报道中的资料，在此对相关权利人表示衷心感谢。尽管我们在编写中付出了极大努力，但仍难免存在瑕疵，衷心期望读者和使用者提出宝贵的修改意见。

《国际贸易实务教学案例》编写组

2023年5月

目　录

第一章　绪论

Global Trade Hits Record High of $28.5 Trillion in 2021, but Likely to Be Subdued in 2022

【案例正文】■——————————————————————

All major trading economies saw imports and exports rise above prepandemic levels in the fourth quarter of 2021, with trade in goods increasing more strongly in the developing world than in developed countries.

UNCTAD's Global Trade Update published on 17 February shows that in 2021, world trade in goods remained strong and trade in services finally returned to its pre-COVID-19 levels. "Overall, the value of global trade reached a record level of $28.5 trillion in 2021," the report says. That's an increase of 25% in 2020 and 13% higher compared to 2019, before the COVID-19 pandemic struck. While most global trade growth took hold during the first half of 2021, progress continued in the year's second half. After a relatively slow third quarter, trade growth picked up again in the fourth quarter, when trade in goods increased by almost $200 billion, achieving a new record of $5.8 trillion. Meanwhile, trade in services rose by $50 billion to reach $1.6 trillion, just above prepandemic levels.

The report shows that in the fourth quarter 2021, all major trading economies saw imports and exports rise well above prepandemic levels in 2019. But trade in goods increased more strongly in the developing world than in developed countries. Exports of developing countries were about 30% higher than during the same period in 2020, compared with 15% for wealthier nations. The growth was higher in commodity-exporting regions, as commodity prices increased. Moreover, South-South trade growth was above the global average, with a 32% year-on-year increase.

Substantial trade growth in most sectors

Except transport equipment, all economic sectors saw a substantial year-over-year increase in the value of their trade during the final quarter of 2021. "High fuel prices are behind the strong increase in the value of trade of the energy sector," the report says, "Trade growth was also above average for metals and chemicals." As a result of the global shortage of semiconductors, trade growth in communication equipment, road vehicles and precision instruments were subdued.

Global trade trends and nowcast

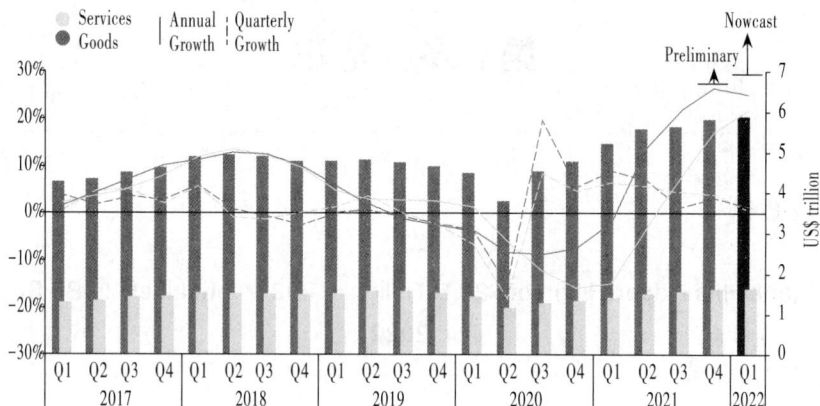

Greater trade growth in developing countries

Source：UNCTAD calculations based on national statistics.

Note：Quarterly growth is the quarter over quarter growth rate of seasonally adjusted values. Annual growth refers to the last four quarters. Figures for Q4 2021 are preliminary. Q1 2022 is a nowcast.

【涉及的问题】

随着时间的推移，经济全球化和区域经济一体化的趋势愈加明显，国与国之间的互动交流愈发紧密，贸易方面的往来日益频繁。在这样的环境背景下，我国立足于人类命运共同体的角度，对世界各国之间的关系以及发展进行了全面的审视，并制定了一系列有关各国协作发展的构想，为世界和平发展与合作共赢贡献了中国智慧，这对于进一步升级我国与东盟、中亚、南亚、西亚、北非以及欧洲等地区的合作建设、加快国家贸易发展产生了巨大的驱动效益。基于全球合作发展构想理念的引导，我国国际贸易发展的机遇与挑战并存，对此应进一步优化贸易结构，结合各国实情适度增加直接投资，并逐步扩大贸易范围，紧紧依托高素质人才队伍的支持，力求打开我国国际贸易发展的新格局。

基于这样的国际贸易发展新形势，作为大学生，需要具备以下两个方面的能力：

第一，需要掌握国际贸易的基本知识与基本技能，了解当代国际经济贸易的发展现状，熟悉通行的国际贸易规则和惯例，以及中国对外贸易的政策法规，了解主要国家与地区的社会经济情况。

第二，具有理论分析和实务操作的基本能力，具备较强的外语能力，未来能在涉外经济贸易部门、外资企业及政府机构从事实际业务，进行管理、调研和宣传策划工作。

思政案例

案例1：2021年中国货物的贸易规模再创新高

2021年，中国外贸进出口实现较快增长，货物贸易进出口总值同比增长21.4%，规模再创新高，质量稳步提升，实现了外贸"十四五"规划的良好开局。2021年，中国进出口规模达6.05万亿美元，在2013年首次达到4万亿美元，8年后跨过5万亿、6万亿美元两大台阶，达到历史新高，全年外贸额增量达1.4万亿美元。2021年，中国货物贸易进出口总值达39.1万亿元人民币，同比增长21.4%。与主要贸易伙伴的进出口贸易均实现稳定增长，对"一带一路"沿线国家的进出口贸易额的增速更快。2021年，中国对"一带一路"沿线国家的进出口贸易额增长了23.6%，比整体增速高2.2%。

此外，我国进出口的贸易方式进一步优化，一般贸易进出口值占比超过6成。2021年，中国一般贸易进出口值为24.08万亿元人民币，同比增长了24.7%；加工贸易进出口值为8.5万亿元人民币，同比增长11.1%。外贸经营主体的活力被有效激发，民营企业的进出口贸易活动更加活跃。2021年，中国有进出口实绩的企业为56.7万家，同比增加3.6万家。其中，民营企业的进出口值为19万亿元人民币，占比48.6%，同比增长26.7%，比整体增速提升了2%。机电产品出口、进口均保持良好增势。2021年，中国出口机电产品12.83万亿元人民币，同比增长20.4%，占出口总值的59%，其中自动数据处理设备及其零部件、手机和汽车分别增长12.9%、9.3%和104.6%。同期，机电产品的进口值为7.37万亿元人民币，增长12.2%，占进口总值的42.4%，其中集成电路的进口值同比增长15.4%。

在新冠肺炎疫情横行的背景下，中国货物的贸易规模再创新高的主要原因有哪些呢？首先，得益于中国经济的发展和疫情防控保持全球领先地位。2021年，中国中间产品的进口值和出口值分别增长24.9%和28.6%，消费品进口值增长9.9%。我国经济的韧性强，长期向好的基本面不会改变，国内生产和消费需求为外贸稳增长提供了强有力的支撑。二是全球经济保持复苏态势。2021年，全球经济整体呈现复苏态势，中国对欧盟、非洲的出口增速均超过20%，对拉丁美洲出口增速超过40%。三是稳增长政策措施的效果持续显现。2020年以来，中国出台了一系列稳主体、稳市场、保障外贸产业链和供应链稳定畅通的政策措施。例如，保持流动性合理充裕，延续并完善部分减税降费政策；加快发展外贸新业态、新模式，进一步深化跨境贸易便利化改革，推进自由贸易试验区的贸易投资便利化改革创新等。一系列政策落实落细，效果持续释放，为外贸企业纾困解难，从而激发了市场主体活力，成为外贸稳增长的有力保障。

案例2："蜡烛人生观"：给人以光明，给人以温暖

萧楚女（1891—1927年），中国共产党早期著名理论家、教育家和无产阶级革命家，黄埔军校政治教官。1925年，他与恽代英共同主编《中国青年》，宣传革命思想。1926年，萧楚女先后到广州农民运动讲习所和黄埔军校教授课程，是农民运动讲习所的专职教员。在广州期间，萧楚女还协助毛泽东编辑《政治周报》，筹办第六届农民运动讲习所，历任《新蜀报》主笔、社会主义青年团中央负责人、《中国青年》主编、《中州评论》主编、国民党中央农民运动委员会会员。1927年，他在国民党的"清党运动"中被捕，不久英勇牺牲，年仅34岁。2010年，萧楚女被国家评为"100位为新中国成立作出突出贡献的英雄模范人物"之一。

他生前在农讲所和黄埔军校带病工作时曾说："同学们，你们看蜡烛不是能放光明吗？做人也要像蜡烛一样，在有限的一生中有一分热，发一分光，给人以光明，给人以温暖。"他形象地形容自己的人生观是"蜡烛人生观"，并以此自励。他是这样说的，也是这样做的。萧楚女的"蜡烛精神"将在中国共产党人中代代相传。

作为新时代的外贸从业者，我们应具备萧楚女的"蜡烛人生观"，在有限的一生中发光发热，为我国的对外贸易事业贡献一份力量。

1.1　国际贸易的特点

- - - - - - - - - - 案例 - - - - - - - - - -

国际贸易具备什么特点和风险

【案例正文】 ■

材料1. 2008年年初，中国A公司与马德里B公司签订了一份8万欧元的香水出口合同，付款方式为信用证（L/C）提单日后180天。在签订合同时，欧元与人民币的汇率是1：11.05。A公司给客户报价时是按照1：10.50的汇率核算的，预计利润为12万元人民币。收到B公司开来的信用证后，A公司开始安排生产，货物于4月20日出运，A公司4月30日向银行交单。但到11月17日结汇时，由于金融危机的影响，欧元与人民币的汇率变成了1：8.55，导致A公司亏损了3.6万元人民币。

材料2. 山东G公司出口一批玉米产品到日本横滨，G公司认为，到日本横滨海运只需30多个小时，当时天气也很好，不会发生什么意外，因此没有办理海运货物保险。后来，货物也安全到达了目的港。但买方还是以缺少保单拒付，实际上买方拒付的真正原因是商品的市场行情发生了对自己不利的变化。

材料3. 某年，中国进出口商品交易会（简称"广交会"）的前一个月，一位

迪拜客户与中国M公司签订了一笔吸尘器合同，并开了信用证，随后M公司按信用证规定发了货。但后来这个客户在广交会上看到同类吸尘器的价格比M公司给它的价格低1美元，于是就在收到的单据中找不符点拒付，要求M公司降价1.5%，M公司只好答应了他的要求。

【讨论问题】■─────────────────────────────

请问：国际贸易具备怎样的特点，面临怎样的风险？

【参考答案】■─────────────────────────────

（一）国际贸易具备的特点

1.以函电磋商为主。国际贸易当面磋商的机会比较少，大多是通过函电磋商，如发传真、发电子邮件、打电话等。因此，国际贸易的从业者要学习外贸函电写作。

2.交易周期长。国际贸易环节、手续多，交易周期比较长，一笔即期收汇的交易从磋商合同到收到货款大约需要2个月。

3.交易成本高。国际贸易环节多，许多环节都要收取费用，有的费用还比较高，例如运费，一般占交易总额的10%左右，尤其是大宗的低值货物，运费的比重就更大。

4.操作复杂。国际贸易要涉及商务、海关、外汇、国税等多个管理部门；要与银行运输、保险公司、国际货代、报关行等许多专业机构打交道；要了解国外的政治、经济形势和外贸政策、法规，要熟悉国外文化、语言、风俗习惯等。因此，国际贸易的操作要比国内贸易复杂得多，许多环节都是通过中介机构来办理的。

5.单证交易。在国际贸易中，买卖双方处理的大多是一堆单证，卖方通过交单来交货，买方凭单来付款，货物没问题、单证有问题，买方也可以拒付；货物有问题、单证没问题，买方也要付款（当货物出现问题时买方付款后可以凭合同向卖方索赔）；买方还可以通过转让提单来出售货物。有时候买卖双方甚至没见过货物，只是与单证打交道，因此熟悉各种单证的缮制和处理是从业者重要的基本功。

（二）国际贸易面临的风险

（1）商业风险，指违约、毁约欺诈等方面的风险；（2）汇率风险，指结算货币汇率波动带来的风险；（3）国际市场商品价格波动的风险；（4）运输风险，指国际贸易运输沿途遭遇自然灾害、意外事故、社会风险的可能性比国内运输的更大；（5）政治风险，指由交易国政局不稳，发生动乱、革命、政府更替、政策变动等带来的风险。

1.2 国际贸易的新形式

广东跨境电商综试区的数量在全国位列第一

【案例正文】

近年来,随着跨境电商贸易机制的逐步完善、国际物流网络的持续畅通、跨境电商渠道加快拓展,我国跨境电商的发展势头强劲,这不仅激发了外贸主体的活力,拓展了外贸发展空间,还提升了外贸运行效率,稳定了外贸产业链和供应链,实现了产业数字化和贸易数字化的融合发展。而在国家的大力提倡和广东省委省政府的正确领导下,广东跨境电商实现了持续高速发展。自2016年广州、深圳获批跨境电子商务综合试验区以来,广东跨境电商的进出口总值年均增速超70%,目前跨境电商的进出口总值已突破3 000亿元。2022年年初,实现了21个地市综试区全覆盖,综试区数量居全国第一。中国(广州)跨境电子商务综合试验区获批7年来,广州跨境电商有135项经验被复制推广,参与制定国家、行业标准13项,出台便利化政策119项、促发展政策206项,国家累计投入2.2亿财政资金支持跨境电商新业态的发展。广州跨境电商总规模增长50倍,业务规模占全国1/5。

跨境电商作为我国发展速度最快、潜力最大、带动作用最强的外贸新业态,已经成为外贸发展的新动能、转型升级的新渠道和高质量发展的"新抓手"。广州依托千年商都强大的商业底蕴,依托粤港澳大湾区跨境电商完整的产业链和生态圈,进一步贯彻落实国务院关于加快外贸新业态、新模式发展的工作部署,赋能跨境电商服务链,全力支持"2022跨交会",将跨交会打造成为促进跨境电商产业高质量发展的重要交流和交易平台,打造成为广州跨境电商之城的新名片。

【讨论问题】

请问:在此背景下,广州如何实现跨境电商高质量发展?

【参考答案】

在信息技术、物流方式不断升级的背景下,跨境电商保障消费者更好地"买全球",也为企业更好地"卖全球"提供了便利。商务部研究院国际市场研究所副所长白明表示,"跨境电商促进了外贸领域在效率上的提升,线上的'货比三家'比线下来得更便利、更高效"。跨境电商能够拓展贸易边界,从前无法实行的根据客户不同需求的个性化定制服务,现在通过跨境电商平台都可以满足。而在一进一出之间,跨境电商卖家在出海的过程中往往会遇到涉及平台规则、当地法规等方面的问题。要培育跨境电商发展的"沃土",做好政策引导,提供服务保障,破解跨境电商发展中的深层次矛盾和体制性难题，这是广州必须要攻破的课题。面对错综复杂的海外市场，相对于跟风销售网络爆款带来的高风险，品牌化经营更能延长产品的红利期，结合品牌价值与用户黏度造就的"护城河"，可以提高企业海外经营的抗风险能力。

在繁忙的广州港南沙港区，"中国制造"商品正通过跨境电商运向全球。2022年"双11"期间，广州海关所属南沙海关跨境电商出口业务迎来通关高峰，日均验放出口电商包裹逾10万件。广州跨境电商竞逐全球跨境电商新赛道，其腾飞新机遇在南沙。目前，超600家企业在南沙开通跨境电商贸易服务。天猫、京东、唯品会、抖音、洋葱等跨境电商平台云集，美赞臣、达能、斯维诗、合生元等国际知名品牌也在这里建立了分拨中心。

随着《南沙方案》的印发与落地实施，广州加速推动南沙跨境电商实现新飞跃。2022年以来，国家先后投入财政资金3.12亿元人民币，支持南沙跨境电商企业扩大进出口规模、降低仓租成本、建设航空货运和跨境作业点等，助力企业纾困解难。充分发挥南沙"立足湾区、协同港澳、面向世界的重大战略性平台"的作用，按照"高标准高水平规划、建设和管理，整体谋划、分步实施"的要求，积极向国家有关部委申请开展跨境电商OTC药品进口试点，拓宽进口商品品类，形成跨境电商进口新增长点。同时，继续落实好广州海关支持南沙的48条措施，优化跨境电商进出口商品退货管理，进一步提高便利化水平。

1.3 国际贸易遵循的法律

案例
合同与国际惯例相冲突时，应如何处理

【案例正文】

某公司和外商签订了一份出口某农产品的CIF合同，根据《国际贸易术语解释通则2020》（简称《2020通则》），卖方在货物装上船后将风险转移给买方，而无须保证货物在规定的时间内安全到达目的港，但合同中却规定卖方必须保证货物在规定的时间内安全到达目的港，否则需要赔偿。

【讨论问题】

请问：国际贸易应遵循怎样的国际法规？《2020通则》属于什么国际法规？案例中合同的这种规定与《2020通则》对CIF的规定是否有矛盾？如果有，那么应按合同规定办，还是按《2020通则》办？

【参考答案】■

（一）国际贸易应遵循以下国际法规：（1）国际商事条约，指有关国家通过缔约形式制定的大家共同遵守的国际商事法律规范。与国际贸易有关的国际商事条约有很多，如《联合国国际货物销售合同公约》《海牙规则》《华沙公约》《国际铁路货物联运协定》《保护工业产权巴黎公约》《商标国际注册马德里协定》《承认及执行外国仲裁裁决公约》等。（2）国际商事惯例，指在国际商事活动中形成的习惯做法，但习惯做法并不都是国际惯例，只有经过有关国际或民间组织编撰，并得到各国普遍承认和遵循的国际商事的习惯做法才是国际商事惯例。与国际贸易有关的国际惯例很多，如《2020通则》、《跟单信用证统一惯例500号》（UCP）和《托收统一规则》（URC）等。

（二）案例中合同的这种规定与《2020通则》对CIF的规定有矛盾。当案例中合同的规定与《2020通则》对CIF的规定有矛盾时，应按合同的规定办。

综合案例　中国正成为全球数字贸易发展最具活力的舞台

【案例正文】■

当前，数字技术革命与全球服务贸易发展形成历史性交汇，推动数字贸易迅猛发展，成为国际贸易增长的新引擎。数字技术不仅提高了服务的可贸易性，还将传统服务贸易转变为可数字化的贸易，数字贸易成为服务贸易创新发展的引领者，占全球服务贸易的比重大幅上升。联合国贸易和发展会议（UNCTAD）数据显示，2011—2020年，全球通过数字形式交付的服务出口额年均增速达到7%～8%。2020年以来，受新冠肺炎疫情的影响，全球服务贸易受到较大冲击，但数字贸易发展势头依然强劲，展现出强大的发展韧性。2021年全球跨境数字服务贸易规模达到38 610.8亿美元，同比增长14.3%，占服务贸易总规模的比重达到63.6%，已在服务贸易中确立主导地位。

随着数字贸易的迅猛发展，推动数字贸易形成共同的规则已成为越来越多国家的共识。但数字贸易作为一种新型贸易形态，涉及的领域广泛多样，各方在数据跨境流动、个人隐私保护、数字安全、平台治理等方面的监管政策立场相距甚远，短期内难以达成各方普遍接受的全球数字贸易规则体系。在多边谈判受阻的情况下，立场相近的国家往往通过双边或多边区域协定等方式，构建各自主导的数字贸易规则，形成了"美式模板"、"欧式模板"和"亚太模板"等多重规则体系并存的局面。

总体上看，与数据跨境流动、数据本地化等敏感议题相比，各国在数字贸易便利化领域更容易达成共识。当前，数字贸易便利化议题主要涉及数字产品关税、无纸化贸易等内容。数字贸易便利化要求简化数字贸易的制度和程序，推进数字基础设施建设和标准对接，提高数字贸易效率，降低交易成本，为数字贸易发展营造简约、透明和可预期的环境。

近年来，中国的数字贸易迅猛发展，已经成为全球数字贸易大国。根据联合国贸易和发展会议数据，2011—2020年，中国数字服务贸易规模由1 684.3亿美元增长至2 939.9亿美元，年均增长6.7%，全球排名由第10位上升至第5位。2021年，中国数字服务贸易总额达到3 596亿美元，同比增长22.3%，占服务贸易比重达43.2%。数字贸易对贸易增长的带动作用、贸易结构的优化作用、贸易创新的驱动作用日趋显现。电信计算机和信息服务出口优势显现，2021年同比增长30.4%，在数字服务出口中占比达39.5%。跨境电商增势强劲，2021年出口同比增长28.3%，占出口总额的6.4%，对稳定外贸出口增长，促进货物贸易数字化发挥了重要作用。数字支付国际市场加快拓展，微信、支付宝被越来越多的国家使用。

【案例使用说明】

一、教学目的与用途

本案例旨在使学生认识中国数字贸易的发展成就及困难，学生能具备推动数字贸易的技术创新、业态创新和制度创新等的意识，把国内市场规模转化为国际竞争优势，推动数字贸易高质量发展。

二、讨论问题

请问：中国数字贸易迅猛发展，已经成为全球数字贸易大国，在此背景下中国推进数字贸易便利化将面临怎样的机遇与挑战？

三、分析思路

妥善处理开放与安全、创新与监管、发展与治理等关系，推动数字贸易的技术创新、业态创新和制度创新，把国内市场规模转化为国际竞争优势，推动数字贸易的高质量发展。具体可以从5个方面着力进行：一是积极稳妥地扩大数字贸易领域的对外开放；二是健全数字贸易发展的制度和政策体系；三是积极推进数字贸易自由化、便利化；四是支持自贸试验区（港）的数字贸易创新先行先试；五是积极参与数字贸易规则制定的国际合作。

数字技术不仅可以创造出新的服务行业，还能改造传统的服务行业形态，丰富服务贸易内容。此外，数字技术还打破了服务提供者和消费者的地理界线，提高了服务业的可贸易性。5G以高吞吐量、低时延、大容量、高可靠性等优势加速夯实数字经济基石，同时成为中国企业推进业务增长、实现高质量发展的新空间，也成为中国企业提升市场竞争优势的重要推动力。随着5G技术不断向包罗万象的物联网细分领域拓展，新的市场机遇被不断创造。5G和人工智能技术的不断成熟和普及，催生了海量数字化需求，极大地促进了数字经济和数字贸易的发展，从而推动中国产业链和供应链现代化水平的不断提升。

数字经济和数字贸易会带来许多新的挑战，跨国公司，尤其是高科技企业，需要特别关注合规问题。从公司治理的角度，目前跨国公司面临的法律环境已经发生重大改变。许多外商投资时还在遵从《中华人民共和国中外合资经营企业法》的要求，而在2020年《中华人民共和国外商投资法》施行后，很多先前为企业所熟悉的条文已经不符合现行的法律要求，这就给跨国公司的公司治理带来一定的合规风险。跨国公司一定要了解的潜在的风险主要包括两点：第一，在公司内部，要建立合规管理的观念；第二，在供应链上下游渠道以及合作伙伴等方面，也要意识到可能存在合规风险。面对新的法律环境，跨国公司可以从行为主责、合规管理的相关制度，以及公司治理、合同管理等方面的完善、改进着手，来应对新的要求。

2011—2020年，新科技被越来越多地运用到金融服务中，从而对行业进行了重构。尤其是在三年的新冠肺炎疫情期间，金融科技在助力服务贸易发展中发挥了巨大作用。绿色金融是当前的时代机遇，相应的融资需求巨大。清洁能源将是中国企业"走出去"的重要机遇，未来这一领域的海外需求将超过国内需求。金融机构要主动适应新行业、新趋势。

第二章 买卖合同的磋商

开篇案例

发价是否生效

【案例正文】

11月4日，顺达公司应瑞典TG公司的请求，报价棉花500吨，CIF斯德哥尔摩每吨340欧元，即期装运实盘，要约有效期至11月24日。TG公司接到发价后，请求顺达公司降低价格并延长要约有效期。顺达公司曾将价格每吨减至320欧元，延长要约有效期至11月30日。TG公司接到顺达公司来电后，又请求顺达公司增加数量并再次延长要约有效期。顺达公司将数量增至800吨，延长要约有效期至12月10日。TG公司于12月6日来电接受该盘。顺达公司在接到TG公司的承诺电报时，发现国际市场的棉花产量因受灾害影响而锐减，市场价格暴涨。顺达公司不愿意成交，复电称："由于世界市场价格变化，在接到承诺电报前已将货物售出，所以不能提供货物。"TG公司不同意这一说法，认为承诺是在要约有效期内作出的，因而是有效的，坚持要求顺达公司按要约的条件履行合同。同时提出要么执行合同，要么赔偿差价损失6万欧元，否则将起诉到法院。

【讨论问题】

请问：在交易磋商的过程中，买卖双方都必须遵循一定的法律规制，否则交易磋商无法顺利进行，那么磋商的过程包括几个环节呢？每个环节是否应遵循一定的法律规制呢？

思政案例

聚焦RCEP① 贸易便利化，持续优化通关流程

2011年印度尼西亚正式提出RCEP畅想，2012年东盟发起RCEP谈判邀约，成员包括东盟十国、中国、日本、韩国、印度、澳大利亚和新西兰，共16方。自2013年正式开始，至2019年11月，举行了3次领导人会议、19次部长级会议和28

---

① RCEP指《区域全面经济伙伴关系协定》，是由中国、日本、新西兰等共计15个成员国签署的贸易协定。

轮正式谈判。2020年11月15日，第四次区域全面经济伙伴关系协定领导人会议以视频形式举行，由东盟轮值主席国越南的总理阮春福主持会议。东盟十国以及中国、日本、韩国、澳大利亚、新西兰共15个国家，正式签署《区域全面经济伙伴关系协定》（RCEP），标志着全球规模最大的自由贸易协定正式达成。

2022年1月1日，《区域全面经济伙伴关系协定》（RCEP）对文莱、柬埔寨、老挝、新加坡、泰国和越南等6个东盟成员国以及中国、日本、新西兰和澳大利亚共10国正式生效，这标志着全球最大的自由贸易区正式启航。海关统计数据显示，2021年我国对RCEP其他14个成员国的进出口值为12.07万亿元人民币，同比增长18.1%，占我国外贸总值的30.9%。其中，出口值为5.64万亿元人民币，增长16.8%；进口值为6.43万亿元人民币，同比增长19.2%。

据介绍，在《区域全面经济伙伴关系协定》（RCEP）的701项约束性业务中，海关总署单独或共同作为负责部门的共计174项，占比24.8%，目前已全面做好相关工作。其中，在海关程序与贸易便利化方面，海关总署聚焦RCEP贸易便利化各项规则，以加快打造市场化、法治化、国际化口岸营商环境为目标，持续优化通关流程、提升通关效率、降低通关成本。大力推动RCEP成员优化各自的作业流程，规范和简化海关监管手续，并与之共同审议海关程序。专门制定推进我国与RCEP成员间"经认证的经营者"（AEO）互认与实施方案，在RCEP建立有AEO制度的10个成员中，截至目前我国已与其中5国签署了AEO互认安排。我国在上海、广东、天津、福建等自贸试验区片内的综合保税区先行先试相关措施，比如对优惠贸易协定项下原产地证书明确可接受的"微小差错"范围等。我国积极适应RCEP背景下的变化，推进贸易便利化，持续优化通关流程，这是我国在对外贸易程序中时变时守的体现。

2.1 要约邀请

案例
购买布匹的意思表示是要约还是要约邀请

【案例正文】

R公司是一家服装生产公司，因服装生产急需一批优质的布匹，于是向本省的昌盛纺织厂、光华纺织厂及光明纺织厂发出函电，函电中称："我公司急需005型号的布匹100匹，如贵厂有货，请速来函电，我公司愿派人前往购买。"三家纺织厂在收到函电以后，先后向R公司回复了函电，在函电中告知他们备有现货，并告知了布匹的价格。而昌盛纺织厂在发出函电的同时，亦派车给公司送去了50匹布匹。在该批布匹送达R公司之前，R公司得知新华纺织厂所生产的布匹质量较好，且价格合理，因此向新华纺织厂发去函电，称："我公司愿购买贵厂005型号的丝光棉面料布匹100匹，盼速送货，运费由我公司负担。"在发出函电后第二天上午，新华纺织厂发函称已准备发货。下午，光明纺织厂将50匹布匹送到R公司时被告知，该公司已决定购买新华纺织厂的布匹，因此不能接受他们送来的布匹。光明纺织厂认为，R公司拒收货物已构成违约，双方协商不成，光明纺织厂遂向法院提起诉讼，要求被告R公司履行合同，并赔偿经济损失。

【讨论问题】■

请问：购买布匹的意思表示是要约还是要约邀请？

【参考答案】■

购买布匹的意思表示是要约邀请。发价，在法律上称为要约，是买方或卖方向对方提出各项交易条件，并愿意按照这些条件达成交易、订立合同的表示。被告向原告发出的函电并非是一种要约，只是要约邀请，而原告送货，实际上是一种要约行为。对此，被告可以承诺，也可以拒绝承诺，如被告拒绝收货，即表明不愿意承诺，这完全是合法的。最后，法院采纳了被告的观点，认为被告向原告发出的购买布匹的意思表示不是一项要约，而是要约邀请，所以原被告之间的合同关系不成立，因此判决驳回原告的诉讼请求，由原告承担本案的诉讼费。

2.2　发价

2.2.1　有效发价的基本条件

一、向一个或一个以上特定的人提出

------ 案例 ------
合同受价人不确定引发的纠纷

【案例正文】■

某卖方是一家从事制造、销售和出口皮靴的意大利公司（原告）。卖方于2020年10月向奥地利买方（被告）发送了3 300双皮靴。买方没有向意大利卖方付款，而是将货款支付给了一家英国公司。意大利买方提起诉讼，要求买方支付皮靴货款和利息。

据核查，(1)奥地利买方是经某英国公司雇员G先生展示一双皮靴样式后，向该公司订购了这种式样的皮靴。奥地利买方的订单送交英国公司后，被转递给意大利卖方。(2)在履行奥地利买方的订单过程中，意大利卖方的雇员曾经向买方进行过征询，得到买方对皮靴颜色、样式的认可。皮靴交货后，意大利卖方向奥地利买方开了发票，奥地利买方按照G先生的指示向英国公司送交一张支票，支付货款。

然而，意大利卖方却未从奥地利买方或英国公司处收到付款。（3）奥地利买方主张他是向英国公司发送的订单，与意大利卖方没有合同关系。意大利卖方则主张，英国公司是受卖方委托的代理人，长期代表卖方推广业务，征询订单，但没有收款权利，而奥地利买方对此应当知晓。

【讨论问题】

请问：本案中合同的受价人应是奥地利公司还是英国公司？

【参考答案】

本案需先判定G先生是否为独立商业经纪人（代理人）以及要约人对此是否知情等问题，原因如下：

（一）根据《联合国国际货物销售合同公约》（以下简称CISG）第14条第1款，要约应当是向一个或一个以上特定的人提出的订立合同的建议；而根据CISG第18条第1款，这个接受要约的特定的人（受要约人）作出接受要约的表示或者行为才构成承诺。

（二）案例中问题的关键是谁是奥地利买方订单的受要约人。这就需要查明G先生是否属于可代表卖方接受买方订单的独立的商业经纪人，或者是将订单（合同）转交卖方的中间人。如果买方发送订单时并未将G先生作为代表卖方接受买方订单的商业经纪人或买方并不知晓订单将被送交卖方，则不能视为（买方）与卖方签订了合同。此外，单从卖方和买方雇员之间的通信不能推断买方向卖方发出订单，并推论双方订立了合同，因为买方雇员不能假设卖方的行为是接受订货（CISG第14条第1款和第18条第1款）。因此，本案需判定G先生是否为独立商业经纪人（代理人）以及要约人对此是否知情等问题。

二、表示受约束的意旨

案例

有关承诺是否有效的争议

【案例正文】

M公司和H公司签订一份玩具购销合同。M公司在6月1日发出要约，要求H公司在3天内承诺。H公司于6月1日收到后即承诺。由于水灾发生导致该地区通信中断，至6月5日承诺才到达M公司。M公司没有提出疑义。至6月15日，市场上的玩具价格上涨，H公司以"市场价格有变，不能执行原合同"为由拒绝履行，而与C公司签订了买卖合同。

【讨论问题】

请问：H公司的承诺是否有效？为什么？

【参考答案】

H公司的承诺有效，原因如下：

（一）《中华人民共和国民法典合同编》规定，受要约人在承诺期限内发出承诺，按照通常情形能够到达要约人，但因其他原因承诺到达要约人时超过承诺期限的，除要约人及时通知受要约人因承诺超过期限不接受该承诺的以外，该承诺有效。

（二）承诺生效的含义：承诺通知到达要约人时生效。承诺不需要通知，根据交易习惯或者要约的要求作出承诺的行为时生效。而采用数据电文形式订立合同，收件人指定特定系统接收数据电文的，该数据电文进入该特定系统的时间，视为到达时间；未指定特定系统的，该数据电文进入收件人的任何系统的首次时间，视为到达时间。

（三）在本案当中，虽然承诺到达要约人时超过承诺期限，但是"发生水灾导致通信中断"属于不可抗力，因此H公司的承诺有效。

三、内容十分确定

案例

有关交付数量的争议

【案例正文】■━━━━━━━━━━━━━━━━━━━━━━━━━━━━━━━

葡萄牙买方向西班牙卖方订购"十卡车土豆"。双方同意由买方派车到西班牙接货。但这三次派车时，卖方都未将车装满。买方认为卖方没有按照约定足额交货，主张在应付款中扣除一部分，以抵消其进行替代购买所造成的损失。

【讨论问题】■━━━━━━━━━━━━━━━━━━━━━━━━━━━━━━━

请问：买方认为卖方没有按照约定足额交货是合理的吗？

【参考答案】■━━━━━━━━━━━━━━━━━━━━━━━━━━━━━━━

买方认为卖方没有按照约定足额交货是合理的并有权得到替代购货所造成的损失，原因如下：

（一）根据CISG第8条第1和第2款规定，"（1）为本公约的目的，一方当事人所作的声明和其他行为，应依照他的意旨解释（如果另一方当事人已知道或者不可能不知道这一意旨）；（2）如果上一款的规定不适用，那么当事人所作的声明和其他行为，应按照一个与另一方当事人同等资格、通情达理的人处于相同情况中，应有的理解来解释"。虽然买方的订单是十卡车土豆，但这个数量没有争议，没有一个谨慎的商人会为了不能满载的交货数量而派卡车长途往返接货，买方要求合理。

（二）卖方所处的位置使他完全明白买方订购的是满载的十卡车的土豆，因此买方有权得到替代购货所造成的损失。

2.2.2 发价的撤回与撤销

案例1

有关撤回发价的争议

【案例正文】 ■─────────────────────────────

某公司于周二上午8点以电传方式向德商发价，公司原定价格为每单位2 500英镑CIF汉堡港，由于经办人员失误，错报为每单位2 500美元CIF汉堡港。当天上午9点公司发现问题，立即向德商发出通知表示撤回原发价。上午10点的发价和撤回通知同时到达德商。（注释：发价传至对方需2小时）

【讨论问题】 ■─────────────────────────────

请问：上述发价能撤回或修改吗？

【参考答案】 ■─────────────────────────────

上述发价可以撤回或修改，原因如下：

（一）CISG第15条规定："（1）发价于送达被发价人时生效。（2）一项发价，即使是不可撤销的，得予撤回，如果撤回通知于发价送达被发价人之前或同时，送达被发价人。"

（二）案例中，公司于8点发价，9点发现问题，10点的发价和撤回通知同时到达德商，根据CISG第15条第2款，撤回通知和发价同时到达受价人，则发价可以撤回或修改。

案例2

有关发价接受后撤销的争议

【案例正文】 ■─────────────────────────────

A公司于6月3日以传真方式请俄罗斯的一家供应商发价出售一批木材。A公司在传真中声明：要求这一发价是为了计算一项工程的标价确定是否用于投标，A公司必须于6月15日向招标人送交投标书，而开标日为6月30日。俄罗斯的这家供应商于6月5日以电传的方式就上述木材向A公司发价。A公司据以计算标价，并于6月15日向招标人递交投标书。6月20日俄罗斯的这家供应商因木材价格上涨，发来传真通知撤销其6月5日的发价。A公司当即复电表示不同意，于是双方发生争议。6月30开标，A公司中标后随即传真通知俄罗斯的这家供应商其接受俄商6月5日的发价，但俄商坚持该发价已于6月20日撤销，合同不成立。

【讨论问题】 ■─────────────────────────────

请问：俄罗斯的这家供应商的发价能撤销吗？

【参考答案】■

俄罗斯的这家供应商的发价不能撤销，原因如下：

（一）CISG第16条第2款发价不得撤销（b）中明确规定："被发价人有理由信赖该项发价是不可撤销的，而且被发价人已本着对该项发价的信赖行事。"A公司询价中已经明确告知对方自己邀请发价的意图是为了参与投标，而俄商知悉A公司意图后向其发价，A公司有理由信赖该发价是不可撤销的。

（二）案例中A公司本着对俄商发价的信赖行事，参与了投标，所以该项发价不能撤销。A公司中标后立即通知俄商接受生效，即合同成立。

2.3　还价时对要约的添加、限制或者其他更改

------------- 案例 1 -------------

对发价添加条件的接受产生争议

【案例正文】■

W公司想出售一批绿豆，德国有一家进出口公司表达了购买意愿。2021年7月15日，德国的这家公司向W公司发价如下：报绿豆100吨，即期装船，不可撤销即期信用证付款，1 000美元/吨 CIF汉堡港，7月23日前复到有效。W公司于7月20日回复如下：接受7月15日发价，购买绿豆100吨，即期装船，不可撤销即期信用证付款，1 000美元/吨 CIF汉堡港，除通常的装运单据以外，要求提供产地证、植物检疫证明书，具备适合运输的良好包装。德国的这家公司于7月22日回复如下：对你公司20日的电报，十分抱歉，由于世界市场的价格变化，收到你公司的接受电报之前，我公司的货物已另行出售。于是，双方对于接受是否有效、合同是否成立发生激烈的争论。

【讨论问题】■

请问：添加条件的接受是有效的接受吗？

【参考答案】■

添加条件的接受是有效的接受，原因如下：

（一）CISG第19条第2款中规定："但是，对发价表示接受但载有添加或不同条件的答复，如所载的添加或不同条件在实质上并不变更该项发价的条件，除发价人在不过分迟延的期间内以口头或书面通知反对其间的差异外，仍构成接受。如果发价人不作出这种反对，合同的条件就以该项发价的条件以及接受通知内所载的更改为准。"W公司在接受通知中，附加了一些条件，应视为一个附加条件的接受，发价人并没有对其中差异及时提出反对，接受有效，合同成立。

（二）案例中，如果发价人对附加条件接受的差异及时提出反对，合同是不成立的，但是他没有这样做，反而以货物已售出为理由，企图撤盘，从而使自己陷入被动的局面。

---- 案例2 ----
对发价内容进行更改视为还价

【案例正文】 ■────────────

2021年7月10日，H公司向M公司发价，发价中说："可供应100台割草机，2 000美元/台 CIF 釜山，订立合同后3个月内装船，不可撤销即期信用证付款，限10日内电复到我方有效。"2021年7月10日，M公司收到发价后，立即电复："我接受你方发价，在订立合同后立即装船。"直至8月20日，H公司未作任何答复，M公司以2021年7月10日回电接受发价，合同已经成立为由，要求H公司履行合同，H公司拒绝，双方发生争议。

【讨论问题】 ■────────────

请问：M公司的回复是接受还是还价？

【参考答案】 ■────────────

M公司的回复是还价，不是接受，原因如下：

（一）CISG第19条第1款中规定："对发价表示接受但载有添加限制或其他更改的答复，即为拒绝该项发价，并构成还价。"CISG第19条第3款中规定："有关货物价格、付款、货物质量和数量、交货地点和时间、一方当事人对另一方当事人的赔偿责任范围或解决争端等的添加或不同条件，均视为在实质上变更发价的条件。"M公司还价"我接受你方发价，在订立合同后立即装船"，根据CISG第19条第3款，这是对货物的交货时间的变更，是还价，不是接受。

（二）H公司发出实盘，但M公司的承诺不是有效的承诺，对原发价作出了实质性的修改，CISG第19条第1款对发价表示接受但载有添加限制（装货时间）即为拒绝该项发价，并构成还价，因此合同不成立。

---- 案例3 ----
要约的失效及新要约的成立

【案例正文】 ■────────────

2021年4月1日，A公司以邮件的方式向上海B公司发出要约："愿意购买贵公司的儿童玩具枪1万件，每件价格110元，你方负责运输，货到付款，一周内答复有效。"4月1日，B公司收到邮件，但因为B公司的收发员李某疏忽，4月4日才将邮件信息传达给 B 公司的办公室。B 公司的董事长外出，2021 年 5 月 6 日才回来，看到 A 公司的要约后，立即以电话的方式告知 A 公司："如果价格为 130 元/件，那么可以卖给贵公司 1 万件儿童玩具枪。"A 公司不予理睬。5 月 20 日，上海 C 公司经理吴某在 B 公司董事长的办公室看到了 A 公司的要约，当天回去后就向 A 公司发了传真："我们愿意以每件 110 元的价格出售 1 万件儿童玩具枪。"A 公司在第二天（5 月 21 日）回电 C 公司："我们只需要 5 000 件。"C 公司当天回电："明日发货"。

【讨论问题】■────────────────────

阅读上述案例，讨论以下问题：

（一）2021 年 5 月 6 日 B 公司电话告知 A 公司的内容是要约还是承诺？

（二）A 公司对 2021 年 5 月 6 日 B 公司电话不予理睬是否构成违约？

（三）2021 年 5 月 20 日 C 公司的传真是要约还是承诺？为什么？

（四）2021 年 5 月 21 日 A 公司对 C 公司的回电是要约还是承诺？

（五）2021 年 5 月 21 日 C 公司对 A 公司的回电是要约还是承诺？

【参考答案】■────────────────────

要点：CISG 第 14 条第 1 款中规定："向一个或一个以上特定的人提出的订立合同的建议，如果十分确定并且表明发价人在得到接受时承受约束的意旨，即构成发价。一个建议如果写明货物并且明示或暗示地规定数量和价格或规定如何确定数量和价格，即为十分确定。"CISG 第 19 条第 1 款中规定："对发价表示接受但载有添加限制或其他更改的答复，即为拒绝该项发价，并构成还价。"

（一）上述案例中，B 公司电话告知 A 的内容是价格变更，属于作出实质性变更，则原要约失效，成立新要约。（CISG 第 19 条第 1 款）

（二）首先 B 公司错过了 A 公司的要约期限，再次，B 公司是新的要约，对于要约可以不予承诺，没有承诺则合同不成立，合同不成立也就没有违约的存在。（CISG 第 19 条第 1 款）

（三）因为要约的对象具有确定性，在本案中，A 公司的要约是针对 B 公司的，并没有向 C 公司作出要约，所以 C 公司发出的传真属于 C 公司对 A 公司发出的要约。（CISG 第 14 条第 1 款）

（四）在本案中，A 公司对 C 公司的回复是数量上的变更，属于作出实质性变更，则原要约失效，成立新要约。（CISG 第 19 条第 1 款）

（五）C 公司对于 A 公司的回电是对于要约的答复，构成承诺。

2.4 接受

2.4.1 接受的生效

案例

有关接受是否有效的争议

【案例正文】

2月1日，烟台R公司向德国的一家进口商报价出口玉米，在发价中除列明各项必要条件外，还表示"Packing in sound bags"。在发价有效期内德国的这家进口商复电称："Refer to your telex first accepted，packing in new bags。"烟台R公司收到上述复电后，即着手备货。数日后，玉米的国际市场价格猛跌，德商来电称："我方对包装条件做了变更，你方未确认，合同并未成立。"而烟台R公司则坚持合同已经成立，于是双方对此发生争执。

【讨论问题】

请问：上述的接受是有效的吗？

【参考答案】

上述的接受是有效的，原因如下：

（一）CISG第19条第3款规定："有关货物价格、付款、货物质量和数量、交货地点和时间、一方当事人对另一方当事人的赔偿责任范围或解决争端等等的添加或不同条件，均视为在实质上变更发价的条件。"本案例中包装的改变不属于实质性改变。

（二）CISG第19条第2款规定："但是，对发价表示接受但载有添加或不同条件的答复，如所载的添加或不同条件在实质上并不变更该项发价的条件，除发价人在不过分迟延的期间内以口头或书面通知反对其间的差异外，仍构成接受。如果发价人不作出这种反对，合同的条件就以该项发价的条件以及接受通知内所载的更改为准。"上述案例中，合同应按"装入新袋"的条件成立。综上所述，德商的复电已构成接受，合同成立。

2.4.2 逾期接受

------ 案例 ------

有关接受逾期是否有效的争议

【案例正文】■

5月25日，济南A公司向外商H发价，限30日复到有效。外商H于30日上午发出电传表示完全接受发价，但该电传直到6月2日才到达济南A公司。济南A公司以对方答复逾期为由，不予置理。时值该货物的国际市价上涨，济南A公司遂以较高价格于6月5日将货物售予外商P。6月10日外商H来电表示信用证已开出，要求济南A公司尽早装运。济南A公司立即复电外商H"接受逾期，合同不成立"。外商H坚持接受有效且合同已经成立，双方发生争议。

【讨论问题】■

请问：逾期接受还有效力吗？

【参考答案】■

逾期接受有效，原因如下：

（一）CISG第21条第2款规定："如果发价人毫不迟延地用口头或书面将此种意见通知被发价人，那么逾期接受仍有接受的效力。"外商H已于30日上午发出电传表示完全接受发价，济南A公司却不予置理，并未毫不迟延地用口头或书面将此种意见通知被发价人，则逾期接受有效。

（二）逾期接受是指受价人的接受通知到达发价人的时间已经超过了发价规定的有效期，或在发价未规定有效期时，已超过了合理的时间。逾期接受在一般情况下无效，只能看作是一项新的发价。但为了有利于买卖双方成交，CISG对逾期接受采取了一些灵活的处理方法，使它在符合某些条件的情况下，仍然具有接受的效力，即如果发价人收到逾期的接受后，毫不迟延地通知受价人，确认其为有效，则该逾期接受仍有接受的效力。

▋综合案例 中国DR公司与加拿大AOF公司货物买卖的合同纠纷

【案例正文】■

一、背景

AOF公司是加拿大从事家具批发业务的公司，中国DR公司是从事商品加工、销售以及各类商品进出口业务的公司。2016年8月4日，AOF公司员工April Liu通过电子邮件的方式向中国DR公司发出订购座椅的要约，"麻烦你看下附件订单

PI15，BC型号的，能否先出PI15……" Emily回邮称："那就先出PI15吧，不过对PI15中FD18/BWB这个型号的我们已经取消，所以请改成别的型号，另外你们还可以加20把椅子。" 双方于2016年8月5日通过电子邮件的方式确认了订单PI15的具体内容，April再次回邮称："修改后的见下面：多了10把DH166/NB和10把RW1/NR。"后附表格中列明了所需座椅的种类和数量。Emily回邮称："请看附件PI，尽快确认。"附件PI显示：号码为20160804015；订单号为W20160804-125227-585；表格中列明了商品名称及规格、照片、描述、数量、单位价格等，总计金额为37 360美元；付款条件为装运前电汇全款；同时，还列明了中国DR公司的开户银行、账号、银行国际代码等支付信息。

2016年8月21日，Emily向April发邮件称："PI015我们已经订舱了，请赶快付款哦。"8月22日，Emily又向April发邮件催促："船期今天刚下来，8月28日发船，25日就要装柜了，你今天付款的话，不知道我们明天能不能收到啊？收不到的话，就只能延一个船期了啊。"April回称："我今天付款的话，你们只能后天才能收到。麻烦你延到下个船期，我问了Charles，ETA是9月4日，麻烦你看一下几号装船。"Emily发邮件回复："9月4日发船的话，我们就会在8月31日装柜，所以钱必须在8月30日收到，因此你在8月27日就要付了。"AOF公司在中国DR公司确定了船期和具体的付款期限后，于2016年8月24日通过汇款的方式支付了货款37 360美元到中国DR公司账户。8月26日，April向Emily发邮件称："钱付了哦，估计你们29日就收到了。"邮件中显示汇款概要为：借记账户：00×××38-USD-ABSOLUTEOFFICEFURN；支付金额：37 360美元。Emily回邮件："好的，谢谢。"

二、买卖合同是否已成立

2016年9月2日，中国DR公司要求AOF公司另行签署不合理文件，否则货柜不能出柜，中国DR公司货运代理Charles向AOF公司April发邮件，该邮件中称："因为有事未和客人确认好，所有柜子都暂不出柜。" AOF公司对此予以拒绝，导致买卖合同未能按原约定履行。AOF公司迄今未收到该笔订单货物，中国DR公司也未返还相应的货款。2016年10月6日，AOF公司的委托代理人向中国DR公司发出律师信，通知中国DR公司解除合同，并要求返还相应货款，但中国DR公司置若罔闻。中国DR公司辩称，双方之间的买卖合同不成立，双方当事人员工之间的电子邮件只是对PI15订单进行协商，并没有确认订单内容。AOF公司并非付款主体，现有证据不足以证明AOF公司已经支付货款，AOF公司的英文名称为"Absolute Office Furniture Industries Ltd."，而中国农业银行单证载明的汇款人英文名称为"Absolute Office Furniture Suite1"或"Absolute Office Furniture"。在没有证据证明两者为同一主体的情况下，法院不能仅靠推测，就认定汇款人为AOF公司。

为证明其主张，AOF公司提交了以下证据：（1）2016年8月4日至2016年8月5日之间的电子邮件，用以证明AOF公司与中国DR公司之间订立了货物销售合同；（2）2016年8月22日至2016年8月26日之间的电子邮件，用以证明AOF公司按约定履行了付款义务；（3）2016年9月2日的电子邮件，用以证明中国DR公司告知其不能履行；（4）律师信，用以证明AOF公司要求中国DR公司返还货款；（5）汇款水单，用以证明因汇款方名称有字数限制，故AOF公司名称均显示为缩略形式。

中国DR公司对AOF公司提供的4项证据的真实性均无异议，但认为双方之间的合同未成立，汇款的付款主体并非AOF公司；对证据5未发表质证意见。

为支持其"双方之间的买卖合同不成立，AOF公司并非付款主体"的意见，中国DR公司提交了以下证据：（1）中国DR公司与加拿大客户的电子邮件，用以证明加拿大客户向中国DR公司投诉AOF公司不提供售后服务；（2）中国DR公司与AOF公司的电子邮件，用以证明双方对售后问题进行协商并存在争议；（3）网页截图，用以证明AOF公司在加拿大抢注含有中国DR公司名称的域名；（4）电子邮件的附件PI，用以证明双方曾进行协商，但未能订立合同；（5）国际支付收账通知单，用以证明涉案款项的付款主体并非AOF公司。

AOF公司对中国DR公司提供的前3项证据的真实性无法确认，关联性不予认可，对证据4的真实性予以认可，对证据5的真实性、关联性均不予认可。

资料来源：佚名，国际货物买卖合同纠纷法律文书［EB/OL］．［2022-11-12］．https：//aiqicha.baidu.com/nwenshu？wenshuId=21c18904d52347dffc356ce588f4cf8456fa96ce．（编者有修改）

【案例使用说明】▆▬▬▬▬▬▬▬▬▬▬▬▬▬▬▬▬▬▬▬▬▬▬▬▬▬

一、教学目的与用途

本案例适用于"进出口的一般流程"（教材第2章）的教学使用。

二、讨论思考题

（一）本案销售合同的审理是否适用CISG？

（二）合同的磋商包括哪几个环节？以下情况分别属于"磋商"的哪个环节？

1. AOF公司员工April Liu通过电子邮件的方式向中国DR公司发出订购座椅的要约。

2. 员工April再次回邮称："修改后的见下面：多了10把DH166/NB和10把RW1/NR。"后附表格列明了所需座椅的种类和数量。

3. Emily回邮称："请看附件PI，尽快确认。"附件PI显示：号码为20160804015；订单号为W20160804-125227-585；表格中列明了商品名称及规格、照片、描述、数量、单位价格等，总计金额为37 360美元；付款条件为装运前电汇全款；同时，还列明了中国DR公司的开户银行、账号、银行国际代码等支付信息。

（三）AOF公司与中国DR公司交易磋商过程中的电子邮件，是否证明双方订立了货物买卖合同？请说明理由。

（四）根据CISG，买方在什么情况下可以宣告合同无效？本案中，AOF公司是否有权单方宣告涉案的销售合同无效，并要求中国DR公司承担相应的违约责任？

三、分析思路

分析本案例应当根据讨论思考题的内容，到案例中找出与每一讨论思考题相对应的案例素材，然后认真阅读案例的相关材料，挖掘提炼出本部分案例材料的基本事实，然后再运用所学的专业知识对相关事实反映的问题作出判断。

四、理论依据与分析

（一）关于本案是否适用CISG的问题

适用与否应看双方当事人的营业地所在国是否为CISG的缔约国，且当事人有无排除公约的适用性，若为缔约国或未排除公约的适用性，则合同应适用CISG。

（二）关于销售合同的形式问题

CISG第11条规定："销售合同无须以书面订立或书面证明，在形式方面也不受任何其他条件的限制。销售合同可以用包括人证在内的任何方法证明。"

（三）关于发价的接受生效条件

CISG第23条规定："按照本公约规定，合同在对发价的接受生效时订立。"

（四）关于合同宣布无效的条件

CISG第49条规定："（1）买方在以下情况下可以宣告合同无效：（a）卖方不履行其在合同或本公约中的任何义务，等于根本违反合同。"CISG第74条规定："一方当事人违反合同应负的损害赔偿额，应与另一方当事人因他违反合同而遭受的包括利润在内的损失额相等。"

五、参考答案

（一）因双方当事人的营业地所在国是CISG的缔约国，且当事人未排除公约的适用性，所以本案合同应适用CISG。

（二）交易磋商的一般程序包括询价、发价、还价和接受4个环节。

1. AOF公司员工April Liu通过电子邮件的方式向中国DR公司发出订购座椅的要约。（询价）

2. 员工April再次回邮称："修改后的见下面：多了10把DH166/NB和10把RW1/NR。"后附表格列明了所需座椅的种类和数量。（还价）

3. Emily回邮称："请看附件PI，尽快确认。"附件PI显示：号码为20160804015；订单号为W20160804-125227-585；表格中列明了商品名称及规格、照片、描述、数量、单位价格等，总计金额为37 360美元；付款条件为装运前电汇全款；同时还列明了中国DR公司的开户银行、账号、银行国际代码等支付信息。（发价）

（三）已经证明双方订立了货物买卖合同。

CISG第11条规定："销售合同无须以书面订立或书面证明，在形式方面也不受任何其他条件的限制。销售合同可以用包括人证在内的任何方法证明。"第23条规定："按照本公约规定，合同在对发价的接受生效时订立。"本案中，DR公司的员工Emily与AOF公司的员工April通过电子邮件的方式就交易的座椅种类进行了协商，Emily于2016年8月5日向April发送了形式发票，明确了座椅的种类、数量、单价等，总报价为37 360美元，并要求April确认。其后，Emily多次催促April付款，8月26日，April向Emily回邮表示货款已付，金额为37 360美元，与形式发票上的总金额一致，即接受了DR公司的报价并已经履行了付款义务。双方电子邮件的交流过程完整、连续，根据上述事实可以认定，涉案销售合同已经订立。关于DR公司提出的付款主体并非AOF公司的抗辩意见，本院认为，汇款概要显示的汇款人为ABSOLUTEOFFICEFURN，与AOF公司名称的前两个英文单词及第三个英文单词的前四个字母相同，故账户名称系AOF公司名称的缩写的解释具有合理性，况且，该份汇款概要出现在April与Emily的关于涉案销售合同的交流邮件中，亦与邮件内容相对应，因此合同成立。

（四）CISG第49条规定："（1）买方在以下情况下可以宣告合同无效：（a）卖方不履行其在合同或本公约中的任何义务，等于根本违反合同。"第74条规定："一方当事人违反合同应负的损害赔偿额，应与另一方当事人因他违反合同而遭受的包括利润在内的损失额相等。"本案中，DR公司没有按照合同约定交货，系根本性违约，AOF公司有权宣告涉案销售合同无效，并要求DR公司承担相应的违约责任。

第三章 合同的形式与订立

合同是否成立的争议

【案例正文】

中国青岛对外工程承包公司于2022年11月11日以电传的方式请德国的一家供应商发价出售一批不锈钢。青岛对外工程承包公司在信函中声明：要求这一发价是为了计算承造一幢大楼的标价和确定是否参与投标之用；青岛对外工程承包公司必须于2022年10月15日向招标人送交投标书，而开标日期为2022年11月30日。德国的这家供应商于2022年10月5日用邮件就上述钢材向青岛对外工程承包公司发价。青岛对外工程承包公司据以计算标价，并于2015年10月15日向招标人递交投标书。2022年10月20日德商因钢材价格上涨，发来邮件通知撤销其于2022年10月5日的发价。青岛对外工程承包公司当即复函表示不同意撤销。于是，双方为能否撤销发生争执。2022年10月31日招标人开标，青岛对外工程承包公司中标后，随即通知德商青岛对外工程承包公司接受其2022年10月5日的发价。但德商坚持该发价已于2022年10月20日撤销，合同不能成立。而青岛对外工程承包公司认为合同已成立。对此双方争执不下，遂协议提交仲裁。

【讨论问题】

请问：上述案例中，合同是否已成立？

【参考答案】

双方合同成立，原因如下：

（一）CISG第15条第2款规定："一项发价，受价人有理由信赖该项发价是不可撤销的并已本着该项信赖行事，该项发价则不可撤销。"上述案例中，德商的发价是不可撤销的，（1）青岛对外工程承包公司在询价中已明确告知对方该公司邀请发价的意图；（2）德商知悉青岛对外工程承包公司意图后向其发价，青岛对外工程承包公司有理由相信该项发价是不可撤销的，并已本着这种信赖行事，参与了投标；（3）该项发价未规定有效期，应视为合理时间内有效，本例的合理时间应为开标后若干天。

（二）德商11月20日来函撤销发价，青岛对外工程承包公司立即拒绝，撤销不能成立。青岛对外工程承包公司中标后立即通知德方接受，接受生效，双方合同成立。

思政案例：明习法律

法律在我国对外贸易中的重要作用

中国是实施大陆法系的国家，恰恰我国主要贸易伙伴中的美国以及欧盟中的部分国家（以英国为代表）实施的是判例法系。这两大法系在法理分析、诉讼程序和救济措施等方面都有着显著的差异，极有可能因为理解错误而造成法律冲突，引起贸易纠纷。世界贸易组织的一个重要职责就是组织多边贸易谈判，其产生的重要原因是：各国因存在不同的法律规范，所以在许多经贸问题上难以达成一致。而反倾销、反补贴等进口保护政策之所以能日渐大行其道也是因为许多国家将其明确载入法典进而制度化。因此，法学在分析中国对外贸易发展状况并据此研究应对策略方面发挥着无可替代的重要作用。

目前我国的对外贸易法律规范仍处于不断完善之中，在已经实施的对外贸易法律规范中，最为重要的当属中华人民共和国第十三届全国人民代表大会常务委员会第三十八次会议于 2022 年 12 月 30 日修订通过的《中华人民共和国对外贸易法》。此外还有国务院及其所属相关部门制定实施的行政法规和部门规章等，它们共同组成了我国目前的对外贸易法律规范体系。

中国对外贸易活动必须在合理的秩序条件下进行，这样才能保证其公开、公平、公正，才能最大程度地提高效率进而增进效益。秩序的构建离不开法律的维护，法律的主要任务之一就是要让市场经济中的每个成员在有序的环境中进行经济活动。我国对外贸易在历经磨难后终于逐步步入正轨，正在为国民经济发展作出重要贡献。在以市场配置资源作为基础、政府宏观调控作为补充的经济环境下，继续完善对外贸易法律规范是促进中国对外贸易持续发展的应有之义。中国的进步离不开世界市场，离不开与各个贸易伙伴国之间的经贸往来，而未来的世界一定会因为中国的进步而更加熠熠生辉。

3.1 合同的形式

3.1.1 不要式原则：合同在形式方面不受任何其他条件的限制

```
           案例
有关未采用书面合同的纠纷
```

【案例正文】■——————————————————————

2021年6月12日，进口商A与出口商B签订了购买1 500台加湿器的合同，约定每台加湿器的价格为60美元，于7月4日交货。合同订立后A公司当即支付预付款27 000美元。B公司提供300台空调后，A公司经检验后认为该产品质量不合格，要求退货。B公司认为自己不可能在合同约定的时间内向A公司提供合同约定的空调，于是建议由C公司供货，货款由A公司向C公司支付。A公司和B公司双方起初约定应签订书面合同，但双方协商一致后，直接通知C公司向A公司供货，始终未签订书面合同。7月20日，C公司向A公司交付空调1 500台，价款共计90 000美元。但A公司仅向C公司支付货款63 000美元，扣除了A公司已经向B公司支付的27 000美元。C公司向法院起诉，要求A公司支付剩余货款，并支付相应的利息，A公司称已将货款支付给了B公司，且C公司是由B公司引荐的，C公司应向B公司索要剩余货款，双方产生争议。

【讨论问题】■——————————————————————

请问：本案该如何处理？

【参考答案】■——————————————————————

（一）CISG第16条第3款规定："如果根据该项发价或依照当事人之间确立的习惯做法或惯例，被发价人可以作出某种行为，例如与发运货物或支付价款有关的行为，来表示同意，而无须向发价人发出通知，则在接受该项行为作出时生效，但该项行为必须在上一款所规定的期间内作出。"A公司与B公司就销售空调1 500台，价款共计90 000美元，协商一致，实际上当事人并未以书面形式订立合同，但是当事人已经履行了合同，所以该合同已经成立并生效。

（二）审理本案时关键要正确地认定应当采用书面形式的合同，在没有采用书面形式时的法律效力。合同的成立通常应当于承诺生效时成立。对于法律、行政法规规定或者当事人约定应当采用书面形式的合同，其成立应当在当事人于书面合同上签名盖章后生效。本案中，A公司与B公司在签订由C公司交付货物的合同时约定，该合同应当采用书面形式，则该合同应当于双方在书面合同上签名盖章时生效。但约定应当采用书面形式订立的合同，即使当事人没有以书面形式订立合同，合同也未必就不成立。按照《中华人民共和国民法典合同编》的规定只要实际上双方已经成立口头的合同，当事人一方已经实际履行了其主要合同义务的，即使当事人约定应当采用书面形式订立合同而没有采用书面形式的，也应当认为合同已经成立。

3.1.2 合同"书面"包括电报和电传

案例

有关采用电报形式的合同是否成立的争议

【案例正文】◼━━━━━━━━━━━━━━━━━━━━━━━━━━━━━━━

佛山 F 建材供应公司因在甲国 A 单位订购的钢筋没能及时达到，不能向客户（施工单位）交货，情急之下，立即向乙国 B 单位发出电报，要求立即给自己发出 1 000 吨钢筋，价钱按过去购买该单位的钢筋的价格计算。乙国 B 单位收到电报后，立即回电说：按佛山 F 建材供应公司的意见办；立即发货，货到贵公司后请将货款汇到乙国 B 单位的账户。乙国 B 单位发货后，甲国 A 单位的水泥也运到佛山 F 建材供应公司。两个单位的水泥均运到 F 建材供应公司后，F 建材供应公司没有更多的销售渠道，便去电乙国 B 单位请求退货退款。B 单位不允，F 建材供应公司便以双方没有签订书面合同为由拒收，双方发生争议。

【讨论问题】◼━━━━━━━━━━━━━━━━━━━━━━━━━━━━━━━

请问：上述采用电报形式的合同成立吗？

【参考答案】◼━━━━━━━━━━━━━━━━━━━━━━━━━━━━━━━

上述采用电报形式的合同成立，原因如下：

（一）CISG 第 13 条规定："为本公约的目的，'书面'包括电报和电传。"佛山 F 建材供应公司与乙国 B 单位虽没有签订正式的书面合同书，但它们之间并非没有书面合同，它们之间的书面合同是双方往来的电报。

（二）F 建材供应公司需要钢筋，发电报给乙国 B 单位，该电报提出了购货的名称、数量、价格、交货地点等。很显然，该电报具有书面要约性质。B 单位收到电报后立即回电，表示同意按 F 建材供应公司的意见办，这是书面承诺。有要约和承诺，双方协商一致，合同成立。合同成立后，B 单位按约发货，履行了合同义务。F 建材供应公司拒收，属于违约。此案的关键在于 F 建材供应公司仅仅将合同书认定是书面合同，而不知道信件、数据电文包括电报、电传、传真、电子数据和电子邮件等均是合同的书面形式。

3.2 合同的解除（非根本性违约）

------------------------------ 案例 ------------------------------

交付货物与合同约定不符，能否解除合同

【案例正文】

H公司与意大利HK公司签订国际货物买卖合同，约定从意大利HK公司购买棉布，出口至H公司在利比亚的客户。货物到达利比亚后，客户申请第三方机构进行检验，发现涉案货物存在质量问题，主要是经纬线密度为35支线/cm²，略小于合同约定的40支线/cm²。随后利比亚的客户向H公司提出了质量异议，并要求赔偿损失。于是H公司起诉了意大利HK公司，主张意大利HK公司构成根本违约，请求法院解除涉案国际货物买卖合同，要求意大利HK公司返还货款并赔偿预期利润损失，双方发生纠纷。

【讨论问题】

请问：交付货物与合同约定不符，能解除合同吗？

【参考答案】

买方无权解除合同。

CISG第25条规定："一方当事人违反合同的结果，如使另一方当事人蒙受损害，以至于实际上剥夺了他根据合同规定有权期待得到的东西，即为根本违反合同，除非违反合同一方并不预知而且一个同等资格、通情达理的人处于相同情况中也没有理由预知会发生这种结果。"若一方违反合同构成根本违反合同时，受损害的一方就可以宣告合同无效，同时有权向违约方提出损害赔偿的要求。意大利HK公司交付的货物与合同约定不符，但是涉案货物的主要质量问题不属于重大质量缺陷，则卖方的交货行为不构成根本性违约，买方无权提出解除合同，仅有权向卖方提出损害赔偿的要求。

3.3　合同的更改与终止（只需双方当事人协议）

------- 案例 1 -------
有关合同终止的纠纷

【案例正文】 ■———————————————————————————

2020 年 3 月 10 日，俄罗斯卖方向英国买方出售一批稀有木材。双方最初达成口头协议，随后买方以电传方式书面确认了该协议。货物在 4 个月后装船发出，1 个月后到达英国。英国买方直接将这些货物转售给了第三方。第三方检查货物后发现货物存在瑕疵并通知了英国买方，英国买方立即将货物与合同不符的情形通知了俄罗斯卖方。俄罗斯卖方的常务董事答复买方，说他将亲自到英国另找买主以出售这批木材，对此英国买方未做任何答复。这批货物的货款被搁置起来，始终未支付。后来，俄罗斯卖方将收取货款的权利转让给了一个英国受让人 D，英国受让人 D 起诉英国买方要求支付货款。初审法院支持了英国受让人 D 的主张，判决英国买方支付购货价款。英国买方不服，提出上诉。

【讨论问题】 ■———————————————————————————
请问：英国买方的缄默行为是否表示合同已经终止了？

【参考答案】 ■———————————————————————————
英国买方的缄默行为表示合同已经终止，原有因如下：

（一）CISG 第 29 条第 2 款规定："任何更改或根据协议终止必须以书面作出的书面合同，不得以任何其他方式更改或根据协议终止。但是，一方当事人的行为，如经另一方当事人寄以信赖，就不得坚持此项规定。"在当事人口头达成一致时，合同已经订立，英国买方后来的书面确认仅仅是合同存在的一个证明。终止合同时双方虽然没有订立书面合同，但俄罗斯卖方答复英国买方说他将亲自到德国另找买主以出售这批木材，这种同意收回木材并另行销售的表示可以理解为一个终止合同的默示要约，而这一要约因英国买方的沉默而被接受了。

（二）就案例而言，俄罗斯卖方提出收回木材并另行销售后，英国买方既没有再采取任何针对俄罗斯卖方的违约可以采取的救济措施（如要求损害赔偿或要求调换有缺陷的木材），也没有拒绝俄罗斯卖方的这一要求，这足以说明英国买方接受了终止销售合同的要求。因而，该合同因双方当事人达成一致而被终止了。

---------案例2---------
有关口头更改合同生效的争议

【案例正文】 ◢■━━━━━━━━━━━━━━━━━━━━━━━━━

2022年，德国买方与意大利卖方签订了一份皮手套购买合同，并委托了两家代理商（一家德国公司和一家意大利公司）代表其处理与该销售合同有关的业务。根据德国买方与一家布鲁塞尔企业事先签订的一个总合同，这些皮手套将被销往布鲁塞尔。皮手套分两批交付，但由于德国买方未及时对第二批货物开出信用证，卖方将第二批皮手套中的一部分转售给了第三方。在德国买方随后开出信用证的情况下，第二批皮手套中的剩余部分被交付给了德国买方。在向代理人支付第二批货物的代理佣金时，德国买方按实际交付货物的部分计算了佣金。

两家代理商作为共同原告提起诉讼，要求全额支付佣金。共同原告认为，是德国买方违约（未及时开出信用证）才导致第二批货物仅部分交付，而代理人的职责只限于监督发货、进行质量检查等活动，他们已经履行了职责。而德国买方提出，佣金的支付是以货物的交付为前提条件的，部分交货当然只能支付部分佣金，并且，德国买方已经与意大利卖方就第二批货物的交付条件进行了口头更改，（第二批货物的）信用证在布鲁塞尔企业将前一批货物的价款支付给德国买方后再开出。

补充说明：德国买方与意大利卖方之间的皮手套销售合同是从属于德国买方与布鲁塞尔企业的总合同的，而德国买方与布鲁塞尔企业的总合同中有一条款，要求对合同的修改或者添加必须采用书面形式才发生效力。

【讨论问题】 ◢■━━━━━━━━━━━━━━━━━━━━━━━━━
请问：上述口头更改的合同生效了吗？

【参考答案】 ◢■━━━━━━━━━━━━━━━━━━━━━━━━━
上述口头更改的合同不生效，原因如下：

（一）根据CISG第29条规定："如果规定合同的更改必须以书面形式作出，则当事人不得以其他任何方式更改合同。"德国买方与意大利卖方之间的合同也必须经过双方的书面签字同意才能修改，否则对合同的修改一概无效。

（二）案例中德国买方声称已通过口头形式修改了合同不能得到支持，德国买方以该理由拒绝全额支付佣金没有依据。

3.4　宣告合同无效的条件

3.4.1　宣告合同无效的通知，必须向另一方当事人发出通知方始有效

```
------ 案例 ------
有关不履行合同的争议
```

【案例正文】 ■————————————————————————————————
买方 A（原告）和卖方 B（被告）于 2021 年 9 月订立了铝合金 CIF 合同。合同主要条件包括：15 000 公斤；铝含量不低于 80%；每公斤 5.50 美元；若因不可抗力原因致使卖方不能交货或者迟延交货，则卖方免责等。合同签订后不久，卖方 B 提议根据市场的价格波动涨价，被买方 A 拒绝。随后，卖方 B 提议买方 A 接受铝含量略低（大约 80%）的货物并要求延期交货。买方 A 接受铝含量略低的提议但确定了一个最后交货期。因在附加的交货期限到期之后卖方 B 仍然未向买方 A 交货，所以买方 A 与第三方达成了替代交易，并随后提出诉讼，要求卖方 B 弥补替代交易价款与合同价款的差额以作为损害赔偿。

【讨论问题】 ■————————————————————————————————
请问：上述卖方不履行合同，合同还成立吗？

【参考答案】 ■————————————————————————————————
卖方不履行合同，属于合同的根本性违约，合同不再成立，原因如下：

（一）根据 CISG 第 25 条规定："一方当事人违反合同的结果，如使另一方当事人蒙受损害，以至于实际上剥夺了他根据合同规定有权期待得到的东西，即为根本违反合同，除非违反合同一方并不预知而且一个同等资格、通情达理的人处于相同情况中也没有理由预知会发生这种结果。"虽然时间的拖延一般不认为是根本违反合同，但如果在特定时间内交货对买方来说有特别的利益关系，而这一点又是在签订合同时可以预见的，即为根本违反合同。

（二）CISG 第 47 条第 1 款规定："买方可以规定一段合理时限的额外时间，让卖方履行其义务。"CISG 第 47 条第 2 款规定："除非买方收到卖方的通知，声称他将不在所规定的时间内履行义务，买方在这段时间内不得对违反合同采取任何补救办法。但是，买方并不因此丧失他对迟延履行义务可能享有的要求损害赔偿的任何权利。"国际贸易术语 CIF 的定义决定了该合同是限期交货的交易，而卖方在该限期内仍然未能交货。

（三）卖方拒绝履行交货义务，就已经违反了诚信原则，属于合同的根本性违约，买方在卖方不履约后两星期内另行作出采购，这在时间上是合理的。

3.4.2 通知必须使用足够明晰的语言来表达当事人宣告合同无效的意思

案例

有关宣告合同无效的争议

【案例正文】

卖方 A 与买方 B 签订了一份皮衣买卖合同。合同中有一处手写条款："假日以前，不得延误"（Before Holidays，not Later），这是指 9 月以前。第一批货在 2020 年 9 月 5 日交付（买方 B 在 2020 年 12 月 30 日对该批货物付款）。第二批货在 2020 年 10 月 30 日发送，买方 B 得知后于 2020 年 10 月 28 日从第三方重新购买了一份皮衣，并告知了卖方 A。卖方 A 询问，买方 B 则宣告合同无效，买方 B 认为合同已经规定了交货期，卖方 A 违反了合同约定的交货期限，因而给了买方 B 宣告合同无效的权利。卖方 A 于是起诉买方 B，要求全额付款并追偿利息，双方发生争议。

【讨论问题】

请问：买方 B 能宣称合同无效吗？

【参考答案】

买方 B 不能宣称合同无效，原因如下：

（一）CISG 第 26 条规定："即使一方当事人违约，另一方当事人也必须在宣告合同无效后才能采取替代购进措施，应当以发出通知的方式宣告合同无效，任何替代购买都不能取代宣告合同无效的通知。"买方 B 宣告合同无效的通知必须清楚地表明他宣告合同无效的意图，否则合同仍然有效。

（二）案例中，无论买方 B 要求降价还是要求卖方 A 收回皮衣的表示，均不能构成宣告合同无效的有效通知。买方 B 单纯地采取了替代购进措施也不能理解为宣告合同无效的通知。

综合案例：JT公司与地平线公司国际货物买卖的合同纠纷

【案例正文】

一、背景

地平线公司与 JT 公司于 2016 年 4 月 21 日签订了一份配件的国际货物买卖合同，约定由地平线公司支付货款 14 844 美元，由 JT 公司按照合同约定交付货物，约定交货日期为买方付款后的 40 个工作日内。地平线公司已于 2016 年 4 月 21 日按合同约定金额向 JT 公司支付货款。经地平线公司多次催促，JT 公司仍多次借故拖延交货，至今仍未按照合同约定按时交货。在签订合同之后，地平线公司发现 JT 公司并没有实际生产能力，其货物是由其他供应商提供的。由于合同中约定的部分货物已经生产完成并运至 JT 公司仓库，所以地平线公司就此部分货物与美国 EZY 公司签订了买卖合同，约定地平线公司以 26 550 美元的价格将货物卖给 EZY 公司。但因 JT 公司拒绝交付货物，使得地平线公司无法履行与 EZY 公司约定的合同义务，造成地平线公司损失 26 550 美元。地平线公司请求判令：（1）解除地平线公司和 JT 公司之间于 2016 年 4 月 21 日签订的合同；（2）JT 公司返还地平线公司货款 14 844 美元（折合人民币 100 642 元）并赔偿地平线公司的利息损失；（3）JT 公司赔偿地平线公司因其违约而造成的损失 26 550 美元（折合人民币 180 009 元）；（4）JT 公司赔偿地平线公司律师费及证据翻译费共计人民币 23 571 元；（5）JT 公司承担本案的全部诉讼费用。

二、承揽合同关系还是买卖合同关系

JT 公司辩称，一是发货单并非如地平线公司所说的是根据反映双方之间直接货物买卖意思而签订的书面合同：（1）发货单仅是李贝发给地平线公司的单方邮件，体现单方事实行为；（2）JT 公司未授权李贝与地平线公司签署相应的配件买卖合同，其仅授权李贝代为处理与地平线公司的整车订做事宜；（3）发货单内容没有直接体现地平线公司所陈述的"双方买卖配件"的意思。二是现有证据可证明地平线公司与 JT 公司之间存在委托加工承揽关系，双方的往来邮件可以反映发货单是双方履行整车合作计划而按照地平线公司要求向第三方采购的产品清单。三是 JT 公司为地平线公司提供服务，依法应当获得相应报酬或利益，即使没有约定或约定不明，JT 公司并不会因此丧失该项权利。JT 公司已经告知地平线公司，其可以同意地平线公司终止合作并提走相应原材料的要求，但地平线公司需支付相应服务费用或就费用结算达成一致，而且车架增加成本应予协商解决。综上所述，JT 公司认为 2016 年 4 月 21 日双方并未缔结买卖关系，地平线公司的请求缺乏事实和法律依据。

为证明其主张，地平线公司提交以下证据：（1）公证认证书，用于证明其所提交的证据材料已经履行公证认证手续，合法有效；（2）发货单、电子邮件打印件，用于证明双方于 2016 年 4 月 21 日签订了买卖合同；（3）银行交易记录，用于证明地平线公司完成了付款义务，将合同约定货款汇至 JT 公司指定银行账户；（4）JT 公司工作人员名片及其向地平线公司发送的注明身份的邮件，用于证明与地平线公司授权代表交流的人员是 JT 公司工作人员；（5）JT 公司货物照片，用于证明部分货物已经搬运至 JT 公司，但 JT 公司拒绝发货；（6）地平线公司与客户签订的买卖合同、地平线公司授权代表与客户就该批货物买卖进行协商的邮件记录以及客户的公司信息，用于证明地平线公司因 JT 公司违约而遭受的商业损失。

JT 公司对地平线公司所提交的证据发表质证意见如下：对证据 1 的真实性无异议；对证据 2 的真实性无异议，对证明目的有异议，认为双方之间为加工承揽关系，该邮件是其依据地平线公司要求制作的 JT 公司向第三方采购原材料的价格清单，仅供地平线公司审核确认，并非双方之间新的买卖合同关系，其并未授权发件人与地平线公司订立买卖合同；对证据3的真实性无异议，确认收到上述款项，认为双方一共有三笔汇款，第一笔是400美元（样车费200美元、快递费200美元），第二笔是模具费3 500美元，第三笔是地平线公司陈述的14 844美元，三笔总计18 744美元；对证据4的真实性无异议；对证据5的真实性无异议，但认为车架的照片并非是在JT公司拍摄的，该车架是根据地平线公司要求定制的，因地平线公司未支付增加的产品费用，故车架产品由供应商留存；对证据6的真实性无法确认，认为协议系单方签署而不具合同效力，地平线公司给李贝的邮件中曾明确在2016年8月19日前该客户已经终止合作，因此导致地平线公司终止定作整车的计划，该事实减弱了之后合同客观成立的真实性，另外在2016年8月19日前JT公司已经向地平线公司明确了有条件交付的意向，地平线公司应当预知其无法履行之后合同的交付义务，故地平线公司明知不能交付却故意签署合同的损失后果应当由其自行承担。

为证明其主张，JT公司向本院提交以下证据：（1）电子邮件，用于证明地平线公司向JT公司提出生产电动整车的合作意向并对JT公司进行了考察，双方合作目标为第一年生产300台整车而非配件，且地平线公司要求JT公司需要使用其指定供应商的配件，此电子邮件还可以证明涉案发货单系其根据地平线公司要求制作，申报给地平线公司审核确认所购买原材料的价格清单，而非地平线公司所陈述的双方之间存在配件买卖合同关系的证明，后因地平线公司缺乏足够的付款资金，地平线公司的客户在涉案配件合同交付日期之前已经表达了终止合作意愿的事实；（2）采购单及发票，用于证明JT公司向第三方采购配件以及该配件与JT公司向地平线公司报价相同的事实，因其中无差价甚至低于进货价，可以印证双方不存在配件买卖关系的事实。

地平线公司对JT公司所提交的证据发表质证意见如下：对证据1的真实性无法确认，对关联性不认可，认为双方虽有协商制作整车，但并未达成协议；对证据2的真实性有异议，认为发货单不完整，认为贸易合同的建立不一定需要有盈利。

三、法院认定的事实

（一）关于地平线公司所主张的其与JT公司之间国际货物买卖方面的事实

2016年4月21日，JT公司李贝（Tony Lee）通过XXXX009@vip.126.com邮箱向罗姆（Rom Caroselli）的邮箱XXX@gobici.com发送邮件，其附件包括发货单3-第1批订单部件A、新银行资料2、新图纸160421。李贝在2015年5月12日的电子邮件中自述其为JT公司销售经理，该邮件所附名片显示其电子邮箱为XXXX009@vip.126.com。

2016年4月21日，T16041103发货单显示，部件单价明确为EXW（工厂交货），第1批订单部件A项下具体包括GOBICI01型车架+行李架、车管、车把、10度横杆等，总计为14 844美元，付款方式为电汇，交货期为40个工作日，发货单备注明确：（1）第1批订单部件A的款项应100%以电汇预付；（2）汇率按2015年4月17日的美元汇率。该发货单明确JT公司发件人为李贝（TonyLee），其电子邮箱为XXXX009@126.com。

2016年4月21日，地平线公司为支付T16041101/2/3发货单而向JT公司汇款18 744美元。JT公司确认收到上述款项。地平线公司、JT公司亦确认上述18 744美元可区分为双方约定的发票1中的样车费200美元、快递费200美元，发票2中的模具费3 500美元，以及发票3中涉案的14 844美元。

JT公司在诉讼中确认地平线公司所提交的产品配件照片中的Q195扁金属车间部件300套、车把和立管300套、塑料反射器环680套、Zoom前叉300件都在其工厂内，但因地平线公司未支付增加的产品费用，车架部分还在供应商处留存。

（二）JT公司所主张的其与地平线公司之间加工承揽关系方面的事实

JT公司所提交的电子邮件记录显示，自2015年12月1日起，李贝（Tony Lee，邮箱为XXXX009@vip.126.com）与罗姆（Rom Caroselli，邮箱为XXX@gobici.com）以及供应商之间就电动车设计、修改以及配件供应商、样品、安全标准等问题进行多次协商。

2016年4月1日，罗姆发送给李贝的邮件中载明发票的样式为：发票1——样车的配件、样车以及寄送样车和样车配件的运输费用；发票2——所有模具费用；发票3——300个车架的组合配件以及一些额外配件，300个车架、前叉、单撑组合、后衣架、链罩、前挡泥板、后挡泥板，320个电池盒（20个为配件）、320个控制器盒（20个为配件）、360个电线保护塑胶圈（60个为配件）、360个防转弹簧组合（60个为配件）、400套螺丝及五金件组合（100套为配件）。2016年4月19日，罗姆在发送给李贝的邮件中要求发票3做如下改动：（1）增加300个前叉；（2）增加300套电机上的塑料反光片；（3）把200个车架的烤漆费用去掉，把50台的烤漆费加在发票4上。

2016年5月16日，罗姆发送给李贝的邮件中载明，其计划在6月16日确认车架和控制器，近期会把50台样车的订单信息发给李贝，认为在6月30日前，Bonnie应该能把50个控制器发给李贝，他（罗姆）预订了7月5日下午7：30回美国的机票，认为有足够的时间来完成生产，在他走之前可以装柜。

2016年6月13日，罗姆发送给李贝的邮件中载明："核对了新发票的总价之后，发现很难安排足够的订单去付款。我本来想依赖Rick订单的预付款，但是现在很遗憾地告诉你，他可能要改变计划，投资别的货物。如果没有他的支持，那么我将无法开展我们最初的计划。正如我们最开始的计划，我希望你们生产整车，而不仅仅是配件，我认为这对你们工厂也是比较好的。现在解决这个问题的一个办法就是取消发票3，重新做一个载有新的工厂交货价的发票4，列明你将存放在仓库里的货物。然后增加一个FOB发票，生产用于出口的50台整车。库存货物发票4包括的货物如下：（1）250套龙头；（2）250套立杆；（3）250套前叉；（4）250套脚撑；（5）250套贴花；（6）1 000套反光圈。发票5包括的货物如下：（1）50台组装好的整车（不含电池和充电器）；（2）备件。这样，你只需要提供整车价格，当然，也不用那么着急。我可以接受一个新的交货期，我可以再来工厂确认货物。这也意味着取消之前订购的250套车架和300套挡泥板。所以，只需要生产并喷漆50套车架来生产50辆整车。你只需要额外准备250套前叉、龙头、立杆、链罩和脚撑以及880套反光圈即可，用来满足将来的订单。请确认是否可行。我会在线跟你讨论。”

JT公司陈述双方未就地平线公司所提出的前述变更事项达成一致。

（三）关于地平线公司与其客户商业交易方面的事实

地平线公司所提交的2016年8月19日订单号为20161908的采购订单载明，其作为供应商向EZY公司出售前叉、车把关、车把及后轮毂塑料反射器环各300件（套），总价26 550美元，约定2016年9月20日前交货，付款期为30天。

资料来源：江苏省无锡市中级人民法院，地平线贸易有限公司与无锡市嘉特自动车有限公司国际货物买卖合同纠纷一审民事判决书。

【案例使用说明】■━━━━━━━━━━━━━━━━━━━━━━━

一、教学目的与用途

本案例适用于“合同的形式与成立”（教材第3章）的教学使用。

二、讨论问题

（一）合同的形式包括什么？本案中发货单的法律性质是什么？

（二）本案中，JT公司辩称发货单仅是其员工李贝发给地平线公司的单方邮件，体现单方事实行为，且未授权李贝与地平线公司签署相应的配件买卖合同，其仅授权李贝代为处理与地平线公司的整车订做事宜，因此发货单的内容没有直接体现地平线公司所陈述的“双方买卖配件”的意思。请从案例事实出发，判断货物是承揽合同关系还是买卖合同关系？货物合同成立的条件是什么？该合同是否成立？

三、分析思路

分析本案例应当根据讨论思考题，到案例中找出与每一讨论思考题相对应的案例素材，然后认真阅读案例的相关材料，挖掘提炼出案例材料的基本事实，然后再运用所学专业知识对相关事实反映的问题作出判断。

四、理论依据与分析

（一）发货单的法律性质是否为买卖合同

根据《中华人民共和国民法典合同编》的规定，买卖合同是出卖人将标的物的所有权转移给买受人，由买受人支付价款的合同。

对于GISG未予明确规定的事项，应根据《中华人民共和国涉外民事关系法律适用法》第41条的规定，适用履行义务最能体现该合同特征的一方当事人经常居所地的法律或者其他与该合同有最密切联系的法律。

（二）买卖合同是否成立

根据GISG第14条第1款的规定，向一个或一个以上特定的人提出的订立合同的建议，如果十分确定并且表明发价人在得到接受时承受约束的意旨，即构成发价。一个建议如果写明货物并且明示或暗示地规定数量和价格或规定如何确定数量和价格，即为十分确定。

五、参考答案

（一）本案中，涉案发货单明确所提供的是订单部件 A，并对各部件的单价、数量、金额均作出了详细列明，更明确其中部件单价和金额均为"EXW"（指定交货地点）工厂交货，该贸易术语适用于货物销售商业（商事）合同。而根据《中华人民共和国民法典合同编》的规定，承揽合同是承揽人按照定作人的要求完成工作，交付工作成果，定作人给付报酬的合同。承揽包括加工、定作、修理、复制、测试、检验等工作。本案中，JT 公司与地平线公司之间并无书面加工承揽合同，JT 公司虽然提交了其与地平线公司之间的电子邮件往来，但其中也未提及加工报酬的确定及其具体支付方式，故 JT 公司所主张的双方存在加工承揽法律关系不成立。其次，地平线公司系通过直接向 JT 公司汇款的方式购买部件，而非直接由地平线公司向各部件供应商采购后交付 JT 公司，该行为模式也不属于由订购货物当事人向货物出售方供应大部分材料的模式。所以，依据现有证据，应当认定发货单的法律性质为买卖合同，本案为国际货物买卖合同纠纷。

因买卖双方地平线公司和 JT 公司的住所地分别位于美利坚合众国和中华人民共和国境内，两国均为 CISG 的缔约国。在双方的货物买卖交易商谈及涉案发货单中，双方当事人未约定排除该公约的适用性，故本案应当根据 CISG 的规定进行审理。对于 CISG 未予明确规定的事项，应根据《中华人民共和国涉外民事关系法律适用法》第 41 条的规定，适用履行义务最能体现该合同特征的一方当事人经常居所地法律或者其他与该合同有最密切联系的法律。本案 JT 公司即买卖合同卖方的居所地以及履行地均在中华人民共和国境内，故本案还可以适用中华人民共和国法律。

（二）首先，本案中，JT 公司明确向地平线公司发出发货单，该发货单中对于产品、单价、数量、付款方式、交货日期等要素均作了确定，该行为应当视为发价。其次，JT 公司的发价行为有效。JT 公司虽主张其仅授权李贝代为处理与地平线公司的整车定作事宜，并未授权李贝与地平线公司签署配件买卖合同，但双方的往来邮件所显示的始终是李贝代表 JT 公司与地平线公司进行协商，JT 公司并未提供证据证明其已经告知地平线公司李贝存在上述授权限制。即便李贝存在超越代理权的行为，因涉案发货单以及开户情况均加盖有 JT 公司印章，JT 公司在收到相关款项后亦进行了备货并告知了地平线公司，结合上述情况并根据《中华人民共和国民法典》的规定，也应当认为李贝的代理行为有效。最后，根据 CISG 第 18 条第 3 款的规定，如果根据该项发价或依照当事人之间确立的习惯作法和惯例，被发价人可以作出某种行为，例如与发运货物或支付价款有关的行为，来表示同意，而无须向发价人发出通知，则接受在该项行为作出时生效，但该项行为必须在上一款所规定的期间内作出。本案中，地平线公司在收到涉案发货单的当日即向JT公司汇款，该行为应当视为地平线公司接受发价。根据CISG第23条的规定，涉案买卖合同应于地平线公司对发价的接受生效时即2016年4月21日订立。

第四章　贸易术语

开篇案例

FOB合同下的货物质量问题的责任应归谁承担

【案例正文】

卖方A和买方B以FOB条件达成一笔小麦种子的买卖合同。合同规定小麦种子的发芽率必须在90%以上。卖方A在装船前对货物进行了检验，检验结果符合合同的规定。然而，货到目的港，买方B提货后由指定的检验机构进行检验，却发现小麦种子发芽率不到70%。于是，买方要求退货，并提出索赔。卖方A予以拒绝，其理由是：卖方A在装船前进行检验，证明所交货物是合格的；买方B在目的地检验发现质量有问题，说明货物品质的变化是在运输途中发生的。按照国际贸易惯例，在FOB条件下，货物在装运港装到船上后风险转移，运输途中货物品质变化的风险，应该由买方B承担。双方协商后无法达成一致意见，遂将争议提交仲裁。

仲裁庭审理时发现，小麦种子包装所用的麻袋上粘有虫卵，正是这些虫卵在运输途中孵化成虫，咬坏了种子胚芽，造成发芽率降低。

【涉及的问题】

根据《国际贸易术语解释通则2020》（以下简称Incoterms® 2020）中FOB贸易术语的规定：货物灭失或损坏的风险在货物交到船上时发生转移，同时，买方承担自那时起的一切费用。FOB Incoterms® 2020 A8查验/包装/标记规定：卖方必须自付费用包装货物，除非该特定贸易运输的所售货物通常无须包装。除非双方已经约定好具体的包装或标记要求，否则卖方必须以适合该货物运输的方式对货物进行包装和标记。案例中，小麦种子包装所用的麻袋上粘有虫卵，虫卵在运输途中孵化成虫，咬坏了种子胚芽，造成发芽率降低。货物不合格的根源在卖方负责的货物包装上，因此应由卖方承担。

思政案例

具备全局观，合理选用贸易术语

陆丰公司于2020年5月向新加坡出口50吨秋梨膏，每吨60箱，共3 000箱，每吨售价为2 000美元，FOB广州，共10万美元，即期信用证，装期为6月20日之前货物必须装集装箱。陆丰公司在广州设有办事处，于是在6月上旬便自己安排运输，将货物运到广州，由其广州办事处负责订箱装船。不料货物在广州存仓后的第二天着火，3 000箱秋梨膏全部被焚。陆丰公司的广州办事处立即通知公司总部尽快补发50吨秋梨膏，但货源不济，因此陆丰公司总部只好请求新加坡的进口公司将信用证的效期和装期各延长15天。（有关背景：该公司处在铁路干线上，中国外运公司和中远公司在该市都设有集装箱中转站，既可接受整箱货，也可接受拼箱货。）

据统计，中国出口中以FOB贸易术语成交的占70%，但本案中该公司处在铁路干线上，需要将货物运至合同指定港口交货，装船后风险、费用及责任才转移给买方，若未在货物装运前购买保险，则损失不堪设想。果不其然，货物在广州存仓后的第二天着火，货物全部被焚。因此，从本案中，我们可以知道，谨慎使用贸易术语将避免上述的损失，因为公司处在铁路干线上，中国外运公司和中远公司在该市都设有集装箱中转站，若选用陆上交货的贸易术语，那么在交给第一承运人后，风险、费用及责任立即转移给买方，从而可以避免损失。由此可见，整个货物交易的过程应具备全局观念，考虑各方面利弊，方能避免不必要的损失。

4.1　FOB条件下买卖双方的责任与义务

4.1.1　FOB条件下运输义务的划分

---- 案例1 ----

FOB条件下未装船的赔偿纠纷

【案例正文】■

某公司以FOB条件出口一批冻兔。合同签订后，该公司接到买方来电，称订舱较为困难，委托卖方代为订舱。为了方便合同履行，卖方接受了对方的要求。但由于船期比较紧张，所以时至装运期卖方在规定装运港仍无法订到合适的舱位，且买方又不同意改变装运港。因此，到装运期满时货仍未装船，买方因销售季节即将结束便来函以卖方未按期订舱履行交货义务为由撤销合同，并要求卖方赔偿这期间的损失。

【讨论问题】
请问：卖方应该赔偿因装船的所有损失吗？

【参考答案】
卖方不应赔偿因装船的所有损失。FOB Incoterms® 2020 A4 运输规定：卖方对买方没有订立运输合同的义务。卖方仅需要负责将货物装到船上，FOB Incoterms® 2020 B4 运输规定：除非卖方按照 FOB Incoterms® 2020 A4 的规定订立了运输合同，否则，买方必须自付费用订立自指定装运港起的货物运输合同。案例中卖方只是为了方便合同履行同意代为办理，但是责任和义务仍归在买方，最初和最终的风险和费用都应该由买方承担，而不是卖方。

案例 2
FOB合同下未及时派船的索赔争议

【案例正文】
2021年11月，某国 F 粮油进出口公司与 P 公司签订了一份 FOB 条件下的油籽购买合同。买方 F 公司需于 2022年1月份派船接货。合同规定："如果在此期间内不能派船接货，卖方 P 公司同意保留28天，但仓储、利息、保险等费用皆由买方 F 公司承担。" 2月1日，卖方 P 公司在货物备妥后电告买方 F 公司应尽快派船接货。但是，一直到2月19日，买方 F 公司仍未派船接货。于是卖方 P 公司向买方 F 公司提出警告，声称将撤销合同并保留索赔权。买方 F 公司在没有与卖方 P 公司进行任何联系的情况下，直到2021年5月5日才将船只派到港口。这时卖方 P 公司拒绝交货并提出赔偿仓储、利息、保险等费用，买方 F 公司则以未订到船只为由，拒绝赔偿损失，双方产生争议。

【讨论问题】
请问：买方 F 公司需要赔偿未及时派船的损失吗？

【参考答案】
买方 F 公司需要赔偿未及时派船的损失。FOB Incoterms® 2020 B4 运输规定：除非卖方按照 FOB Incoterms® 2020 A4 的规定订立了运输合同，否则，买方必须自付费用订立自指定装运港起的货物运输合同。此案例中就存在一个船货衔接的问题，处理不当，自然会影响到合同的顺利执行。如果买方 F 公司未能按时派船，那么卖方 P 公司有权拒绝交货，而且由此产生的各种损失均由买方 F 公司负担。因此，在 FOB 贸易术语下成交的合同，对于装运期和装运港要慎重规定，订约之后，对有关备货和派船事宜，双方要加强联系，密切配合。

4.1.2 FOB条件风险/责任/费用的划分

---- 案例1 ----

FOB条件下货物装船后的损失赔偿争议

【案例正文】 ■────────────

卖方Q与买方P签订了一份出售300吨一级大米的合同，按FOB条件成交，装船时经公证人检验，符合合同规定的品质条件，卖方在装船后已及时发出装船通知，但航行途中由于海浪过大，大米被海水浸泡，品质受到影响，当货物到达目的港时，只能按三级大米的价格出售，因而买方P要求卖方Q赔偿损失，卖方Q拒绝，双方产生争议。

【讨论问题】 ■────────────

请问：上述情况下卖方Q对该项损失应否负责？

【参考答案】 ■────────────

卖方Q对该项损失不应负责。FOB Incoterms® 2020规定："货物灭失或损坏的风险在货物交到船上时发生转移，同时，买方承担自那时起的一切费用。"案例中，卖方Q已完全履行了自己的义务，将货装到装运港船上并且及时发出了装船通知，同时，这一批一级大米在装运港经公证人检验品质合格，说明卖方Q交货时，货物的品质是良好的。大米之所以发生变化，完全是由于运输途中被海水浸泡的结果，而这个风险应由买方P自己承担，随后可找保险公司索赔，卖方Q对该项损失不需负责。

---- 案例2 ----

运输途中货物品质变化的责任争议

【案例正文】 ■────────────

我国哈尔滨某外贸公司（卖方）2021年以FOB条件签订了一批皮鞋的销售合同，装船前检验时货物的品质良好且符合合同的规定。货到目的港后买方提货检验时发现部分皮鞋有发霉现象，经调查确认原因是包装不良导致货物受潮，据此买方向卖方提出索赔要求。但是卖方认为货物在装船前的品质是合格的，发霉是在运输途中发生的，因此拒绝承担赔偿责任，双方产生争议。

【讨论问题】 ■────────────

请问：上述运输途中品质的变化应该由谁负责？

【参考答案】 ■────────────

上述货物在运输途中品质的变化应由卖方负责。FOB Incoterms® 2020规定：

"货物灭失或损坏的风险在货物交到船上时发生转移，同时，买方承担自那时起的一切费用。"FOB Incoterms® 2020 A8 查验/包装/标记规定："卖方必须自付费用包装货物，除非该特定贸易运输的所售货物通常无须包装。除非双方已经约定好具体的包装或标记要求，否则，卖方必须以适合该货物运输的方式对货物进行包装和标记。"此案例中，尽管发霉是在运输途中发生的，但是产生发霉的原因，是包装不良，这在装船前已经存在了，因此是卖方在履约过程中的过失。按照有关 FOB 的风险转移规定，买方有理由提出索赔要求，卖方的拒绝是没有道理的。

4.2 FAS条件下买卖双方的责任与义务（货物风险、责任与费用的转移）

案例

FAS条件下货物损毁的赔偿争议

【案例正文】

M 出口公司与 H 进口公司签订了 FAS 合同，运输一批玩具。由于港口施工导致船舶无法靠岸，所以卖方 M 只能驳船将货物运到船边。在用吊装机械装运货物的过程中，部分货物的包装被吊钩钩破，货物损坏。货到目的港后，买方 H 检验并发现该损失，随即向卖方 M 索赔。卖方 M 答复买方 H，对该损失概不负责，该损失应该由装运港的装运部门负责赔偿，并要求买方 H 共同承担驳船费用，双方产生争议。

【讨论问题】

请问：上述货物的损毁应该由谁来负责赔偿？

【参考答案】

上述货物的损毁应由卖方负责赔偿。FAS Incoterms® 2020规定："货物灭失或损坏的风险在货物交到船边时发生转移，同时，买方承担自那时起的一切费用。"此案例中，由于港口施工导致船舶无法靠岸，卖方 M 只能驳船将货物运到船边，在用吊装机械装运货物的过程中，部分货物的包装被吊钩钩破，货物损坏。因为货物还未到达船边，风险未从卖方转移到买方，所以应由卖方负责赔偿。

4.3　CFR条件下买卖双方的责任与义务

4.3.1　CFR条件下卖方未及时发出装船通知应承担责任

------------------- 案例1 -------------------

CFR条件下运输途中的货损责任争议

【案例正文】 ▶

A公司从泰国C公司进口一批大米，签订"CFR广州"合同，货轮出港后，遭遇恶劣风暴，在中国台湾海峡附近沉没。由于C公司未及时发出装船通知，买方A公司未及时办理投保，无法向保险公司索赔。故买方A公司要求泰国C公司承担责任，但泰国C公司以货物已经离港，风险已经转移为由拒绝承担责任，双方产生争议。

【讨论问题】 ▶

请问：运输途中的货物损失责任应由谁承担？

【参考答案】 ▶

运输途中的货物损失责任应由卖方C公司承担。CFR Incoterms® 2020 规定："货物灭失或损坏的风险在货物交到船上时转移，这样卖方即被视为已履行了交货义务，而无论货物是否实际以良好的状态、约定的数量或是否确实到达目的地。在CFR中，卖方对买方没有购买保险的义务。因此，特别建议买方为其自身购买一定的保险。"同时CFR Incoterms® 2020 A10通知："卖方必须向买方发出已按照CFR Incoterms® 2020 A2完成交货的通知。"此案例中，卖方C公司装运以后未及时通知买方A公司，买方A公司未及时投保是卖方C公司未及时通知造成的，因此泰国C公司应该承担责任。

------------------- 案例2 -------------------

CFR合同下装船后的货损责任争议

【案例正文】 ▶

汇丰出口公司以CFR条件出口一批茶叶给英国买方，合同约定，7月8日装船。汇丰公司发现因港口仓储拥挤这批茶叶运到之后只能立即装船，于是汇丰公司与英国买方商议后定于7月7日装船。7月7日凌晨3点，汇丰公司将货物装到装运港的船上，装船完毕后取得了装运提单。7月7日凌晨3点40分，船舱起火，茶叶全部损毁。英国买方要求汇丰公司补发茶叶，汇丰公司以货物已经装船、风险已经转移为由拒绝补发，双方产生争议。

【讨论问题】 ■
请问：上述装船后的货损责任应有谁来承担？

【参考答案】 ■
上述装船后的货损责任应由汇丰出口公司承担，原因如下：

（一）CFR Incoterms® 2020 规定："货物灭失或损坏的风险在货物交到船上时转移，这样卖方即被视为已履行了交货义务，而无论货物是否实际以良好的状态、约定的数量或是否确实到达目的地。在 CFR 中，卖方对买方没有购买保险的义务。因此，特别建议买方为其自身购买一定的保险。"汇丰出口公司因港口仓储问题与英国买方商议后更改了装船时间，显然英国买方已知汇丰出口公司将于7月7日装船，但是汇丰出口公司于凌晨装船完毕后，未向买方发出装船通知，因此船舱着火，仍然属汇丰出口公司应承担的责任范围。

（二）《中华人民共和国海商法》第231条规定："被保险人在一定期间分批装运或者接受货物的，可以与保险人订立预约保险合同。预约保险合同应当由保险人签发预约保险单证加以确认。"在实务中，预约保险合同可以避免类似于上述案例的业务。

4.3.2 CFR条件下租船订舱义务

------ 案例 1 ------
CFR条件下因船舶导致的货损赔偿争议

【案例正文】 ■
大洋公司以 CFR 条件进口一批面粉。国外卖方按期租船将货物发往目的港。货到目的港后大洋公司发现该批面粉严重霉变。经调查，原因是运货船舶是艘超龄服役的船，设备老化，航行速度慢，且船方又沿途招揽货物，致使航期延长了一个多月。由于处在高温、潮湿的季节，面粉又长时间在船舱中，所以发生霉变。大洋公司要求国外卖方进行补发，国外卖方以货物已经离港、风险已经转移为由拒绝赔偿，双方产生争议。

【讨论问题】 ■
请问：上述因船舶导致的货损应由谁来赔偿？

【参考答案】 ■
国外卖方需承担赔偿责任。CFR Incoterms® 2020 A4 规定："卖方必须签订或取得运输合同，将货物自交货地内的约定交货点（如有），运送至指定目的港，或位于该港内的任何交货点（如已约定）。运输合同必须按照惯常条款订立，由卖方承担费用，经由通常航线，用通常用于运输该类所售货物的船舶运送货物。"在海上货物运输中，根据海牙及海牙/维斯比规则第3条第1款，承运人应"恪尽职责（Due Diligence）"，在开航前或开航时"（a）使船舶适航；（b）妥善地配备船员、装备船舶和配备供应物品；（c）使货舱、冷藏舱、冷气舱和该船其他载货处所适于并能安全收受、载运和保管货物。"案例中，国外卖方有义务为大洋公司租赁"适航"的船舶。虽然风险在装运港船上已经由国外卖方转移给大洋公司，但是国外卖方为大洋公司租赁的船舶显然已经超龄老化，继而导致货物后续变质损失。所以，国外卖方需要承担赔偿责任。

案例2

CFR条件下因通知错误导致损失的责任纠纷

【案例正文】 ■

中国S公司（买方）与巴西T公司（卖方）于2022年4月20日订立了4 000公斤咖啡豆的买卖合同，单价为100美元／千克，CFR广州，规格为型号T56，信用证付款，装运期为当年7月，中国S公司于6月20日开出信用证。7月9日，卖方T公司向中国S公司传真称，货已装船，但要在中国香港转船，中国香港的船名为CU，预计到达广州港的时间为8月15日。但直到8月24日CU轮才到中国香港，买方S公司去办理提货手续时发现船上根本没有合同项下的货物，后经多方查找，才发现合同项下的货物已在7月20日由另一条船运抵广州港。但此时已造成中国S公司迟报关和迟提货，被海关征收滞报金人民币16 000元。中国S公司向巴西T公司提出索赔。

【讨论问题】 ■

请问：卖方巴西T公司是否需要承担全部损失？

【参考答案】 ■

卖方巴西T公司需承担全部损失。在船名船期通知错误这一问题上，责任在卖方是不容置疑的，因为CFR Incoterms® 2020 A7规定："卖方有义务将转船的变化情况及时通知买方，以便买方能采取通常必要的措施来提取货物。"此案例中，卖方T公司未及时通知船期船名的变化，使得买方S公司不得不设法打听货物的下落甚至支付滞报金之类的额外费用，故产生的费用及损失应由卖方承担。

4.3.3　CFR条件下混合运输货物的归属

-------------------------------- 案例 --------------------------------
CFR条件下混合运输货物损失的责任纠纷

【案例正文】

2020年，印度出口商H与中国进口商B签订了一份CFR合同。出口商H出售2 000吨小麦给进口商B，小麦在装运港装船时是混装的，在出口商H装运的5 000吨散装小麦中，有2 000吨是卖给进口商B的，货物运抵目的港后，将由船公司负责分拨2 000吨给进口商B。但受载船只在途中因遇到高温天气而使小麦发生变质，从而使该批货物损失2 200吨，其余2 800吨安全运抵目的港。但出口商H在货到目的港时声称，出售给进口商B的2 000吨小麦已在运输途中全部损失，并且认为按CFR合同，出口商H对此项风险不负责任。

【讨论问题】

请问：上述混合运输货物的损失应由谁来承担？

【参考答案】

应由卖方承担，原因如下：

（一）CFR Incoterms® 2020 B3 （风险转移）规定："买方承担按照CFR Incoterms® 2020 A2 交货时起货物灭失或损坏的一切风险。"如果买方未按照CFR Incoterms® 2020 B10发出通知，则买方承担自约定交货日期或约定交货期限届满之时起的货物灭失或损坏的一切风险，但以该货物已清楚地确定为合同项下货物为前提条件。

（二）此案例中，卖方H负责运输合同，货装到装运港船上后风险转移给买方B，但是由于卖方H出售的2 000吨小麦是散装的，而且和另外3 000吨小麦混装在一起，卖方H在出售这2 000吨小麦时，并未指定或特定化，所以在这2 000吨小麦交给买方B以前，卖方H就不能以损失2 200吨为理由，把其中2 000吨认定是卖给买方B的。因此，卖方H仍然不能推卸他交付买方B 2 000吨小麦的责任。

4.4　CIF条件下买卖双方的责任与义务

-------------------------------- 案例1 --------------------------------
CIF条件下因海轮海上失火致货物烧毁的赔偿争议

【案例正文】

某年，中国R公司按CIF条件向德国D进口商出口一批麻制品，中国R公司7

月2日提前装船完毕，并向中国人民保险公司投保一切险，即期信用证方式支付。中国R公司在规定的期限、指定的港口装船完毕，船公司签发了提单后，其在中国银行议付了款项。7月3日，中国R公司接到德国D进口商来电，德国D进口商称装货的海轮在海上失火，麻制品全部烧毁，要求中国R公司出面向中国人民保险公司提出索赔，否则要求退回全部货款。

【讨论问题】

请问：因海轮海上失火致货物烧毁的损失应由谁来赔偿？

【参考答案】

货物烧毁损失由买方D承担，买方D可根据保险合同向保险公司索赔，原因如下：

（一）CIF Incoterms® 2020 A3（风险转移义务）规定："除按照 CIF Incoterms® 2020 B3 的灭失或损坏情况外，卖方承担按照 CIF Incoterms® 2020 A2 完成交货前货物灭失或损坏的一切风险。"此案例中，货物是在海上发生的灭失，此时风险早已从卖方R转移给买方D，因此货物烧毁损失由买方D承担。

（二）CIF Incoterms® 2020 A5（保险义务）规定："除非另有约定或特定贸易中的习惯做法，卖家须自付费用取得货物保险。该保险须符合《协会货物保险条款》（Institute Cargo Clauses，LMA/IUA）中的条款（C）或任何适于货物运输方式的类似条款。应与信誉良好的承保人或保险公司订立保险合约，并应使买方或任何其他对货物具有可保利益的人有权直接向保险人索赔。"此案例中，由卖方R负责办理保险，但买方D自己应根据保险合同向保险公司索赔。

-------------------------------- 案例2 --------------------------------

因船舶沉没致货物损失后货款是否需要支付的争议

【案例正文】

P公司以 CIF 条件从澳大利亚Q公司进口一批棉花货物。货物自装运港启航不久后，载货船舶因遇风暴而沉没，全部货物损毁。在这种情况下，澳大利亚Q公司仍将包括保险单、提单和发票在内的全套单据寄给P公司，要求P公司支付货款，P公司拒绝，双方产生争议。

【讨论问题】

请问：P公司是不是仍需要支付货款？

【参考答案】

P公司仍需要支付货款，原因如下：

（一）CIF Incoterms® 2020 规定："货物灭失或损坏的风险在货物交到船上时发生转移，这样卖方即被视为已履行了交货义务，而无论货物是否实际以良好的状态、约定的数量或是否确实到达目的地。"卖方在规定的日期或期间内，在装运港将货物交到船上，即完成了装运，并向买方提供了合同规定的全套单据，包括物权凭证（提单）在内的有关单证，就算完成了交货任务，而无须保证到货。P公司仍需要支付货款。

（二）CIF是象征性交货方式，卖方凭单交货，买方凭单付款。只要卖方如期向买方提供了合同规定的全套合格单证，即使货物在运输途中损坏或灭失，买方也必须付款。卖方将有关单证交给买方后，使买方与轮船公司、保险公司建立了直接的关系，如果货物在运输途中发生灭失，买方就可以凭货运单据或保险单据与船方或保险公司交涉。

------ 案例3 ------

装船后绕航费用的赔偿纠纷

【案例正文】

外贸A公司按照CIF伦敦条件向欧洲B公司出售一批大豆。外贸A公司在规定的装运期内装船并取得相应单据。货物在运输途中恰逢埃以战争爆发，苏伊士运河关闭，只能绕道好望角。事后欧洲B公司就航行途中发生的绕航费用、货物湿损以及未能按预计时间到达向外贸A公司提出索赔。

【讨论问题】

请问：外贸A公司是否应当赔偿？

【参考答案】

外贸A公司不需赔偿。CIF Incoterms® 2020规定："货物灭失或损坏的风险在货物交到船上时发生转移，这样卖方即被视为已履行了交货义务，而无论货物是否实际以良好的状态、约定的数量或是否确实到达目的地。"CIF的风险点在装运港船上，卖方A按照合同约定时间、地点完成货物装运即完成交货，即使货物在运输途中恰逢埃以战争爆发，对于交货后的风险及费用仍应由买方B承担。

------ 案例4 ------

目的地产生费用的争议

【案例正文】

中国L出口公司与外商M公司按CIF Landed London条件成交出口一批柑橘，合同规定，商品的数量为1 000箱，以信用证方式付款，4月份装运。买方M公司按合同规定的开证时间将信用证开抵卖方L公司。货物顺利装运完毕后，卖方L公司在信用证规定的交单期内办好了议付手续并收回货款。不久，卖方L公司收到买方M公司寄来的货物在伦敦港的卸货费和进口报关费的收据，买方M公司要求卖方L公司按收据金额支付款项。

【讨论问题】 ■────────────────────────

请问：中国 L 出口公司需要支付这笔费用吗？

【参考答案】 ■────────────────────────

中国 L 出口公司需支付在目的港口的卸货费，但不需支付进口报关费，原因如下：

（一）CIF Incoterms® 2020 B4（运输义务）规定："应由买方负责自费签订运输合同或安排自指定交货地起的货物运输。"Incoterms® 2020 中对规则变形提示："如果合同修改了 Incoterms® 2020 规则中的费用分摊，那么各当事人也应清楚地表明他们是否同时希望改变交货和风险转移至买方。"此案例中，变形的 CIF Landed London 条件表示中国 L 出口公司需要支付在目的港口的卸货费用。

（二）CIF Incoterms® 2020 B7（出口/进口清关义务）规定："应由买方办理出口国/过境国/进口国所要求的所有出口/过境/进口清关手续，并支付该类费用。"因此，进口报关费应由买方支付。

4.5 CIP 条件下买卖双方的责任与义务

案例

更改路线后的费用责任纠纷

【案例正文】 ■────────────────────────

中国 E 公司以 CIP 条件从英国进口 1 000 吨肥料，卖方将货物转交给承运人，货物先经海上运输，抵达目的港后转为铁路运输，运输途中因发生山体滑坡，无法按原计划路线通行，所以承运人只能更改路线，后货物又在运输途中发生火灾，最后当货物运至目的地时，中国 E 公司抽检货物后发现 1 000 吨肥料中有 300 吨肥料损毁。据此，中国 E 公司向英国卖方提出索赔。英国卖方却要求中国 E 公司支付货款和更改路线后的铁路运输费，中国 E 公司拒绝，双方产生纠纷。

【讨论问题】 ■────────────────────────

请问：更改路线后的铁路运输费应由谁承担？

【参考答案】 ■────────────────────────

更改路线后的铁路运输费应由英国卖方承担。CIP Incoterms® 2020 规定："货物移交给承运人完成对买方的交货时，风险即从卖方转移到了买方。"此案例中，中国 E 公司可以向保险公司提出索赔，英国卖方要承担保险费和运费。英国卖方要负责办理从交货地点到指定目的地的全程运输，包括更改路线的费用，而不仅仅是水上运输，因此英国卖方应支付全程运费。就本案例而言，英国卖方支付了海上运输的费用，但并没将货物送往指定目的地，因此还需支付铁路运输的费用。由此推断，中国 E 公司应支付货款，但不需支付更改路线后的铁路运费，英国卖方的行为不尽合理。

综合案例

------------------------------ 案例 1 ------------------------------
C公司在重大事故后发生货损的风险划分纠纷

【案例正文】■────────────────────────────────────

一、背景

C公司是大连市一家进出口公司。C公司业务二部经理F女士于2004年国际贸易专业本科毕业后，进入C公司工作，积累了比较丰富的外贸工作经验，并被C公司任命为业务二部经理。该业务部的一项主要出口产品类别是金属丝网，经过20余年的努力，国际销售网络基本形成，其中就包括新西兰的X公司。

X公司是C公司培育较早的生意伙伴，双方在合作中诚实守信，关系良好，业务规模达几百万美元，从未发生过大的业务纠纷，个别小的问题都能通过友好协商顺利解决，X公司还指定C公司为中国市场的独家供货商。

2015年6月23日，C公司与X公司又签订了本年度的第3笔不锈钢丝网出口合同。合同货物包括不同规格的不锈钢编织网和不锈钢电焊网，CFR贸易条件，由买方办理保险，集装箱整箱运输，装货港口为天津新港，卸货港口为新西兰的奥克兰，交货期为2015年8月7日；合同总金额84 690美元，30%货款在合同签订后电汇预付，其余货款在货物装船取得提单后，电汇至C公司的指定账户。合同还约定了货物检验条件、卖方需提交的单证和仲裁条款，但同以往的合同，没有约定不可抗力条款和法律适用条款。

二、事故致使出口的丝网在装船前杳无音讯

根据出口合同约定，C公司与河北省安平市的一家生产商签订了该批丝网的供货合同，买方C公司的30%预付款也拨付给了河北的这家工厂。该工厂在合同签订后，一如既往地紧张生产，在合同约定的2015年8月7日完成了该批货物的生产。C公司立即委托该工厂将该批货物通过当地物流公司用卡车运到天津新港指定的货场。为货物报关出运，C公司委托天津L国际货运代理有限公司（以下简称L公司）办理该批货物的订舱、装箱、报关和装船工作。L公司指定了天津S集装箱场站（以下简称S场站）接收货物和装箱业务，并将该信息通报给C公司。L公司也根据买卖合同的交货期，选定了M班轮公司（以下简称M公司）承运该批货物至新西兰，并签订了运输合同。

8月9日，该批货物运抵S场站。8月10日，在海关监督下完成装箱，并堆存在

S场站，等候M公司入港指示。一切进行得都很顺利，只待载货班轮抵港，便可装船出运了，70%余下货款也将很快入账。

C公司在酷暑中紧张地忙碌了一个多月后，终于可以松一口气了。然而，就在C公司准备享受酷暑之后的秋高气爽之际，灾难降临了。

2015年8月12日23：30左右，位于天津滨海新区塘沽开发区的天津东疆保税港区的瑞海国际物流有限公司所属的危险品仓库发生爆炸，是仓库集装箱内的易燃易爆物品的爆炸引发的。在强烈的爆炸声之后，高数十米的灰白色蘑菇云瞬间腾起，现场火光冲天。爆炸点的上空被火光染红，现场附近火焰四溅。第一次爆炸发生在8月12日23时34分6秒，M公司和L公司近震震级约2.3级，相当于3吨TNT；第二次爆炸发生在30秒钟后，M公司和L公司近震震级约2.9级，相当于21吨TNT。爆炸核心区留下的直径约为60米的深水坑内，氰化物平均超标40多倍，浓度最高处超标甚至达800多倍，有毒污水、泥土、被炸毁的建筑物、烧毁的两千多辆轿车和包括集装箱在内的各种被毁货物花费了一个多月尚未被处理完。事故造成大量人员伤亡。据事故的最终统计，爆炸致165人死亡，8人失联，死亡的人中大部分为公安消防人员。

事故造成了巨大的财产损失。爆炸使核心区外围约1.85万个集装箱货物严重损毁。从外表看，集装箱有的被严重烧毁，有的被爆炸产生的强大冲击波扭曲变形，三大堆损毁集装箱垛成三座"集装箱废钢山"，平均高度10余米。据后来国际海上保险联盟（IUMI）货物委员会主席Nick Derrick在一份声明中称，天津港的爆炸或导致至少15亿美元的货物损失，并且对海上保险业造成重大冲击。

C公司的业务经理F女士有熬夜的习惯，8月12日晚上，忙碌了一天的她如往常一样在电脑上翻阅各种国际国内新闻和经济信息。突然，电脑屏幕上出现了一则惊人的消息，字数虽然不多，但足以使她瞪大眼睛。图片中熊熊燃烧的大火和腾空而起的蘑菇云停滞了她的思维，这原子弹爆炸般的威力得夺去多少人的生命，损毁多少财产？瑞海货场离S场站有多远？自己公司货柜的命运又将怎样？这种震撼和疑虑令她在那一夜无眠。

第二天早晨8点刚过，F女士便迫不及待地电话联系L公司，试图了解一些有用的信息。无奈，事故现场的大火还在燃烧，货场内不时地还在发生小规模爆炸，有毒气体在不断地向外扩散，威胁着周边地区居民的人身安全。国务院、天津市政府事故处理领导小组下令封锁了东疆货场整个区域，组织各方力量灭火救人，清理有毒危化品，以及被其污染的污水、泥土和货物，整个过程持续了40多天。在这段时间里，F女士除了得知自己的货物距离爆炸堆场只有600多米这一信息外，唯一能获得的一条信息就是"还在封锁，无法进入"，其余一无所知。她在为逝去的和受伤的生命祈祷之余，也在为自己的货物担忧着。每天媒体上与日俱增的死亡人数的滚动报道都在加剧着她的焦虑，新西兰客户催促发货也在加剧着她的焦虑……

三、新西兰买方要求重新发货

事故发生后，C公司原本请X公司耐心等待，等政府灭火、救人和危化品清理结束，查验合同货物的状况如何后再商量如何处理，X公司也表示理解。但40多天过去了，X公司等不及了。原来，X公司订购的这批货物除了部分是自己用于承揽的工程外，另一半货物是其他人订购的。这些人在等待了40多天后再也等不下去了，纷纷要求X公司要么立即重新生产，要么取消合同并要求返还定金和赔偿损失。

X公司将这一情况告知了C公司，请求C公司理解其面临的困难处境，要求C公司在最短的时间内重新组织生产这部分货物并尽快安排出运，否则X公司面临的损失将由C公司承担。

C公司担心的事情终于来了。本来公司向生产商只支付了30%货款，其余货款等收汇后再转付工厂。目前的麻烦是，欠工厂的余款早该偿还了，而货物在天津货场是彻底损毁了，还是部分受损杳无音讯。如果货物全损，则意味着近70万元人民币灰飞烟灭，公司要自掏腰包偿还工厂货款和退回X公司的预付货款。在尚欠着大笔余款的情况下，C公司现再去要求工厂重新制作这部分货物，这话怎么张嘴去说？还有，即使解决了这部分货物，那么另一部分货物将来怎么办？而且这一问题不用等太久就会接踵而至。怎么办？

四、C公司与X公司关于不可抗力和风险分担的困惑

在对"怎么办"问题一时找不到答案的情况下，C公司试图从合同关系上寻找答案。

C公司从总经理到业务员都是国际贸易专业的本科毕业生，曾学过的专业知识让他们想到了"不可抗力"。这么大的爆炸事故难道不是"不可抗力事件"吗？肯定是!!! 那么，问题可能就解决了。

于是，经过一番讨论后，C公司向X公司给出了如下意见：

"尽管合同货物因特别重大爆炸事故滞留天津新港给贵公司带来了麻烦，但该事故是本公司在签订合同和履行合同中所无法预见和无法克服的，属于不可抗力事件。根据合同法的相关规定，在此种情况下，可以免除本公司的继续履行合同义务。因此，本公司无法满足贵公司的重新制作部分货物的要求。如果贵公司仍需要这部分货物，则我方认为这是一份新的订单，需要贵我双方签订合同，并由贵公司向我方支付30%的定金，我司将全力以赴尽快安排这部分货物的生产和运输。对该事故给贵公司带来的麻烦再次表示歉意。"

"关于滞留在天津新港的货物，我们认为，我公司已经履行了合同的义务，货物报关和装入集装箱后堆存在集装箱堆场，应当被认为货物已经交给了承运人接管，按照贵我双方的合同条件，应当认为货物的风险已经转移到贵公司。根据《中华人民共和国海商法》第46条规定，承运人对集装箱装运的货物的责任期间是从装货港接收货物时起至卸货港交付货物时止，货物处于承运人掌管之下的全部期

间。因此，该批货物灭失、损坏和延迟交付导致贵公司的损失，应当由贵公司向承运人提出。此外，贵我双方的合同条件为CFR，这意味着应由贵公司购买该批货物的运输保险，因此贵公司还可以向保险公司提出赔偿。"

收到C公司的上述意见后，X公司也有些丈二和尚摸不着头。如果真的像多年真诚合作的伙伴所说的那样，那么不等于说发生在万里之遥的亚洲大火烧到了处于大洋洲的自己头上了吗？X公司静下心来研究了双方的合同，又似懂非懂地翻阅了相关法律条文，然后向C公司发出了如下信息以表明立场：

"贵公司的电子信函收悉，经过仔细阅读双方合同，我们认为无法接受贵公司的意见。第一，双方合同中没有不可抗力及其法律后果的约定，因此贵公司无权基于不可抗力主张解除合同义务，贵公司应当继续履行交货义务。贵公司在爆炸事故发生15天后才通知我们，违反了法律规定的及时通知事故义务，由此贵公司也应当丧失了提出免责的权利。第二，即使不可抗力事件成立，贵公司欲主张免责，需要证明该批货物灭失后，再也无法安排替代货物，但事实上贵公司完全可以重新组织生产，因此本案件不属于法律规定的免责条件。在本案件中，只能允许贵公司延期履行合同，但延期履行不能遥遥无期。目前，货物滞留天津新港已经40多天，货物状况仍无法得知，因此贵公司有义务重新组织生产该批货物并尽快发运。第三，关于贵公司的货物风险已经转移到我方的主张，我们无法接受。贵我双方合同约定的贸易条件是CFR，根据Incoterms® 2020的解释，只有贵公司将货物装到承运船舶后，风险才能转移到我公司，而事实上贵公司并没有完成货物装船义务，因此该批货物灭失或损坏的风险仍应由贵公司承担。再者，即使我公司购买了海上货物运输险，由于货物尚未装船，我方对该批货物尚不具有可保利益，因此保险公司是不会赔偿我们损失的。我们仍然要求贵公司迅速组织该批货物的生产并尽快装运，否则导致的一切后果只能由贵公司自己承担。"

收到X公司的上述电子信函后，C公司对X公司的主张一时也提不出充足的反驳理由，公司上下一片茫然。

在对上述问题一时找不到准确答案的情况下，C公司总经理提出："尽管本公司目前可能面临几十万元的经济损失，但比起事故中160多个逝去的生命，这毕竟无法相提并论，况且在商业经营中，最重要的是客户关系。目前X公司提出的问题如果不解决，就会为以后的合作埋下巨大隐患。"于是C公司总经理决定，先按照X公司的要求，安排最急需的半个货柜丝网的生产，另外半箱货物看情况再说。

2015年9月13日，C公司向河北的生产商支付了部分货款，要求他们迅速组织这部分丝网的生产。该工厂十分理解C公司的困境，加班加点，很快完成了生产，并替C公司将货物运抵天津新港。C公司同时安排货运代理公司订好了舱位，支付了800多美元的运费后，将该批货物运往奥克兰。

2015年10月20日，鉴于爆炸事故中的那箱货仍无音讯，X公司要求C公司交付另外半箱货物。出于同样的考虑，C公司又向工厂支付了全部货款，重新生产了这部分货物并运往奥克兰。

至此，C公司因事故不但损失了该箱货物的全部货款，还为重新发运货物额外支付了1 900美元的海运费和两笔代理费，尝到了国际贸易风险带来的苦头。

五、C公司与L公司以及C公司与S场站之间责任分担的争议

2015年10月月末，L公司致信C公司称，鉴于C公司的损失，因大爆炸损毁的第一个集装箱托运业务的代理费、装箱费等费用就免收了，但之后托运的两个集装箱的相关费用共3 000多元人民币应当支付。C公司本来还在思考就70万元人民币的损失如何与L公司交涉，借此机会，C公司致信L公司称，L公司接受了委托，在接收了货物后，本应承担货物安全的保管照料义务（包括指定安全的堆场、安全装箱、安全保管已装箱货物等义务），但事实上，L公司违反了上述义务，将货物堆存在毗邻危险品堆场的危险场所，以至于货物在此次大爆炸事故中全部损毁，因此，L公司应承担全部赔偿责任。

对于C公司的主张，L公司回复称，在履行本次委托业务中，本公司已经尽到应尽义务，从接收货物、订舱、拖箱到货物装箱，均未发生货物损毁事故。指定的S场站的经营人系经政府多部门批准设立的、具有合格资质和营业执照的正规集装箱场站经营人，故本公司在委托集装箱场站经营人问题上不存在过错，货物损毁系意外事故所致，因此本公司不应承担贵公司的经济损失赔偿义务。出于对C公司的利益考虑，L公司也尝试与S场站的经营人协商，请其考虑对C公司的损失作出赔偿，或者请求其堆场保险人作出赔偿，但S场站的经营人拒绝了此项提议。L公司也将此情况通报给了C公司。

对于L公司的回复，C公司表示不能接受，要求要么L公司对C公司作出赔偿，要么L公司要求S场站的经营人作出赔偿。为此，C公司与L公司在随后的日子里进行了多次友好协商，但鉴于集装箱堆场选址以及批准均与L公司无关，L公司始终无法接受承担赔偿的要求。尽管货物是在S场站内遭受损失，但S场站的经营人声称化学品仓库的爆炸责任与其无任何关系。再者，C公司也担心，S场站内的集装箱因大爆炸而产生的损失金额大约数亿美元，自己的损失与其相比微乎其微，打起官司，法律成本和时间成本可能也得不偿失，甚至还存在S场站的经营人宣布破产保护的可能。事实上，S场站的经营人已经收到了众多货主的索赔声明。总之，就C公司的损失赔偿问题，三方均无法达成一致意见，三方之间的谈判也陷入胶着状态，C公司陷入了漫长的痛苦煎熬之中。

六、C公司与承运人M公司关于管理货物责任的责任区间之争

C公司在与X公司，以及与L公司和S场站的经营人的两场斗争中均未取得实质性胜利的情况下，不得不思考是否存在向第三人索赔的可能性。经过一段时间的酝酿，C公司向承运人M公司的索赔之战打响了。

C公司经过研究认为，非集装箱货物运输通常采用航次租船运输方式，在该方

式下，承运人管理货物责任的责任区间通常是从货物装上船舶开始，到货物卸下船舶截止。但集装箱运输属于班轮运输，由于业务环节不同，承运人一般采用装货港集装箱堆场收货，卸货港集装箱堆场交货的运输方式，那么承运人的责任区间就应该是从收到货物时开始到交付货物时结束。

本案中货物就是采用集装箱运输的，而且受损货物就是在集装箱堆场内由 L 公司安排工人将出口金属丝网装入 M 公司所属集装箱的。由此 C 公司认为，在自己的货物在 M 公司的堆场内装入 M 公司的集装箱内那一刻起，M 公司就应当承担起管理货物的责任，这一管理责任最核心的内容就是保证货物的安全。遗憾的是，M 公司未能履行管理货物义务，致使货物全部灭失。于是，C 公司以上述理由向承运人 M 公司提交了索赔函。

事实上，并非只有 C 公司找 M 公司托运货物，该堆场内有许多受损集装箱也都是由 M 公司托运的，M 公司的法务部陆续收到了多个货主的索赔函，也就是说，M 公司受到了群体攻击。

M 公司毕竟是国际上数一数二的集装箱班轮公司，拥有 100 多年的历史，在处理海上货物索赔问题上可谓是身经百战，斗争经验极其丰富。在收到 C 公司的索赔函后，打官腔似的予以简短的回复，声称：对于 C 公司的货物灭失很遗憾，但此次爆炸事件属于不可抗力性质，本公司无须承担货物赔偿责任。此外，C 公司并非运输合同的托运人，因而无权向本公司索赔。

M 公司的回函虽然简短，但言简意赅，立场清楚。C 公司遇到了前两场战斗中遇到的同样头疼的问题，一时也难以找到解药。

【案例使用说明】 ▅━━━━━━━━━━━━━━━━━━━━━━━━━━━━

一、教学目的与用途

本案例适用于"贸易术语章节及不可抗力条款"章节的教学。案例的编写目的是，通过案例中描述的各争议焦点的讨论，旨在引导学生领会合同法定免责或约定免责的相关法律规定，掌握不同合同关系下的索赔依据与技能，培养学生预防和处理不同合同关系下货物索赔的实践能力。通过阅读、分析和讨论本案例资料，启发学生思考和掌握下述讨论思考题中的核心问题。

本案例的概念难度、分析难度和陈述难度均适中，适用对象包括国际贸易专业、国际物流专业、跨境电子商务专业的本科生和国际商务专业的硕士研究生。对于缺乏专业基础理论知识的本科生，可以根据教学大纲，有选择性地引导阅读与案例相关的材料，重点分析提单下货物索赔的基本法律依据和基本程序；对于缺乏实践经验的研究生，可以引导其将所掌握的理论知识运用于本案例的每一个具体问题的分析，对案例中争论的几个焦点问题，作出是非判断，锻炼其处理实际问题的能力。

（一）本案例规划的理论教学知识点

1.买卖合同下不可抗力免责的法律规定或合同约定，两大法系有关规定的差异点。

2. 货运代理合同与运输合同下双方义务的本质性区别。

3. 集装箱货物运输合同下承运人的责任起讫的一般性原则与特殊约定。

4. 商业合同履行过程中第三人侵权的责任认定原则。

（二）本案例规划的能力训练点

1. 一笔货物出口业务中相关的合同关系判别能力。

2. 不同合同关系中风险责任的划分约定识别能力。

3. 多个合同下同时发起索赔的组织能力。

4. 货物索赔的实战能力。

二、讨论思考题

1. 买卖合同下从何处着手可避免 C 公司在事故中的货损责任？

2. 你如何理解合同中约定不可抗力条款的重要意义？如何评价 C 公司在发生不可抗力事件后仍按照 X 公司要求，重新组织发货的行为？

3. L 公司在货代合同下是否应当承担谨慎处理义务？妥善谨慎到什么程度？

4. 运输合同下托运人 C 公司与承运人 M 公司的货物风险承担如何划分？你如何评价该合同下当事人的争议？

三、分析思路

总体思路：首先依据每一个讨论思考题，到案例中找出与每一讨论思考题相对应的案例素材，认真阅读案例相关材料，挖掘提炼出本部分案例材料的基本事实，然后再运用所学专业知识或利用线上线下资源，对相关事实反映的问题作出有理论或法律依据的判断。

具体思路：

1. "买卖合同下从何处着手可避免 C 公司在事故中的货损责任"问题的推荐思路是：（1）考虑主合同——C 公司与 X 公司的买卖合同下，通过选用贸易术语减小卖方风险。不要说选用 EXW 术语，在集装箱运输下，只要选用 FCA、CPT 或 CIP，就可以避免本案中卖方对天津港大爆炸风险的承担。（2）换到保险合同下思考，即使没有选用刚刚提及的三个术语，即使选用装运港交货的贸易术语，只要选择 CIF，事故导致的货物损失也可以从保险合同下获得赔偿。

2. "你如何理解合同中约定不可抗力条款的重要意义，如何评价 C 公司在发生不可抗力事件后仍按照 X 公司要求，重新组织发货的行为"问题的推荐思路是：（1）考虑买卖合同下的法定或约定不可抗力免责条款，结合案例正文中双方争议的情景，作出判断。（2）从客户关系管理角度，评价 C 公司的重新发货行为。（3）通过不可抗力规定相对于合同受阻原则的优越点，培养学生的民族自信心和民族自豪感。

3. "L 公司在货代合同下是否应当承担谨慎处理义务，妥善谨慎到什么程度"问题的推荐思路是：（1）回到案例正文，找到货运代理委托合同关于委托事项的约定，明确 L 公司的合同义务。（2）找到相关法律法规，搜集国内外有关受托人妥善、谨慎履行受托义务的参考案例，结合本案案情作出判断。

4. "运输合同下托运人C公司与承运人M公司的货物风险承担如何划分，如何评价该合同下当事人的争议"问题的推荐思路是：（1）弄懂集装箱海上运输的特点和《中华人民共和国海商法》有关承运人责任区间在两种不同情形下的不同规定，对本争议作出一般性判断。（2）再回到案例中，弄清楚涉案运输合同是否作出特别约定，再对本问题作出具体判断。

四、理论依据及分析方法

（一）国际货物买卖合同下的风险承担原则

对于思考题"买卖合同下从何处着手可避免C公司在事故中的货损责任"问题的讨论，实际上是讨论货物买卖合同下货物灭失或损坏的风险划分问题。对此，各国的合同法只有一个一般性的原则，那就是，以货物交付（不论是实际交付还是象征性交付）为界限，交付前由卖方承担，交付之后由买方承担，双方另有约定者除外。

在国际贸易中，货物交付地点有多种，例如在卖方仓库交付、在卖方所在地生产商仓库交付、在卖方所在地的交通枢纽站交付、在出口国港口交付、在买方港口交付、在买方所在地指定地点交付等，就存在多种风险划分点。在各个交货地点，还存在卖方是否要负责将货物装上运输工具的问题，因此又出现了"承运人指定交付地点"和"运输工具上"两个风险划分点。

为方便人们在商业谈判中确定风险划分点，国际商会编撰了《2020通则》，其中解释了11种贸易术语，确定了7种货物的风险划分点，由买卖双方协商选择。

建议对本问题采用线上线下混合的"问题导向法"（PBL教学法）进行教学：课前线上解决案例研读和《2020通则》的风险划分方法，课中分组讨论问题解决方案，归纳出该类问题的一般解题思路，课后线上提交布置的有关案例分析报告，检查知识应用能力，同时培养自主学习的习惯与能力。

（二）合同履行中的"三不能情形"法律原则——不可抗力与合同受阻

对于思考合同中约定不可抗力条款的重要性问题，核心是弄懂不可抗力与合同受阻法律原则及其差异。不可抗力（Force Majeure）这个法律概念来源于《法国民法典》（又称《拿破仑法典》），大陆法系国家的法律一般都有不可抗力的规定。《中华人民共和国民法典》第180条规定："因不可抗力不能履行民事义务的，不承担民事责任。法律另有规定的，依照其规定。不可抗力是不能预见、不能避免且不能克服的客观情况。"（简称"三不能情形"）《中华人民共和国民法典》第563条规定："因不可抗力致使不能实现合同目的，当事人可以解除合同。"《中华人民共和国民法典》第590条规定："当事人一方因不可抗力不能履行合同的，根据不可抗力的影响，部分或者全部免除责任，但是法律另有规定的除外。因不可抗力不能履行合同的，应当及时通知对方，以减轻可能给对方造成的损失，并应当在合理期限内提供证明。"

　　"三不能情形"是一个概括性的规定，一般指严重的自然灾害（洪灾、地震、海啸、台风等）、意外事故（碰撞、搁浅、火灾、大瘟疫等）和大规模社会动乱（革命、反叛、海盗、恐怖袭击、政府出口限制、战争等）。这类事件不必写在合同中，只需约定适用相关法律即可。合同双方易产生纠纷的是对合同履行影响不那么明显的，又没作出明确约定的事件。因此，一个约定明确、具体的不可抗力条款非常重要。本案的一个争议就是因为买卖合同没有明确、具体的不可抗力及其法律后果的条款。可否解除合同义务的判断标准还得看事件对合同履行的影响程度，对此应多去查阅以往的法院判例加深理解。

　　英美普通法中没有不可抗力的概念，取而代之的是"合同受阻（Frustration）"。它是在合同签订后，在合同任何一方无过失的情况下，发生了不可预见的严重突发事件，令合同无法履行的情形。例如卖方的特定货物被大火烧毁，又无法从他处另行采购，导致无法向买方交货，或无法向承租人交付运输，导致买卖合同和运输合同履行受阻。依据普通法，双方的合同义务可自动解除，卖方也无须作出赔偿。

　　在问题的分析方法上，建议引导学生理解不可抗力和合同受阻两个概念的异同点。大陆法系下，不可抗力条款，或者通过法律适用条款来援引不可抗力规定，都需要在合同中明确约定。而合同受阻因为是默示法律规定，适用时只有合同终止与继续履行两个结果，不包括不可抗力条款下可以延迟履行的情形，所以想要通过合同受阻原则终止合同履行是比较困难的。合同受阻只有在比较极端的情况才能成立，大部分履约困难情形，即使继续履行要增加很大成本，都不能令合同终止。所以，为了增加合同的肯定性、可操作性，更考虑到每一个交易情形的差异性，在合同中订立一条明示的、内容全面的不可抗力条文就非常必要。因为该条款自愿约定，所以应根据业务风险的特点，将必要的阻碍事件列入其中。这一点是学生讨论要达到的高阶目标。同时，也应让学生明白，《中华人民共和国民法典》明示的不可抗力规定优越于英美法合同受阻原则的所在之处，从而增强民族自信心与自豪感。

　　下面再举几个英国法院判例或仲裁裁决，以方便学生理解。不可抗力事件可在成文法中找到。

　　1. "Quito"轮被承租12个月，合同规定，如果船舶不能在4月30日前交付，或者如果船被政府征用，承租人就有权选择取消合同。船舶交付前被政府征用，直到9月才归还。此时，租金大涨，出租人以合同受阻为由宣布解除合同，但承租人仍要求履行。英国上议院裁定，该种情况不属于合同受阻。

　　2. "Spirit of Down"轮被承租从利物浦运送钢轨去旧金山，用于正在进行的铁路建设。该船1月初在驶往装货港的途中搁浅。2月份，船被浮起并送去修理；8月份，修理完毕后船开到装货港，但承租人已找到替代船将货运走，故拒绝接受该轮。出租人告到法庭要求承租人履行合同。法庭判决，该种情况属于合同受阻。

3. "Faro"轮被承租运送65 000立方英尺羊毛。装货前大部分货物在仓库中被大火烧毁。承租人主张合同受阻,法官拒绝接受,原因是仍有部分货物未被烧毁,被烧毁的货物并非具体的特定货物(Specific Cargo),承租人还可以从别的渠道再组织货源。

4. "Pene Lope"轮被承租12个月,连续多航次从南威尔士运煤去地中海,5月20日是第一个航次的开始时间。5月1日,全国煤矿罢工,直到次年2月份无煤可供。法庭判决,该种情况属于合同受阻。

5. "Eugenia"轮被承租从敖德萨到印度运送钢铁。船装货后,承租人指示船舶行走苏伊士运河(Suez Cannel)航线。该船在苏伊士战争刚开始时到达塞得港(Port Said),并于10月31日进入运河,从此被困在运河中,直至第2年1月份开回地中海,此时运河南端的苏伊士港仍处在封闭中。出租人索要延期损失,承租人以合同受阻为由拒绝支付。英国上诉院判决合同受阻不成立,并在判词中确立了下面的原则:"在苏伊士运河被封闭时,惯常的航线是绕道好望角,该出租人也应选择此航线。"

(三)委托合同下受托人责任的判定原则

本案例涉及当L公司作为货代委托合同下的受托人,应否履行谨慎处理义务,是否应当承担因集装箱堆场选择不当而导致货损的问题。对此,我们应首先在《中华人民共和国民法典》中寻找答案。

《中华人民共和国民法典》关于代理关系的第164条规定:"代理人不履行或者不完全履行职责,造成被代理人损害的,应当承担民事责任。"

《中华人民共和国民法典》关于委托关系的第929条规定:"有偿的委托合同,因受托人的过错造成委托人损失的,委托人可以请求赔偿损失。"

《中华人民共和国民法典》关于保管合同的第892条规定:"保管人应当妥善保管保管物。"第897条规定:"保管期内,因保管人保管不善造成保管物毁损、灭失的,保管人应当承担赔偿责任。"

《中华人民共和国民法典》关于仓储合同的第917条规定:"储存期内,因保管不善造成仓储物毁损、灭失的,保管人应当承担赔偿责任。"

上述规定规范了多种形式的委托合同关系,其中一个共同的立法理念是,在委托合同下,受托人应当无过错地,或者说,应恪尽职责地完成受托事项而不让委托人遭受损失。

本案中的L公司是一个从事国际货物运输代理业务的企业,简称"货代企业"。货代企业接受进出口货物发货人、收货人或其代理人的委托,以委托人名义或者以自己的名义办理有关业务,赚取代理费或佣金,此种为典型的委托代理行为。但也有的货代企业接受进出口货物发货人、收货人或其代理人的委托,签发运输单证、收取运费,履行运输合同承运人义务,此种行为是为独立经营人或无船承运人行为。此时,"代理"二字已经失去了法律上的代理意义。对此,2004年1月1日施行的《中华人民共和国国际货物运输代理业管理规定实施细则》第2条作出了类似规定。根据该细则,国际货运代理企业作为代理人或者独立经营人的经营范围包括:

1. 揽货、订舱(含租船、包机、包舱)、托运、仓储、包装;
2. 货物的监装、监卸、集装箱装拆箱、分拨、中转及相关短途运输服务;
3. 报关、报检、报验、保险;
4. 缮制签发有关单证、交付运费、结算及交付杂费;
5. 国际展品、私人物品及过境货物运输代理;
6. 国际多式联运、集运(含集装箱拼箱);
7. 国际快递(不含私人信函);
8. 咨询及其他国际货运代理业务。

本问题的分析方法,建议按照厘清案件事实、确定行为本质、对照法律规则、判断问题是非的思路引导学生展开讨论。

本案例中,C公司委托L公司的业务包括:订舱、货物进场、货物装箱、报检报关、检验、领取运输单据等。从货物装船后取得的运输单据看,L公司没有签发自己的提单和收取运费,显然,该项业务属于委托代理关系。那么,对于L公司在代理业务过程中是否履行谨慎处理义务,就要引导学生根据上述法律规则和货运代理业务性质,对照实际代理业务行为进行分析判断。

延伸的思考问题是,如果L公司在货代合同下具有谨慎处理业务义务,那么该公司应承担哪些方面的妥善谨慎处理义务?妥善谨慎到什么程度?对此,《中华人民共和国民法典》没有具体规定。但是,《中华人民共和国海商法》第48条规定:"承运人应当妥善地、谨慎地装载、搬移、积载、运输、保管、照料和卸载所运货物。"参照该条规定可以看出责任范围和责任程度的一般性立法思想:一是妥善、谨慎程度应当结合业务特征,以保证货物安全为原则。根据普通法和我国司法实践,妥善是指采用的技术性方法得当,谨慎是指责任心上的恪尽职责。二是责任范围以责任人可以控制的业务环节为界限。照此,在集装箱班轮运输合同下,承运人的责任范围就应当还包括装船前的接收货物环节(在装货港集装箱堆场)和卸载货物后的交付货物环节(在目的地集装箱堆场)。

(四)C公司与M公司纠纷的处理原则与分析方法

与C公司与M公司运输合同下的货物风险承担纠纷相关的国内法规定主要有:

《中华人民共和国民法典》第832条规定:"承运人对运输过程中货物的毁损、灭失承担赔偿责任。但是,承运人证明货物的毁损、灭失是因不可抗力、货物本身的自然性质或者合理损耗以及托运人、收货人的过错造成的,不承担赔偿责任。"

《中华人民共和国海商法》第48条规定:"承运人应当妥善地、谨慎地装载、搬移、积载、运输、保管、照料和卸载所运货物。"第46条规定:"承运人对集装箱装运的货物的责任期间，是指从装货港接收货物时起至卸货港交付货物时止，货物处于承运人掌管之下的全部期间。承运人对非集装箱装运的货物的责任期间，是指从货物装上船时起至卸下船时止，货物处于承运人掌管之下的全部期间。在承运人的责任期间，货物发生灭失或者损坏，除本节另有规定外，承运人应当负赔偿责任。"

《中华人民共和国国际货物运输代理业管理规定实施细则》第38条规定："国际货运代理企业作为独立经营人，负责履行或组织履行国际多式联运合同时，其责任期间自接收货物时起至交付货物时止。"

上述规定都是针对承运人义务而言的。

从集装箱班轮运输业务角度看，不论是海上集装箱班轮运输还是中欧班列集装箱运输，都是采用装运港/始发站集装箱堆场接受装箱货物、装船/装车、运输、卸船/卸车、目的港/终到站集装箱堆场交货的运输环节，承运人的货物管理照料责任要覆盖其掌管货物的全部期间。本案采用的是集装箱海上班轮运输方式，那么集装箱货物进入装货港承运人指定堆场后，M公司就应该承担货物责任。但是，《中华人民共和国民法典》第832条也作出了不可抗力造成的货损承运人不承担赔偿责任的规定，争议的焦点最后可能落在承运人在指定堆场问题上是否履行了谨慎处理义务。

本问题的分析方法，仍然建议按照厘清案件事实、确定行为本质、对照法律规则、结合业务特点、判断问题是非的思路引导学生展开讨论。

本案例还涉及两个重要的延伸问题：风险管理和客户关系管理。前者涉及风险的预防，后者涉及客户开发与关系维护，二者都是国际贸易、国际商务管理中心的深层次问题，建议针对专业特点，引导学生对这两个高阶性问题进行适当讨论，有关原理和方法可以在专门的教科书中查阅。

---------------------------- 案例2 ----------------------------

青岛世超公司与日照恒山公司的铁矿石买卖合同纠纷

【案例正文】■——————————————————————————————

一、背景

2013年7月3日，青岛世超公司（买方）与日照恒山公司（卖方）、马某（卖方法人）在日照签订"矿石销售合同"（合同号：HS20130701），约定买方向卖方购买伊朗铁矿石，数量为30 000吨（±10%），82美元/吨 FOB 阿巴斯；卖方在预付款收到后20日前将合同约定品质的30 000吨（±10%）货物运至伊朗阿巴斯港，货物集港20 000吨左右时，书面通知买方，由买方负责定船；货物在阿巴斯港装船前产生的所有费用，例如报关报验、港杂、运输、仓储、监装等均由卖方承担；在装运港，由卖方或者国外发货人付费，请SGS（全球领先的检验、鉴定、测试和认证机构）对货物的品质、重量做全程全面监装，并出具品质证明和重量证明；卖方在签订合同后5个工作日内首付总货值的15%作为保证金，当货物集港完毕，卖方提供相应的照片和入库单据，买方应再付总货款的15%；在合同规定的货物上船后出具提单正本原件及SGS检验报告原件扫描件给买方，买方收到提单正本及SGS报告扫描件后应在15个工作日内付给卖方货款的68%以及船运费总额；如因卖方未能及时向买方提供提单原件及一切所需材料，所造成买方的一切损失、费用和后果，都由卖方承担和补偿；如卖方在合同约定时间没能按时交货，或没有将货权转移给买方，要承担由此给买方造成的损失，卖方应在5个工作日内退还买方已支付的货款，并支付给买方货款总值的2%作为罚金。关于合同争议的解决，合同约定，发生争议应协商解决，如协商不成，则向买方当地人民法院起诉。卖方承诺以个人资产作为担保，保证买方所支付所有预付款项的安全性，合同签字人愿意以个人资产连带承担本合同的担保责任。合同签订后，日照恒山公司确认收到青岛世超公司上述预付款共计738 000美元。

2013年7月13日，青岛世超公司与案外人海悦航运有限公司（以下简称海悦公司）签订"租船合同"，约定由该公司的MVBAOSHUN船承运青岛世超公司购买的铁矿石，起运港伊朗阿巴斯为港，卸货港为青岛。青岛世超公司向海悦公司支付租船定金人民币419 430元，即双方均确认的"已付定金68 700美元"。2013年8月3日，MVBAOSHUN船到达伊朗阿巴斯港。

二、货物装船为何突然被勒令停止

2013年8月3日凌晨，涉案船舶MVBAOSHUN抵达伊朗阿巴斯港装货，至2013年8月6日陆续装货至10 000多吨。由于日照恒山公司的伊朗供货商AMIRHOSSEINSHARAFI涉及诉讼，伊朗法院通知停止将涉案货物装船，并且已装船货物需要卸货。2013年8月6日MVBAOSHUN船未卸下已装货物即离开港口。2013年8月26日，MVBAOSHUN船重新回到港口装货，继续装了1 000多吨货后，当日接到港口通知要求卸货。MVBAOSHUN船之后没有再装货，并滞留伊朗阿巴斯港。海悦公司要求支付滞港费、加油费、港口费等各项费用，就该费用如何支付及货物装卸问题，青岛世超公司、日照恒山公司同该船公司在一直协商，根据各方的邮件往来，直至2013年10月14日，各方仍未达成新的一致协议。2013年10月21日17时30分，卖方日照恒山公司发送邮件称："......已经派警察去找你们的船只，但已经不在锚地......"2013年10月21日17时30分之前，MVBAOSHUN船载着已装货物驶离了伊朗阿巴斯港。青岛世超公司、日照恒山公司均称不知道MVBAOSHUN船的现状及货物情况。

三、青岛世超公司巨额损失与索赔

2013年12月20日，青岛世超公司与日照恒山公司签订"协议"，确认在涉案合同履行过程中，日照恒山公司装货12 380吨（以码头装船单据为准）至

MVBAOSHUN 船，剩余货物尚未按照合同约定完成交付，并且导致 MVBAOSHUN 船滞留伊朗阿巴斯港口，造成青岛世超公司巨额损失。"协议"中还确认了日照恒山公司应付青岛世超公司关于 MVBAOSHUN 船的相关费用明细以及解决办法。

（一）日照恒山公司未交付剩余货物及未提交相应单据，构成违约。

日照恒山公司、马某提出涉案协议已载明日照恒山公司装货 12 380 吨的主张，该协议约定"甲方装货 12 380 吨（以码头装船单据为准）"，根据该协议，日照恒山公司应提交相应单据以证明其履行交货义务及交货数量，但日照恒山公司未按约交付货物及相应单据，已构成违约，依法应承担违约责任，应按照合同约定退还青岛世超公司货款，并承担给青岛世超公司造成的损失。

（二）双方合同约定的货物为伊朗铁矿石，日照恒山公司提交的报关单上的货物代码是铁矿砂，不是合同约定货物。

（三）赔偿 MVBAOSHUN 运输船滞期费 36 万美元。

根据涉案"矿石销售合同"的约定，因日照恒山公司违约造成的损失应由日照恒山公司、马某承担，马某于 2014 年 3 月 13 日亦确认 MVBAOSHUN 运输船有应付船舶滞期费 36 万美元。

四、日照恒山公司主张与抗辩

（一）已履行了交货义务

日照恒山公司主张已将买方青岛世超公司所支付的货款 738 000 美元购买了合同项下的伊朗铁矿石，并将 11 800 吨铁矿石装运至青岛世超公司租用的 MVBAOSHUN 船上，已经履行了交货义务；因船运公司将船舶驶离装运港，下落不明，致使无法继续履行装运货物的义务，青岛世超公司也没有履行继续支付货款的义务，导致涉案合同无法继续履行，因此其不应承担罚金责任。

（二）"矿石销售合同"因相关协议的签订已产生终止履行的法律效力

买卖双方与伊朗供货商 AMIRHOSSEINSHARAFI，买方与伊朗供货商 AMIRHOSSEINSHARAFI 分别或共同签订了相关协议，从协议内容看，对于货运船舶产生费用的承担主体是伊朗供货商 AMIRHOSSEINSHARAFI，而非卖方；由于相关协议的签订，买卖双方之间的矿石销售合同已经产生事实上的解除效力，买方无权再依据该合同主张任何权利。

1. 2013 年 12 月 20 日双方签订协议涉及的内容包括涉案矿石销售合同的前期履行情况，日照恒山公司已装运货物数量的确定方式，双方债权债务的结算方式等。从中可以看出，双方签订该协议的真实意思表示是清算债权债务，涉案矿石销售合同因不再继续履行，故未提及。

2. 2014 年 3 月 19 日，青岛世超公司、伊朗供货商 AMIRHOSSEINSHARAFI 与马斌签订的合同涉及的内容包括：伊朗供货商应履行向青岛世超公司交付货物 10 000 吨的义务；MVBAOSHUN 产生费用的承担主体是伊朗供货商 AMIRHOSSEINSHARAFI，日照恒山公司只是在"乙方在规定时间内未完成"时，履行"负责追索"义务，而非支付义务。从该合同内容看，交货义务主体以及交货方式（由 FOB 变更为 CFR）与涉案的"矿石销售合同"相比均发生了巨大变化，又因该合同中涉及 MVBAOSHUN 船产生费用的问题，故与涉案矿石销售合同有关，相关内容与涉案"矿石销售合同"不一致的，应以新达成的协议为准。

3.2014 年 3 月 25 日，青岛世超公司与伊朗供货商单独签订的协议涉及的内容有：伊朗供货商除已经履行和将要履行的交货义务外，还应将尚欠 MVBAOSHUN 船的费用支付给青岛世超公司。基于上述同样的理由，该协议与涉案的"矿石销售合同"有关，系对涉案"矿石销售合同"的变更或补充。上述三份协议未能最终履行的原因是与青岛世超公司建立运输合同关系的 MVBAOSHUN 船未履行承运义务，导致日照恒山公司及伊朗供货商无法履行相关协议确定的义务。但是，相关协议未能履行，并不能导致上诉双方权利和义务关系的逆转，不能重新回到"矿石销售合同"的调整范围之内，故不能依照"矿石销售合同"作出的判决。

（三）36 万美元滞期费损失不合理

1. 该 36 万美元损失并未实际发生。青岛世超公司表示未向船公司支付相关费用，不予支付的理由系船公司索取的费用严重偏离了市场。

2. 在法律适用方面，青岛世超公司并未产生 36 万美元滞期费损失，即便存在船舶滞期的事实，也应对滞期的原因进行分析，对各方责任进行划分。涉案纠纷发生后，日照恒山公司已通过及时通知各方配合卸货并重新装货、另行购买货物等方式积极补救，但因青岛世超公司委托的 MVBAOSHUN 船拒绝配合卸货后装货并在未经同意的情况下擅自携带部分货物离开港口导致涉案合同无法继续履行，青岛世超公司及 MVBAOSHUN 船在船舶长期滞港及涉案合同无法继续履行中均存在重大过错，对于相关损失的产生及不当扩大负有不可推卸的责任。因此，对于各方实际损失，均应由各方根据各自过错承担相应责任。

3. 在责任承担方面，日照恒山公司提交的多个电子邮件已充分证明涉案船舶长期滞港系多方原因造成，其中，青岛世超公司及海悦公司的消极不配合导致损失急剧扩大，对于扩大的部分，不应由日照恒山公司承担。具体来说，在 2013 年 8 月 3 日至 5 日期间，MVBAOSHUN 船正常装货，该期间不应计算滞期费；后期即便存在滞期事实，日照恒山公司也已积极履行止损义务（日照恒山公司 2013 年 8 月 27 日已告知青岛世超公司伊朗法院要求卸货，并于 2013 年 9 月 14 日再次告知必须卸货，之后多次催告），但青岛世超公司及海悦公司均不予配合；2013 年 10 月 21 日，警方已经联系不上涉案船舶，2013 年 8 月 27 日之后的滞期完全是由青岛世超公司及海悦公司不配合造成的，该部分损失不应由日照恒山公司承担。综上，即便存在滞期事实，需要支付滞期费用，日照恒山公司承担的也仅为 2013 年 8 月 6 日至 2013 年 8 月 26 日合计 20 天的滞期费，而不是 72 天。

（四）支付 401 588 元违约金损失部分不合理

青岛世超公司支付给案外人青岛江容国际贸易有限公司（以下简称江容公司）

的违约金401 588元，与本案纠纷并无关联性。根据事实可以看出，青岛世超公司与江容公司的合同约定的船期是2013年6月15日前装船，如青岛世超公司不能在约定时间之前将货物发出，需支付2%的违约金。而本案中，双方约定的装船时间是2013年7月3日。从时间上看，青岛世超公司与日照恒山公司于2013年7月3日签署涉案合同时，青岛世超公司与江容公司之间的合同应该已经履行完毕。江容公司通过诉讼主张权利，是因为青岛世超公司自身违约造成的，和本案合同没有任何关联性。

五、案外事实补充

2013年5月21日，江容公司（买方）与青岛世超公司（卖方）签订铁矿石购销合同，合同约定买方向卖方订购伊朗铁矿石5 000吨，船期为2013年6月15日前，价格为100美元/吨。2013年7月3日双方再次签订补充协议，约定将合同数量改为30 000吨，装期改为2013年7月30日前。

2014年5月14日，案外人江容公司向青岛市某区人民法院提起诉讼，请求判令：青岛世超公司退还江容公司的预付款人民币5 887 951元，支付违约金人民币405 480元及诉讼费。

2014年5月19日，青岛世超公司与日照恒山公司、江容公司签署三方协议约定，青岛世超公司将其对日照恒山公司享有的债权转让给江容公司。

资料来源：青岛市市南区人民法院，青岛世超进出口有限公司与日照恒山国际贸易公司、马斌买卖合同纠纷一审民事判决书（编者有修改）。

【案例使用说明】 ▰▰▰▰▰▰▰▰▰▰▰▰▰▰▰▰▰▰▰▰▰▰▰▰▰▰▰▰▰▰

一、教学目的与用途

本案例适用于"贸易术语"（教材第4章）及"装运条款"（教材第9章）的教学使用。

二、讨论问题

（一）FOB贸易合同下双方应承担什么责任、费用及风险？后青岛世超公司与案外人伊朗供货商AMIRHOSSEINSHARAFI签订协议采用CFR贸易术语，其双方又应承担什么责任、费用及风险？

（二）青岛世超公司是否有权向日照恒山公司主张已装船11 800吨铁矿石的损失？

（三）青岛世超公司主张对于已交货的12 380吨铁矿石，日照恒山公司未提交相应单据，是否已构成违约？

（四）日照恒山公司、马某抗辩青岛世超公司主张的损失问题已由青岛世超公司、马某、案外人伊朗供货商AMIRHOSSEINSHARAFI三方协议约定由案外人伊朗供货商AMIRHOSSEINSHARAFI承担，日照恒山公司是否已无须承担青岛世超公司主张的损失？日照恒山公司的违约责任应如何承担？

（五）青岛世超公司向案外人江容公司支付的违约金，应否由日照恒山公司、马斌承担？

三、分析思路

（一）分析本案例应当根据讨论思考题，到案例中找出与每一讨论思考题相对应的案例素材，然后认真阅读案例的相关材料，挖掘提炼出本部分案例材料的基本事实，然后再运用所学专业知识对相关事实反映的问题作出判断。

（二）判断本案例中买卖合同使用的贸易术语，结合所掌握的基础知识，分析该合同下买卖双方各自承担的责任、费用及风险。

（三）本案例需运用合同主体的相关知识点。

四、参考答案

（一）FOB术语是指卖方负责在合同约定的时间和装运港将合同货物装到买方指定的船上，或取得已如此装船的货物，承担货物装上船舶之前的费用和灭失或损坏风险。在该术语下，卖方的主要义务有：

1.按约装船并发出充分通知；

2.办理出口清关手续；

3.负担货物装上船舶之前的费用和风险；

4.提供约定的运输单据及商业发票等其他单证；

5.提供保险信息。

买方的主要义务有：

1.接收货物与单据，支付货款；

2.办理进口清关手续；

3.承担装船后的费用和风险；

4.租船订舱，并发充分通知。

CFR术语则在以上义务的基础上，加上了卖方需要租船订舱、支付到目的港的运费并发充分通知给买方的义务。

（二）无权。日照恒山公司已向MVBAOSHUN船上装货。根据FOB贸易术语，货物装上船后，其毁损、灭失的风险应由买方即青岛世超公司承担。现日照恒山公司已将货物装载到买方即青岛世超公司所租船舶上，该部分货物毁损灭失的风险应由青岛世超公司承担。青岛世超公司无权向日照恒山公司主张该货物的损失。

（三）已构成违约。因该协议约定为"甲方装货12 380吨（以码头装船单据为准）"，所以根据该协议，日照恒山国际贸易有限公司应提交相应单据以证明其已履行交货义务及交货数量，日照恒山国际贸易有限公司未提交相应单据，构成违约。

（四）不是，日照恒山公司应该承担损失赔偿责任。MVBAOSHUN船在装载11 800吨货物后不能继续装货的原因在于日照恒山公司的前手伊朗卖家涉及诉讼，伊朗法院要求必须卸货。根据《中华人民共和国民法典》的相关规定，合同一方当事人因第三方的原因不能履行合同的，其应当向合同另一方承担违约责任。且从后来日照恒山公司与青岛世超公司签订的一系列协议内容看，日照恒山公司承认是其导致MVBAOSHUN船滞留伊朗阿巴斯港口，造成青岛世超公司损失，日照恒山公司应该承担损失赔偿责任。即使青岛世超公司、日照恒山公司重新达成继续履行合同的协议也不能免除该赔偿责任。综上所述，基于船舶滞留所产生的一切损失应当由日照恒山公司负担。

（五）青岛世超公司和日照恒山公司签订的"矿石销售合同"和"协议"均没有违反法律法规的规定，因此合同依法成立，合法有效。青岛世超公司向日照恒山国际贸易有限公司支付了部分货款，履行了自己的合同义务，日照恒山国际贸易有限公司就应当按照合同约定的时间及方式交付货物，出具提单正本原件及SGS检验报告原件扫描件给青岛世超公司。日照恒山国际贸易有限公司未按约交付货物及相应单据，已构成违约，依法应承担违约责任，应按照合同约定退还货款，并承担给青岛世超公司造成的损失。故青岛世超公司向案外人江容公司支付的违约金，应由日照恒山公司、马某承担。

第五章　货物的品质

开篇案例

"手工丝织品"名称引起的纠纷

【案例正文】

我国 A 公司向美国 B 客商出口一批"手工丝织品"，美国 B 客商收到货物后经检验发现货物部分制造工序为机械操作，而我方提供的单据均表示该货物为手工制造，按照美国法律应属"不正当表示"和"过大宣传"，以致美国 B 客商遭用户退货，蒙受巨大损失，因而要求我方赔偿。我方拒绝，主要理由有两个：（1）该商品的生产工序基本是手工操作，而且关键工序完全采用手工；（2）该交易是经买方当面看样品成交的，而且实际品质和样品一样，因而我方认为所交货物与样品品质一致，应认为所交货物与商定的品质一致。后经有关人士调解后，双方在友好协商后取得谅解。

【涉及的问题】

在国际贸易中，表示货物品质的方法大致可以分为两类：一是用文字说明表示；二是以实物样品表示。本案中，该交易是经买方当面看样品成交的，而且实际品质和样品一样，美国 B 客商收到货物后经检验发现货物部分制造工序为机械操作，美国 B 客商是否可以要求我方赔偿？CISG 对此类型案件的解释及常见解决方式有什么？

从上述案件可见，学会正确运用各种表示方法，对于促进贸易发展是十分重要的。质量条款的内容和文字应注意科学性、严密性和准确性，应避免使用笼统含糊的字眼，以便准确表达货物的品质。

思政案例：诚实守正、谨慎笃行

中国企业重视出口产品质量安全，出口产品合格率超过99%

商务部发言人表示，近年来中国出口市场健康发展，2022 年出口金额达万亿美元。在不计其数的产品出口中，每一笔合同都是进口商和中国出口商经过在规格、质量等各个方面的认真讨论达成共识的条件下实现的。应该说，中国出口的产品质量符合进口商的要求和进口国关于质量的规定，而且都经过法定检验。中国出口产品整体上是被进口国的经销商和当地消费者认可和接受的。

政府高度重视食品安全。外交部发言人在接受记者采访时表示："中国政府非常重视中国出口产品的质量和安全问题，无论在产品的生产、流通和进出口各个环节上以及立法、执法、监督、管理等方面都采取非常负责任的态度，并认真努力地确保中国出口产品的质量和安全。"

国家质检总局进出口食品安全局局长李元平也表达了相同的观点，中国政府高度重视食品安全，特别是出口食品的安全。他认为，99%的合格率对食品来讲是非常高的合格率，对此中国政府下了很大功夫，采取了一系列科学完善的措施加以保障。这背后也体现了我国外贸企业诚实守正、谨慎笃行、全力保障出口食品安全的操守！

5.1　商品的名称（品名）

案例
品名不明确引发的争议——山东苹果一定来自山东吗

【案例正文】▶

日本A进口公司向我国B出口公司订购山东烟台"红富士"苹果10吨，双方当事人几经磋商最终达成了交易。但在缮制合同文本时，由于山东烟台是苹果的主要产区，通常B出口公司都将山东烟台视为苹果的货源基地，因此就按惯例在合同品名条款处打上了"烟台苹果"。可是在临近履行合同时，烟台的苹果产地由于自然灾害导致歉收，货源紧张。B公司紧急从其他省份征购，最终按时交货。但A公司来电称，所交货物与合同规定不符，要求B公司作出选择，要么提供烟台苹果，要么降价，否则将撤销合同并提出贸易赔偿。

【讨论问题】▶

请问：日本A进口公司的要求是否合理？请评述此案。

【参考答案】▶

日本A进口公司的要求是合理的。本案是由于商品品名条款所引发的争议。品名和品质条款是合同中的重要内容，一旦签订合同，卖方必须严格按合同的约定交货。另外，在表示商品品质的方法中，有一种是凭产地名称买卖，产地名称代表着商品的品质。不同产地的同种货物的品质可能存在很大差别，因此日本A进口公司要求提供烟台苹果的要求是合理的。其实，遇到上述情况，B公司可以援引不可抗力条款，及时通知买方，要求变更合同或解除合同。

5.2　货物品质的表示方式

5.2.1　凭样品说明

【案例正文】

某年，我国 B 公司向国外 A 公司供应女士短裙。双方约定了产品名称、样式、规格、价格条款及交货时间。质量要求为，布料品质按照"美标四分制标准"执行，坯布按染色坯要求。B 公司染色后，若有质量异议，双方必须到染厂内现场解决，面料一经开裁供应方不负责任。其他事项约定为："按照 A 公司提供样品的组织结构生产。"合同签订后，B 公司向 A 公司指定的染厂送货，A 公司向 B 公司支付了货款。

但随后 A 公司就认为 B 公司供应的产品不符合合同约定，双方产生纠纷诉至法院，A 公司为证明其损失情况，提交了其与 B 公司签订的采购合同，证明因 B 公司的彩印棉花布不符合要求，使其不得不向第三方采购货物并逾期交货，产生了违约损失，要求与 B 公司解除合同，并让 B 公司返还货款并赔偿损失。

【讨论问题】

请问：A 公司是否有权要求解除合同？请说明理由。

【参考答案】

A 公司无权解除合同，原因如下：

本案中，法院判定由原告 A 公司承担举证不能的责任，驳回了原告的诉讼请求，理由为："本案买卖合同所涉坯布为按样品制作，故确定样品布料为本案的关键。从原告提交的证据来看，并不存在明显的证据证明被告认可其交付的坯布存在不符合样品布的情形。而在被告将印棉花布交付给原告后，原告将样品布取走，在双方存在数个买卖合同、数个样品布，且原、被告并未对本案样品布进行封存确认的情况下，不宜直接以原告认为的样品布作为本案样品布认定的依据。因本案所涉样品布无法认定，被告交付的布料是否符合样品布要求亦难以认定。"

根据《中华人民共和国民法典》，凭样品买卖的当事人应当封存样品，并可以对样品质量予以说明。出卖人交付的标的物应当与样品及其说明的质量相同。综上所述，我们根据实际案例，总结分析了合同中较容易出现的问题。大家可以在凭样品签订买卖合同时审慎注意封存样品，严格遵循相关的封样流程，保证样品的真实性与准确性，才能有效降低风险；但如果发生纠纷，那么也真心希望此文能够帮助到那些需要帮助的朋友。

5.2.2 凭规格、等级、标准买卖

------- 案例1 -------

私自更改合同货物品质等级造成的损失案

【案例正文】■

　　山东某出口公司向韩国出口一批烟台苹果，合同上标明三级品，但到发货时才发现三级品的库存告罄，于是该出口公司改以二级品交货（二级品比三级品质量好），并在发票上加注"二级 ABC 牌苹果，仍按三级计价"。

【讨论问题】■

　　请问：这种"以好充次"的做法是否可以？

【参考答案】■

　　这种做法不妥当。商业发票所载货物名称必须与信用证和合同所载相符，进口方完全可以借口与原合同规定不符相要挟。如果买方的当地市场价格疲软下跌，则尽管卖方给的是好货，买方还是可能拒收和索赔，从而造成出口方的损失。

------- 案例2 -------

品质条款规定铸面"光洁"的标准是什么

【案例正文】■

　　某年10月，国外某商行向浙江一企业按 FOB 条件订购1 000吨铸铁管道，货物的生产要按买方提供的图样进行。该订购合同的品质条款规定：铸件表面应光洁；管道不得有裂纹、气孔、砂眼、缩孔、夹渣和其他铸造缺陷。该合同还规定：（1）合同订立后10天内卖方须向买方预付人民币30万元，作为反担保保证金，交第一批货物后5天内，买方退还保证金。（2）货物装运前，卖方应通知买方前往产地抽样检验，并签署质量合格确认书；若质量不符合同要求，则买方有权拒收货物。（3）不经双方一致同意，任何一方不得单方面终止合同，否则由终止合同的一方承担全部经济损失。

【讨论问题】■

　　请问：本案中规定铸面"光洁"的标准是什么？这份合同能不能签？为什么？

【参考答案】■

　　本案是一起典型的外商利用合同中的品质条款进行诈骗的案例。铸件表面"光

洁"是一个十分含糊的概念，没有具体标准和程度；"不得有裂纹、气孔等铸造缺陷"存在的隐患更大，极易使卖方陷入被动。这份合同不能签，因为对方的实际目标是人民币30万元的反担保保证金。这类欺诈型合同的特点体现为：价格诱人，工艺简单；技术标准含糊，并设有陷阱；预收保证金等后逃之夭夭，或者反咬一口；被欺诈对象多为合同管理不严、缺乏外贸经验、急功近利的中小企业。

------- 案例3 -------

合同对品质规定不明确而引发的纠纷案

【案例正文】◼────────────────────────

中国出口商与德国公司签订出口某商品合同。数量为2 000长吨，单价为80英镑/长吨，CIF不来梅，品质规格为：水分不超过10%，杂质不超过1%，以中国商品检验局品质检验证书作为交货品质的最后依据。在成交前，卖方向买方寄送了样品。合同签订后，买方曾传真要求卖方保证交货品质；卖方回复称，保证交货与寄送的样品一致。货物经中国商品检验局检验合格后装运。货物运抵目的地后，买方经检验后提出，货物品质虽与中国商检局出具的检验证书一致，但却远低于样品的品质，卖方有义务保证所交货物品质与寄送的样品一致，于是提出每长吨降价6英镑，共计12 000英镑。卖方以合同未规定凭样品成交为由不同意降价。于是，卖方请当地的公证检验人对该商品进行检验，出具了货物平均品质比样品低7%的检验证书，向合同规定的仲裁机构提交仲裁。

【讨论问题】◼────────────────────────

请问：本案该如何处理？

【参考答案】◼────────────────────────

本案中，从合同条款看，只规定了凭规格买卖，并未规定凭样品买卖。但在成交前，卖方曾向买方寄送了样品，并在随后的来往通信中，卖方保证货物品质不会低于样品。尽管卖方辩称该传真并未写明构成合同不可分割的一部分，但从整个交易过程看，该传真是对合同条款的补充。因此，该笔交易由于这个传真，就从合同中约定的凭规格买卖转变为既凭规格又凭样品的买卖了。

------- 案例4 -------

若合同中仅凭文字说明货物品质，则交付货物是否能够凭样品核验

【案例正文】◼────────────────────────

我国A公司出口英国B公司某农产品，合同规定：数量2万公吨，每公吨100欧元，CIF伯明翰，品质规格为水分最高10%且杂质不超过2%，交货品质以中国

商品检验局品质检验为最后依据。但在成交前A公司曾向对方寄送样品，合同签订后又电告对方，确认成交货物与样品相似。货物抵达英国后，B公司提出虽有中国商品检验局出具的品质合格证书，但货物的品质比样品低，A公司应有责任交付与样品一样的货物，因此B公司要求每公吨减价5欧元，并向A公司提出索赔15万欧元的要求。A公司以合同中未规定凭样交货而仅凭规格交货为理由，不同意减价和对方的索赔要求。B公司遂请求在中国仲裁或协助解决此案。

【讨论问题】■───────────────────────

请问：你认为该案中B公司的要求是否合理？为什么？

【参考答案】■───────────────────────

B公司要求减价和索赔是合理的。从合同的条款来看，只规定了品质规格条款，并未规定凭样交货。但在签约前A公司寄了样品，而签约后A公司又电报确认了货物品质与样品相似。这个电报可以理解为，提交的货物与样品相似是合同中品质规格条款的补充。该交易成了既凭规格又凭样品的买卖了。B公司请该国检验公司进行检验，出具了所交货物的平均品质比样品低5%的检验证明。A公司将所保留的样品遗失，对自己的抗辩无法加以说明。

5.2.3　凭产地名称说明

┌───────────── 案例 ─────────────┐

某县柑橘因被笼统命名导致的纠纷案

【案例正文】■───────────────────────

江西省某县盛产柑橘，并形成一种优质品种，此品种被称为"一号柑"。我国A公司与国外B公司订立柑橘买卖合同，品质条款仅规定为"一号柑"。买方收货后提出异议，称收到的柑橘不是江西该县产的柑橘，因为实际收到的柑橘皮很厚。A公司解释说，合同的品质条款仅规定为"一号柑"，因此只要是"一号柑"品种，就符合合同约定。而B公司认为，合同约定的"一号柑"必须是在江西该县当地种植的柑橘。双方各持己见。

【讨论问题】■───────────────────────

请问：若将此案交到法院审理，那么哪方获胜概率大？为什么？

【参考答案】■───────────────────────

卖方胜诉机会很大，因为按照当地的习惯，"一号柑"并不一定得是在江西该县种植的柑橘，它只不过是一个品牌，在其他地区种植的柑橘能够达到相关标准的，也可以冠以"一号柑"的名头。在订立合同品质条款时，双方应尽量准确地约定货物的品质，笼统的描述很容易导致理解的异议，从而产生不必要的纠纷。本案异议的产生就是因为对品质的约定不够详细。

5.2.4　凭商标、牌名买卖

有合法授权的涉外定牌加工不侵犯境内商标权

【案例正文】

广东 A 公司是一家专业生产、销售电子设备、功放、音箱的公司，第＊＊905号"JACKIE."商标为其注册商标，核定使用在第9类的音响设备、音箱等商品上。B公司是一家生产、销售数字发声设备的企业。某年，B公司欲出口一批使用了"JACKIE."标志的喇叭音箱至美国西雅图，因该批货物涉嫌侵犯 A 公司在海关总署备案的"JACKIE."商标而被海关扣留。之后 A 公司遂向法院提起诉讼，状告 B 公司侵犯其"JACKIE."商标专用权，要求对方停止侵权及赔偿损失。被告 B 公司辩称，其与委托方美国某技术公司签有加工协议，按照该协议，美国某技术公司在美国拥有"JACKIE."标志的注册商标专用权，B公司作为加工方必须按照协议将所生产的带有"JACKIE."商标的商品出口至美国，且不得在中国销售任何一件带有"JACKIE."标志的商品。被告 B 公司没在中国销售任何一件涉案商品，因此没有侵犯原告的商标专用权。法院经审理后认为，被告的行为属于定牌加工行为，被告定牌加工的商品仅是出口，并没有在我国国内销售，未造成市场混淆，也未对原告造成影响及损失，故不构成对原告商标权的侵害，遂驳回原告诉讼请求。一审判决后，原告不服提起上诉，二审维持原判。

【讨论问题】

请问：被告的定牌加工行为是否侵犯了原告的注册商标专用权？

【参考答案】

被告的定牌加工行为未侵犯原告的注册商标专用权，原因如下：

本案中，虽然涉案商标与原告的注册商标相同，也被使用在相同的商品上，但涉案商品全部发往美国，商品不在中国境内销售。涉案商标仅在美国产生商品来源的识别作用，不可能造成国内消费者的混淆或误认；而原告取得的商标权仅在我国境内发生效力，产生商品来源的识别作用，其商品的销售对象是我国境内的相关公众。两者占据的市场不同，销售对象不同，不会带来消费者的混淆或误认，因而不会给原告的商标专用权带来损害。由于没有损害后果，故侵权行为不成立。

我国目前仍是制造业大国，尤其在东部沿海地区存在大量的定牌加工企业，就涉外定牌加工行为是否构成侵权的认定直接影响着我国众多企业的生死存亡，直接影响着我国经济的发展。认定有合法授权的涉外定牌加工行为不得侵犯境内商标权，既符合我国商标权保护的法律制度，也能促进我国对外贸易经济的发展，较好地实现了商标权的依法适度保护与促进经济发展的公共利益的平衡。

5.3 品质机动幅度条款和品质公差条款

5.3.1 品质机动幅度条款

案例
中日药材品质纠纷案

【案例正文】 ■

某年，中国A出口公司向日本B进口商出口一批中药材，合同中的品质条款如下：含水（最高）10%，含杂质（最高）2%。在谈判过程中，A出口公司曾向买方B进口商寄过样品，订约后又电告对方成交货物与样品相似。货到日本B进口商后，经检验，虽然品质达到合同规定的规格要求，但是日本B进口商拿出货物的品质规格比样品低6%的检验证明，要求A公司赔偿损失。A出口公司陈述说，这笔交易在交货时商品是经过挑选的，因该商品系农产品，不可能做到与样品完全相符，但不至于比样品低6%。由于A出口公司已将留存的样品遗失，对自己的陈述无法加以证明，所以我国仲裁机构难以处理，最后A出口公司只好赔付了一笔品质差价来结案。

【讨论问题】 ■

请问：本案争议的焦点是什么？你从中能吸取什么教训？

【参考答案】 ■

本案焦点：（1）此笔交易究竟是凭规格买卖，还是凭样品买卖，或者是既凭规格又凭样品买卖？（2）如果是既凭规格又凭样品买卖，那么卖方是否需要负品质与样品不符的责任？

从以上案情看，中国A出口公司已在合同中明确了以规格表示的品质条款，本应属凭规格买卖的合同。但是，在成交前中国A出口公司又向日本出口商B寄去样品，而且没有声明是参考样品，订约后又通知对方货物与样品相似，这就使该项交易变成既凭规格又凭样品的买卖了，使自己受到双重标准的约束，对方则可以选择其中最高的品质要求作为货物的品质标准。因此，在该业务中，中国A出口公司应在赔偿后吸取教训。如果交易货物的品质能够以规格确定，就无须再寄送样品，更不能轻易地宣称交货品质与样品相似。当然，为了进行商品宣传也可以寄送样品，但应该注明该样品仅作为参考样品（Reference Sample）。如果订立的是凭样品成交的合同，则应该妥善保存复样，一旦发生争议，就可以对复样进行重新检验以便对比，从而分清责任。

5.3.2　品质公差条款

------------ 案例 ------------

因交货颜色不对而引发的纠纷

【案例正文】■────────────────────────

某年年初，中国某外贸公司对外成交 10 000 辆儿童玩具车，双方约定 7 000 辆为黑色，3 000 辆为湖蓝色。卖方在备货过程中发现湖蓝色儿童玩具车无货，只有其他颜色的自行车。于是，卖方在未征得买方同意的情况下，便擅自将橘红色、纺织绿和银红色的儿童玩具车取代原来的 3 000 辆湖蓝色自行车装运出口。由于卖方交付与合同不符的货物，所以买方拒绝付款赎单。后经买卖双方反复交涉，买方仍坚持要求卖方尽快补交 3 000 辆约定的湖蓝色自行车，而对卖方擅自发运的 3 000 辆杂色自行车，只同意按原价降低 10% 进行处理。此外，这批货物在目的港存放仓库的栈租费和晚收货款的利息损失，也要由卖方承担。

【讨论问题】■────────────────────────

请问：从上述案件中，我们应吸取什么教训？

【参考答案】■────────────────────────

在儿童玩具车交易的买卖合同中，买卖双方约定的色泽是儿童玩具车这一交易标的物的组成部分，因此，在履约过程中，卖方理应按约定的花色品种如数交货。在本案中，卖方负有不可推卸的责任。第一，卖方未摸清货源情况就盲目对外签约，直到备货时才发现湖蓝色自行车无货，给履约造成实际困难，这是应吸取的教训一。第二，在履约过程中，卖方经办人员发现依约交货确有实际困难时，应及时同买方商议，只有在双方取得一致意见后，才能改变约定条款。卖方经办人员无视合同规定，擅自改变交易货物的花色品种，实属严重违约行为，这是应吸取的教训二。

5.4 合同中的品质条款

------ 案例 1 ------

若交付的货物质量未达到违约的程度，则买方是否有权解除合同

【案例正文】

某年，中国卖方（原告）向瑞士买方（被告）出售人造皮革，部分货物交货后，买方向卖方发出货物不合规格的通知，其中主要的缺陷之一是货物未按原来商定的方式确定某些皮革的商品编号。卖方早先未看过货，因此应买方的请求检查了货物。随后买方宣布合同无效，要求卖方退款。卖方则提起诉讼，要求买方支付全部合同价款的剩余部分。

【讨论问题】

请问：买方的做法是否合理？是否有权宣布合同无效？

【参考答案】

买方的做法不合理，无权宣布合同无效。法院认为，未按原来商定的方式确定某些人造皮革的商品编号，并不像买方所声称的那样构成缺陷，当事各方已通过补充协定对此作了安排。法院指出，即使认为这是一种缺陷，这种不合规格也未达到违约的程度，因为尽管卖方必须发送符合合同的货物，但货物的价值等同而且其功用并未减少（CISG 第 35 条）。法院还认为，有关举证责任的问题并不受 CISG 的管辖，但鉴于 CISG 所依托的系统结构，或许可以推导出某些原则。由于对货物缺陷的赔偿责任是合同对卖方规定的义务的一个关键方面，所以卖方有义务在移交风险时证明没有缺陷。买方对就不合规格的情况进行合理检查和发出通知负有举证责任，而且在接受货物之后又不发出货物不合规格的通知，则证明移交风险时即已存在任何缺陷的责任就落到买方的头上（CISG 第 4 条）。

------ 案例 2 ------

若卖方提供不符法定标准的货物，则买方是否仍需支付货款

【案例正文】

某年，中国买方 A 与韩国卖方 B 签订了一份分批销售韩式辣酱的合同，买方 A 收到第一批货物后支付了货款，但第二批货物交付后不久，买方 A 收到韩国调料相关协会的正式通知，通知中载明这些辣酱中的一种成分的含量超过了韩国法律规定

的标准，随后买方 A 对卖方 B 货物的检验证实了这个信息。买方 A 立即将这一情况通知了卖方 B。卖方 B 同意收回货物，承认它们不符合韩国食品安全法的要求，并同意在买方 A 确定的期限内交付替换货物。在买方 A 规定的两个星期后卖方 B 没有交付替换货物，买方 A 宣布合同无效并拒绝支付货款。卖方 B 提起诉讼，要求买方 A 支付货款，而买方 A 则提出反诉，要求损害赔偿。

【讨论问题】▇

请问：买方 A 是否有义务支付货款？

【参考答案】▇

法院判决买方 A 没有付款义务。法院认为，由于当事人双方的营业地位于不同的缔约国内，所以本案合同适用于 CISG 第 1 条第 1 款（a）项。法院认为，当事人卖方 B 已经默示地同意货物应符合韩国食品安全法规定的标准，因为卖方 B 通常将货物在韩国销售，没有理由抗辩说其不知道有这样的标准；卖方 B 与本案的买方 A 有长期的业务联系；在先前的与买方 A 订立的合同中，卖方 B 同意采用专门的程序来保证货物符合韩国的食品安全法。因此，买方 A 认为辣酱产品"不适于货物通常使用的目的"应当得到法院的支持（CISG 第 35 条第 2 款（a）项），因为这些产品并不适于在韩国销售。交付特定成分含量超标的辣酱构成根本违约，因为买方 A 依据合同所期望的利益被剥夺了（CISG 第 25 条）。法院认为买方 A 给卖方 B 规定了合理的额外时间（CISG 第 47 条），由于卖方 B 没有在买方 A 确定的额外期限内交付替换货物，所以买方 A 有权宣告合同无效并要求损害赔偿（CISG 第 45 条和第 74 条）。卖方 B 主张买方 A 未能按实际收到货物的原状归还货物，因而已经丧失了宣告合同无效或者要求卖方 B 交付替换货物的权利（CISG 第 82 条第 1 款）。法院认为，在发现货物缺陷之前，买方 A 已经按照正常的商业做法处置了部分货物，因而并不丧失宣告合同无效或者要求卖方 B 交付替换货物的权利（CISG 第 82 条第 2 款（c）项），也不应当要求买方 A 更早地发现货物瑕疵，因为这种瑕疵不是显而易见的。

最后，法院认为买方 A 有权宣告以后各批货物的合同无效（CISG 第 73 条第 2 款），因为卖方 B 的违约情形使买方 A 有充分理由相信今后的各批货物将发生根本性违约，尤其是买方 A 无法判断卖方 B 是否能够提供符合韩国食品安全法的货物以及什么时候可能提供，这已经剥夺了买方 A 依据合同规定有权期待得到相关东西的权利。

------------------------------- 案例 3 -------------------------------

若买方在合理的时间内通知卖方货物发生故障，则是否可同时宣告合同无效

【案例正文】▇

某年，泰国买方向中国卖方订购一台用于塑料薄膜回收的机器。在谈判过程中，买方向卖方提供了一份样品，以使卖方了解需要被处理的这些产品的特点。买方还介绍了其受其他公司委托进行塑料薄膜回收时遇到的困难。卖方向买方保证所提供的机器符合买方的特殊要求并可以达到一个预定的产量。

卖方交货后，买方在机器安装后发现存在缺陷，也达不到允诺的产量水平，故立即通知了卖方。然而，经卖方技术人员几次修理后，缺陷依然存在。卖方指责买方没有正确使用机器，并使用了样品以外的材料，拒绝承担责任。买方起诉，要求宣告合同无效。

【讨论问题】■———————————————————————————

请问：买方在合理的时间内通知卖方货物发生故障，是否可同时宣告合同无效？请说明理由。

【参考答案】■———————————————————————————

本案中，只有买方意识到卖方试图使机器适合特定目的的努力失败后，才可以宣告合同无效。法院认为，本案适用于 CISG 第 1 条第 1 款（a）项。法院判决，卖方提供的机器与本案合同不符。法院发现，从安装时起，该机器就完全不适合卖方所知道的特定用途（CISG 第 35 条第 2 款（b）项），而且无法达到卖方所允诺的产量，而这是合同缔结的一个非常重要的条件。并且，法院驳回了卖方主张买方没有及时发出通知的抗辩（CISG 第 39 条第 1 款）。法院认为，买方不仅在机器安装（发现缺陷）后立即通知了卖方，而且在随后陆续发现其他问题时持续地向卖方或其代理人发出了通知。法院认为，买方的通知充分说明了不符情形，包含了对机器出现缺陷时的描述。买方没有义务指出功能性缺陷的原因，因为即使是卖方也不能完全说明这些原因。最后，法院认为买方在合理的时间内宣告了合同无效。为得出这一结论，法院分析了 CISG 第 38 条与 CISG 第 49 条所规定的"合理时间"在起算点与时间长度方面的不同。法院认为，在 CISG 的体系内，相对于买方可以援引的其他救济手段而言，宣告合同无效是买方的最后救济手段，因而宣告合同无效的起算点与通知货物与合同不符的起算点不一样。通知货物与合同不符应当是在发现或者应当发现货物与合同不符后立即发出，本案中，是在机器安装运转之后；而宣告合同无效则应当在货物与合同不符构成了根本违约并且其他救济手段无法弥补的情况下才能进行。

▌综合案例：澳大利亚 A 公司与中国浙江 B 公司服装买卖合同争议仲裁案

【案例正文】■———————————————————————————

一、背景

2000 年 5 月 23 日，澳大利亚 A 公司（买方）与中国浙江 B 公司（卖方）签订了 HL0001 号服装买卖合同，标的物是若干款式的服装，数量为 1 664 件、2 080 件

（或套）不等，总价为 27 102.40 美元。合同约定：买方先支付货款的 30% 作为定金，出货时支付剩余 70% 的款项，自行投保，卖方在货物完全装船后，须立即以传真通知买方有关合约号、货号、品名、数量、船名及开船日期；如卖方不能按此办理，则应负担买方因此所受的任何合理损失与损害；装船时间为 2000 年 6 月 20 日，装船港口：中国，目的港：悉尼，货物品质"以客户的确认意见为准"。

合同签订后，买方 A 公司已交付全部货款及运费 31 438.28 美元，并将货物转卖给了澳大利亚 G 公司，售价为 112 444.80 澳元，折合 66 556.00 美元；如果买卖顺利，买方 A 公司可获利润 35 117.72 美元。但卖方中国浙江 B 公司迟延 1 个月才交货（2000 年 7 月 20 日采用空运交货），而且服装存在严重的质量问题，澳大利亚 G 公司将货物退回澳大利亚 A 公司，并拒付全部货款。澳大利亚 A 公司随后请检测公司对货物进行检验，也证明货物质量低劣。由于双方争议无法协商解决，故澳大利亚 A 公司依据合同中有效的仲裁条款申请仲裁，请求裁决：中国浙江 B 公司赔偿澳大利亚 A 公司货款、运费和利润损失 66 556.00 美元。

二、合同相关条款的争议

（一）关于本案合同的法律适用

澳大利亚 A 公司在其主张中既援引了《澳大利亚合同法》，又援引了《中华人民共和国民法典》以及 CISG。中国浙江 B 公司主张中国和澳大利亚均为 CISG 的缔约国，本案应依据的法律是 CISG。

（二）关于合同的价格条款

澳大利亚 A 公司认为在合同未约定运费时，依《中华人民共和国民法典》的规定，履行费用的负担不明确的，由履行义务一方负担，即本案的运费应由中国浙江 B 公司负担，同时合同约定交货的目的港是悉尼，说明本案合同不是 FOB 合同。依合同约定，澳大利亚 A 公司投保并支付保险费，因此澳大利亚 A 公司认为本案合同是 CIF 合同。

中国浙江 B 公司认为交货的发票上已写明 FOB Shanghai（上海），澳大利亚 A 公司接受了发票（NO.9239HL119），且未提出任何异议并实际支付了运费，而 FOB 的重要特征就是买方支付运费，因此，本案合同为 FOB 合同。

（三）关于货物的生产及质量

中国浙江 B 公司认为，L 女士作为澳大利亚 A 公司指派的跟单员参与了产品生产的全过程，并在交货前对货物检验后，出具了《规格测量报告（终期）》，澳大利亚 A 公司当时并未提出异议，在接受货物后支付了货款，此种行为说明澳大利亚 A 公司认可货物质量。

澳大利亚 A 公司认为，L 女士虽然是跟单员，但其无法控制、指导和监督商品生产的全过程，《规格测量报告（终期）》中已载明货物存在质量问题，但合同约定货款在出货时要全部付清，因此不能以澳大利亚 A 公司支付了全部货款为由认定其接受了货物。

（四）关于货物的质量标准及在目的地的商检

中国浙江B公司认为，合同中的"以客户的确认意见为准"的约定不明确。澳大利亚A公司既没有向中国浙江B公司告知"客户"是谁，也没有提供明确具体的质量标准和具体的生产标准。因此，应当依据与该合同关系最密切的中国法律的规定，确定货物的质量标准。澳大利亚A公司提交的检测报告存在表面瑕疵，不具有证据本身应当具备的法律属性。检测行为是在交付货物近两年后才进行的。此前未与中国浙江B公司协商确定检验机关，检验结论丧失公正性与客观性。

澳大利亚A公司于2000年7月23日收到第二批货物，7月28日其客户拒收货物。澳大利亚A公司称其于2001年4月21日通知中国浙江B公司货物存在严重质量问题，但间隔了近9个月。CISG第39条规定，同时通知的还应当有不符合合同要求的具体情形。但中国浙江B公司在2002年8月才得知澳大利亚A公司取得的关于货物的书面报告，这一时间已不在规定的通知合理期限内，因此，澳大利亚A公司丧失了声称货物不符合同的权利，无权向中国浙江B公司索赔。

澳大利亚A公司认为中国浙江B公司在合同上签字并安排生产，说明其对"以客户的确认意见为准"的质量含义是理解的，并已实际操作。合同约定的目的港是悉尼，中国浙江B公司应该清楚"客户"是澳大利亚的商家。质量要求应按照通常标准或符合合同目的的特定标准。

澳大利亚A公司在中国浙江B公司交货前的2000年7月8日，就派人抽查货物，已经提出货物存在质量问题。当时进行的是抽查，未估计到"客户"会拒收全部货物，损失尚未发生，因而无法估计，所以澳大利亚A公司当时没有提出索赔要求。2000年7月28日，"客户"通知退货后，澳大利亚A公司多次要求中国浙江B公司妥善解决货物质量问题。澳大利亚方出具的检测报告提出的货物质量问题与澳大利亚A公司抽查货物时发现的质量问题大体一致。澳大利亚A公司于2001年4月21日以书面形式提出货物质量问题的索赔要求，得不到回应，不得已申请仲裁，未超过《联合国国际货物销售合同公约》第39条规定的两年期限，未丧失索赔的权利。

三、仲裁庭认定的事实

（一）澳大利亚A公司在与中国浙江B公司签订本案合同之前，于2000年5月19日与澳大利亚G公司签订了3份购货订单（Purchase Order）。3份购货订单项下货物的全部规格及总数量与本案双方当事人签订的合同约定相同，货款总额为112 444.80澳元。其中一份购货订单约定的最后交货日期为2000年7月14日，另两份订单约定的最后交货日期为2000年7月15日。

（二）本案双方当事人签订合同的日期是2000年5月23日，合同约定的货物装船时间为2000年6月20日，因此从签订合同到交付货物相距只有28天。合同项下货物的实际交付分两批，首批是2000年6月25日从中国上海港船运，第二批是2000年7月9日从中国上海空运。实际交货时间比合同约定的时间延迟，澳大利

A公司当时对此并没有提出异议。

（三）澳大利亚A公司于2000年5月25日以电汇的方式向中国浙江B公司支付了8 130.72美元的定金，占合同项下货款的30%；澳大利亚A公司并于2000年7月5日以电汇的方式向中国浙江B公司付款12 743.38美元，于2000年7月28日以电汇的方式向中国浙江B公司付款10 564.18美元，共向中国浙江B公司付款31 438.28美元。付款总额减去合同总货款27 102.40美元，多付款4 335.88美元。对于该笔多付的款项，澳大利亚A公司称是其向中国浙江B公司支付的货物运费。

（四）澳大利亚A公司的客户澳大利亚G公司收到合同项下货物并自行检查后，以货物存在严重质量问题为由，于2000年7月28日致函澳大利亚A公司，表示拒收全部货物，并列举了布、印花、尺寸规格、修剪等方面的质量问题，认为这些服装的生产厂商忽视了生产服装的责任和市场的接受性，所供应的服装有明显的和不可修补的质量问题，即使降价也卖不出去。

（五）澳大利亚A公司曾向两家公司转售合同项下的货物，但分别于2001年3月6日和2001年9月20日被告知货物存在严重的质量问题，即使售价再低，也无法接受，甚至认为在澳大利亚无论以什么价格都无法销售出去。

（六）2001年4月21日，澳大利亚A公司通过其泉州代表处致函中国浙江B公司称："去年（2000年）6月份我司向贵司购买网眼系列产品（订单号0006-016，017，018，019，020，021，022）。贵司所供货物存在严重的质量问题：（1）部分裙子是两片由缝针拼缝起来的（按要求是筒裙，一片落成），布边也裁入衣服；（2）有部分网眼没有印花也裁成衣服（按要求是有印花的）；（3）有部分服装存在上下印花颜色差别很大的问题，不在可以理解接纳的范围；（4）所有服装存在黏度大的问题，开箱后衣服粘在一起。以上几点严重的质量问题造成客人拒货，至今你司提供的货物仍积压在我公司在澳大利亚的仓库，给我司造成严重经济损失。我司在此严正要求贵司对由此引发的我司经济损失给予赔偿。"

2001年10月13日，澳大利亚A公司通过其泉州代表处又致函中国浙江B公司称："贵司与我司于2000年5月签订一份服装买卖合同，约定我司向贵司购买女装网眼裙一批。我司已按合同约定支付全部货款，但贵司交付的货物存在严重的质量问题，致使我司的客户拒收货物，因而造成我司重大经济损失。我司连续多次通过书面通知、电话与贵司联系，要求双方就货物质量问题，协商妥善解决，但贵司均因商务忙碌无法确定协商时间。至今双方仍没有进行协商，为此我司再次书面通知，希望贵司能抽出时间，以便双方能进行友好协商，公平合理地妥善解决，以利于双方今后在商务方面继续合作。"

（七）对于本案合同项下的货物，Q机构于2002年5月20日出具了一份检验报告（Inspection Report Summary），表明本案合同项下的服装存在印花不一致、有污迹、弹力延伸不均和纽扣不安全等问题。

【案例使用说明】 ■━━━━━━━━━━━━━━━━━━━━

一、教学目的与用途

本案例适用于"贸易术语"（教材第4章）及"质量条款"（教材第5章）的教学使用。通过案例讨论，使学生掌握货物质量的表达方式，以及质量条款下违约的法律后果等知识，以便学生在未来的实际工作中能够正确运用相关的法律准则处理纠纷及维护利益。

二、讨论问题

（一）CISG中关于卖方义务的主要规定条款是？

（二）合同中明示或默示的内容是否有可能构成卖方的义务？

（三）合同中"以客户的确认意见为准"的"客户"应如何解释？

三、分析思路

分析本案例应当根据讨论思考题，到案例中找出与每一讨论思考题相对应的案例素材，然后认真阅读案例的相关材料，挖掘提炼出本部分案例材料的基本事实，然后再运用所学专业知识，查阅CISG和《中华人民共和国民法典》等相关法律文件，对相关事实反映的问题作出判断。本案例的分析思路及要点如下：

第一，讨论本案合同是否适用于CISG？

第二，讨论本案合同中买方认为收到的货物与合同不符，如何确定货物与合同不符？是否有除外规定？

第三，讨论本案合同质量条款中"以客人户的确认意见为准"的法律性质，如何确定"客户的意见"是什么？

第四，讨论若卖方违约，则违约索赔金额应是多少？

四、理论依据与分析

本案涉及的关键问题为卖方违约损害赔偿责任的认定，即如何判断卖方义务以及卖方是否违约。

CISG中除第41条规定的卖方品质担保义务以及第42条规定的权利担保义务外，卖方义务主要集中规定在第35条。CISG第35条第1款规定："卖方交付的货物必须与合同所规定的数量、质量和规格相符，并须按照合同所规定的方式装箱或包装。"卖方的义务取决于合同中当事人的约定，如此宽泛的规定在保证当事人意思自治时，不可避免地会造成卖方义务仅局限于合同约定，而忽视特有的国际惯例。

CISG第2章总则部分第8条规定："（1）为本公约的目的，一方当事人所作的声明和其他行为，应依照他的意旨解释，如果另一方当事人已知道或者不可能不知道此一意旨。（2）如果上一款的规定不适用，当事人所作的声明和其他行为，应按照一个与另一方当事人同等资格、通情达理的人处于相同情况中，应有的理解来解释。（3）在确定一方当事人的意旨或一个通情达理的人应有的理解时，应适当地考虑到与事实有关的一切情况，包括谈判情形、当事人之间确立的任何习惯做法、惯例和当事人其后的任何行为。"因此，合同中明示或默示的内容都有可能构成卖方的义务,即使合同中默示的内容并不为卖方所知,但是如果一个与卖方同等资格、通情达理的人处于相同情况下能够知道,则认为卖方应当知道。在此种情况下,也将构成卖方的义务。

在通过合同解释无法确定卖方义务时,就应适用CISG第35条第2款作为填补合同漏洞的条款。该款规定:"除双方当事人业已另有协议外,货物除非符合以下规定,否则即为与合同不符:(a)货物适用于同一规格货物通常使用的目的;(b)货物适用于订立合同时曾明示或默示地通知卖方的任何特定目的,除非情况表明买方并不依赖卖方的技能和判断力,或者这种依赖对他是不合理的;(c)货物的质量与卖方向买方提供的货物样品或样式相同;(d)货物按照同类货物通用的方式装箱或包装,如果没有此种通用方式,则按照足以保全和保护货物的方式装箱或包装。"当然该款规定也存在例外,即第35条第3款的规定:"如果买方在订立合同时知道或者不可能不知道货物不符合同,卖方就无须按上一款(a)项至(d)项负有此种不符合同的责任。"故在适用CISG确定卖方义务时,首先应结合谈判情形,当事人之间确立的任何习惯做法、惯例和当事人其后的任何行为对合同条款进行解释,当通过合同解释无法确定卖方义务时,则适用CISG第35条第2款规定的漏洞填补规则对卖方义务进行确定。

在国际贸易中,买方转卖是常见行为,被申请人对申请人的转卖行为也应有所预见,因此合同中"以客户的确认意见为准"的"客户"也应解释为买方转卖后的客户。货物的质量是否符合要求,就应以申请人转卖后的客户意见为准。在合同中既存在货物质量标准又存在客户的确认意见,对卖方义务的确认就应以客人确认意见为主、质量标准为辅。假如货物质量符合标准,客户即使不认可,也不应直接认为卖方违反义务;假如货物质量不符合标准,而客户予以认可,也应认为货物质量符合要求,这是合同意思自治的体现。但在客人既不认可,货物质量又不符合合同约定标准的情形下,卖方显然违反义务。具体到本案中,仲裁申请人的客户澳大利亚G公司对于卖方提供的货物质量不予认可,此时就应判断货物是否符合双方当事人签订合同时约定的质量标准。生产制作明细单中载有的用料、图案及详尽的技术要求应是货物的质量标准,卖方货物未达到上述要求,显然违反了卖方义务。

针对仲裁申请人的索赔要求,依据CISG第45条的规定,买方可以行使CISG第74条至第77条规定的权利,要求损害赔偿。但CISG第74条对损害赔偿的数额作出了一定的限制,即"一方当事人违反合同应负的损害赔偿额,应与另一方当事人因他违反合同而遭受的包括利润在内的损失额相等。这种损害赔偿不得超过违反合同一方在订立合同时,依照他当时已知道或理应知道的事实和情况,对违反合同预料到或理应预料到的可能损失。"虽然卖方在签订合同时应当知道买方要将合同货物卖给澳大利亚的客户,但其无法预料到申请人向下家销售所获利润将超过合同货价的100%,而仲裁申请人以销售利润为损害赔偿数额,显然超过仲裁被申请人可预见的损失。

　　综上所述，在适用CISG的规定确定卖方义务时，首先依合同条款进行确认，其次卖方出售的货物还应具有CISG第35条第2款规定的"商销性"。在确定损害赔偿数额时，假如一方主张的损害赔偿数额远超合同另一方的预见能力，就应对赔偿数额作出相应调整，从而使其更为合理。

　　五、参考答案

　　（一）CISG中除第41条规定的卖方品质担保义务以及第42条规定的权利担保义务外，卖方义务主要集中规定在第35条。CISG第35条第1款规定："卖方交付的货物必须与合同所规定的数量、质量和规格相符，并须按照合同所规定的方式装箱或包装。"

　　（二）CISG第2章总则部分第8条规定："（1）为本公约的目的，一方当事人所作的声明和其他行为，应依照他的意旨解释，如果另一方当事人已知道或者不可能不知道此一意旨。（2）如果上一款的规定不适用，当事人所作的声明和其他行为，应按照一个与另一方当事人同等资格、通情达理的人处于相同情况中，应有的理解来解释。（3）在确定一方当事人的意旨或一个通情达理的人应有的理解时，应适当地考虑到与事实有关的一切情况，包括谈判情形、当事人之间确立的任何习惯做法、惯例和当事人其后的任何行为。"因此，合同中明示或默示的内容都有可能构成卖方的义务，即使合同中默示的内容并不为卖方所知，但是如果一个与卖方同等资格、通情达理的人处于相同情况下能够知道，则认为卖方应当知道。在此种情况下，也将构成卖方的义务。

　　（三）在国际贸易中，买方转卖是常见行为，买方对卖方的转卖行为也应有所预见，因此合同中"以客户的确认意见为准"的"客户"也应解释为买方转卖后的客户。货物的质量是否符合要求，就应以买方转卖后的客户意见为准。在合同中既存在货物质量标准又存在客户的确认意见，对卖方义务的确认就应以客户的确认意见为主、质量标准为辅。假如货物质量符合标准，客户即使不认可，也不应直接认为卖方违反义务；假如货物质量不符合标准，而客户予以认可，也应认为货物质量符合要求，这是合同意思自治的体现。但在客户既不认可，货物质量又不符合合同约定标准的情形下，卖方显然违反义务。

第六章　货物的数量

开篇案例

因出口牛肉超量交货而发生损失

【案例正文】

某年，我国 A 农产品出口公司出口一批鸡肉到日本，共计 100 公吨，合同规定："该批货物应装 1 800 箱，每箱净重 55.4 千克。如按规定装货，则总重量应为 99.72 公吨，余下 280 千克可以不再补交。"当货物运抵日本东京港后，日本海关在抽查该批货物时发现每箱净重不是 55.4 千克而是 60 千克，即每箱多装了 4.6 千克。但在所有单据上都注明了 99.72 公吨。议付货款时亦按 99.72 公吨计算，白送 10 公吨牛肉给客户。此外，由于货物单据上的净重与实际重量不符，所以日本海关还认为 A 公司少报重量有帮助买方偷税的嫌疑，并向 A 公司提出意见。后虽经 A 公司解释，未予深究，但对多装的 10 公吨牛肉，日本买方不再退还，也不补付货款，从而造成 A 公司的损失。

【涉及的问题】

货物买卖是一定数量的货物与一定金额价款的交换，数量多少与交易规模的大小及价格高低都有密切关系。在交易中，买卖双方必须事先约定买卖货物的数量条款，以作为履行合同的依据。但如果卖方超量交货，买方应如何处理？为避免争议或损失，数量条款应如何拟定？

思政案例：诚实守正

内蒙古企业以诚信擦亮中国外贸"金字招牌"

坐落在河套平原腹地的巴彦淖尔市，是我国最大的向日葵种植、生产加工和输出基地，全国约 80% 的葵花籽在这里集散，有出口型食品企业近 300 家，已经形成了成熟的产业集群。每年，这里的葵花籽、番茄制品、脱水蔬菜等特色农产品都会接到来自 90 多个国家和地区的订单。

2019 年年底至 2020 年年初，受新冠肺炎疫情的影响，国内籽仁行业原料收购价格从每吨7 000元上涨到9 000元，上涨近30%。而此时，当地涉及该品类出口的外贸企业的国际订单已经签订完成。"当时原料难求，出口一吨是400多元的利润。如果内销，一吨是2 000多元的利润，其中的差价赔付违约金后，还能大赚一笔。但是如果继续履约，以我当时的订单量，得损失1 700多万元。"巴彦淖尔市乐河农产品购销有限责任公司的负责人薄乐说。该如何选择？这家以"诚信天下、质量立企"为经营理念的内蒙古企业，初心不改，在考验来临时毫不犹豫地将所有已签订的国际合同按原定价格如期交付。"你们公司讲诚信，能和你们合作，我们非常放心。"来自迪拜的客户在微信上对薄乐表示了感谢。"违约不仅对企业自身的信誉有损，还破坏了中国籽仁产业在国际贸易市场的形象。讲诚信、守信用，是咱们中华民族的传统美德，我们企业有责任也有义务维护好中国外贸的'金字招牌'！"薄乐说。乐河公司的践诺之举，不仅满足了国际客户的需求，还提升了该公司在国内外市场的影响力及占有率。

"诚信者，天下之结也。"就是说诚信是结交天下的根本。进出口企业身处外贸第一线，对于良好的进出口贸易秩序有着切身感受。企业不讲诚信、不守信用，必然造成交易秩序混乱，使交易成本、运行成本大幅上升，制约经济持续健康的发展。而货物贸易是中国企业与世界接触的一扇窗口，某种程度上代表着中国企业的形象。任何时候，依法诚信经营都是企业的安身立命之本。"诚招天下客，誉从信中来"，以诚信擦亮品牌，企业才能立得住、行得稳。今后我们也将一如既往地传承中国人言必行、行必果的优良传统，让中国品牌在广阔市场中大放光彩！

6.1　货物数量的计算单位

------ 案例1 ------

因对计量单位掌握不充分而造成损失

【案例正文】■

某年，深圳一家出口公司在广州交易会上与某国外商当面谈妥出口小麦1万公吨，每公吨3万美元，FOB深圳。但我方在签约时，合同上只笼统地写了1万吨（Ton），我方当事人主观认为合同上的吨就是指公吨（Metric Ton）。后来，外商来证要求按长吨（Long Ton）供货。如果我方照证办理，则要多交160.5公吨。于是我方要求修改信用证，而外商坚持不改，双方发生贸易纠纷。

【讨论问题】■

请问：本案的争议点是什么？你能从中汲取什么教训？

【参考答案】

本案争议主要是由于我方签约人员对计量单位的掌握不充分造成的。1长吨=1 016公吨，这是两种度量衡制度，所以业务人员在订立货物的数量条款时，一定要明确是何种度量衡制度，以免成交时陷入被动。掌握计量单位等知识，对于订立数量条款非常重要。在国际贸易中，合同中的数量条款是双方交接货物的数量依据，不明确卖方应交付多少货物，不仅无法确定买方应该支付多少货款，而且不同的量有时也会影响到价格及其他交易条件。因此，正确把握成交数量、合理订定数量条款、准确把握计量单位，对于买卖双方顺利达成交易、履行合同，都具有十分重要的意义。

------------- 案例2 -------------
部分货物的尺码与合同不一致，应如何让处理

【案例正文】

2021年，湛江一家企业从日本进口特种钢板100公吨，合同规定5种尺码，即6英尺、7英尺、8英尺、9英尺、10英尺，每种尺码各20公吨。但货到后我方发现100公吨的钢板全是8英尺一种规格。

【讨论问题】

请问：我方应如何处理？

【参考答案】

在国际贸易中数量是合同的主要条款之一。CISG第35条规定："卖方交付的货物必须与合同所规定的数量、质量和规格相符，并须按照合同所定的方式装箱或包装。"CISG第52条规定："如果卖方交付的货物数量大于合同规定的数量，买方可以收取也可以拒绝收取多交部分的货物。如果买方收取多交部分货物的全部或一部分，则必须按合同价格付款。"因此，本案中，日本出口公司属于违约，我方可以全部拒收，也可以只收下20公吨的8英尺钢板，其余退货。当然，如果当时市场行情有利于我方的话，则可以全部收下，以合同价格计价。

------------- 案例3 -------------
明确度量衡制度的使用，避免外商钻空子

【案例正文】

A出口公司在广州出口商品交易会上与日本B进口公司当面谈判商定出口小麦1万公吨，每公吨280美元，FOB深圳。但在签订书面合同时，合同上数量的表示为1万吨。之后日本B公司开出的信用证中规定的数量是1万长吨。

【讨论问题】

请问：A公司就此有无损失？

【参考答案】

A公司有损失。本案例中，由于书面合同中没有明确"吨"的具体含义，所以日本B公司完全可以理解为长吨，从而使A出口公司蒙受损失。1长吨=1.0161公吨，因此在本案例情况下，A出口公司要多交161公吨，根据合同价格要损失45 080美元。

6.2　合同中的数量条款

6.2.1　溢短装条款

一、交易中存在不同货品情况下对溢短装条款的理解

案例

同一合同中包括了若干关联商品，如何理解溢短装条款

【案例正文】

深圳A工厂向马来西亚出口某品牌的棉布4万米，合同订明：红、白、黄、绿4种颜色各10 000米，并附有溢短装10%条件。该厂实际交货数量为：红色10 400米，白色8 000米，黄色9 100米，绿色9 000米，共计36 500米。白布虽然超过10%溢短装限制，但就整批货来说仍未超过。

【讨论问题】

请问：在这种情况下，是否构成数量违约？如果是的话，是白布部分违约，还是整批货物违约？

【参考答案】

构成数量违约，是整批货物违约。本案的焦点是在一笔交易中存在不同品种情况下应如何理解溢短装条款。在国际贸易实务中，若同一合同中包括了若干关联商品，则对于溢短装条款的正确理解是：溢短装条款应适用于每一不同商品，而且如无特别说明，关联商品的多装少装方向应一致，比例应一致。这样，可保证买方配套生产。在实际工作中，经常出现某一花色多一点、另一花色存货又不足的情况，卖方为满足交货总量的要求，采取互相替补的方法来解决，这是错误的。对纺织品、服装制品、轻工业品的出口尤其应注意溢短装条款。

二、合同中未规定货物的溢短装条款

案例

CISG规定溢短装条款的适用范围

【案例正文】▪————————————————————————————————

珠海A公司向东南亚客商出口1 000台电烤箱，合同没有规定卖方交货的数量可溢短装5%，买方收到货物后经过核查发现只收到980台电烤箱，卖方实际交货少了20台。恰巧因为电烤箱市场不景气，持续降价，所以买方以卖方少发货违约为由拒收全部货物，并要求卖方支付违约金。

【讨论问题】▪————————————————————————————————

请问：买方是否有权拒收整批货物？请说明理由。

【参考答案】▪————————————————————————————————

买方无权拒收整批货物，且必须接受卖方提交的980台货物。买方要给卖方一定时间补交20台货物，如果因为卖方交货不足导致买方的损失，买方可以向卖方索赔。根据CISG的规定：按约定数量交货是卖方的一项基本义务。但是如卖方交货数量少于约定的数量，则卖方应在约定的期限内补交，由此造成的损失，买方有权提出损害赔偿要求；如卖方的交货数量大于约定的数量，则买方可以拒收多交的部分，也可以收取多交部分的全部或一部分，但买方对其多收的货物，仍应按合同价格付款。

三、运输途中的货物自然减量与增量

案例

因货物自然属性或固有缺陷如水分蒸发造成货物自然减量，需要赔偿吗

【案例正文】▪————————————————————————————————

深圳A公司从巴西某进出口公司进口一批甲级大豆，信用证支付。买方收到有关货物的来电，来电声称货物比合同中的约定少5吨，于是要求卖方按价赔偿。卖方以装运时已经过检验机构检验并且也取得装运提单为由，拒绝付款。买方将卖方告上法庭。卖方主张涉案大豆货物具有其自然属性或者固有缺陷如水分蒸发等，导致货物在航程中有可能发生短重的现象。为此，卖方申请法院责令原告提供涉案货物在装货港和卸货港的品质证书。原告以其不持有上述证书为由未予提交。合议庭认为，原告以信用证方式结算货款，因此在付款赎单后应当取得装货港的品质证书。

【讨论问题】▪————————————————————————————————

请问：根据我国法律，你认为哪一方最后会取得胜利？

【参考答案】

被告会胜诉。根据我国法律的规定，进口大豆必须经过商检机构检验，原告作为收货人也应持有货物的卸货港品质证书。根据《最高人民法院关于民事诉讼证据的若干规定》第75条，有证据证明一方当事人持有证据而无正当理由拒不提供，如果对方当事人主张该证据的内容不利于证据持有人，可以推定该主张成立。最终，法院认为，上述两份证据涉及涉案货物在运输过程中的水分含量是否发生变化，从而影响到涉案货物的计重，原告无正当理由拒不向法庭提交上述证据，因此被告主张货物发生短量是由于货物自然属性或固有缺陷所致这一不利于原告的主张成立，被告可以免除赔偿责任。

6.2.2　约量

案例 1
电扇在数量上可有 5% 的伸缩幅度吗

【案例正文】

深圳市某出口商对中东某国家出口空调 1 000 台，国外来证规定不允许分运。但该出口商的发货人员在出口地发现有 45 台空调的包装破裂，有的出现变形，有的临时更换已来不及。为保证质量，发货人员认为根据《跟单信用证统一惯例 500 号》的规定，即使不准分运，在数量上也可有 5% 的伸缩。如果减去 45 台，则结果实装 955 台，伸缩幅度并未超过 5%。当该出口商持单到银行议付时，银行却不予议付。

【讨论问题】

请问：银行拒绝议付是否合理？

【参考答案】

银行拒付合理。《跟单信用证统一惯例 500 号》规定：货物的数量可允许有不超过 5% 的伸缩，是指非以件数和包装计数的货物，即是指散装货物。而空调是以件数或台数计量，所以根据《跟单信用证统一惯例 500 号》的规定，即使不准分运，在数量上也可有 5% 的伸缩不适用于这个范围，即不适用这个条款的解释，因此银行有理由不予议付。

案例 2
约量条款在支付时的尴尬

【案例正文】

汕头市 A 公司向欧洲某进口公司出口冻牛肉 20 公吨，每公吨 700 美元，FOB 汕头。进口公司按时开来信用证，信用证中规定总金额为 14 000 美元，数量约 20 公吨。当出口商 A 公司按 22 公吨装运发货后，缮制发票总金额为 15 400 美元，到银行交单议付时，却遭到银行拒付。

【讨论问题】▶━━━━━━━━━━━━━━━━━━━━━━━━━━━━━━━━━

请问：银行拒付合理吗？

【参考答案】▶━━━━━━━━━━━━━━━━━━━━━━━━━━━━━━━━━

银行拒付是合理的。《跟单信用证统一惯例 500 号》第 30 条规定："'约'或'大约'用于信用证金额或信用证规定的数量或单价时，应解释为允许有关金额或数量或单价有不超过 10% 的增减幅度。"据此，本案中发货数量为 22 公吨是可以的。但是，本案例信用证中的金额并没有"约"或"大约"的用语。并且，《跟单信用证统一惯例 500 号》第 30 条规定：总支出金额不得超过信用证金额。因此，本案中，银行拒付是合理的。我们在签订合同时应注意，如果数量条款签订为约量时，则金额也应该有相应约量的规定。

综合案例：因不锈钢货物的交货数量短缺而导致的索赔案

【案例正文】▶━━━━━━━━━━━━━━━━━━━━━━━━━━━━━━━━━

一、背景

2016 年 2 月，XINRUO 公司通过互联网得知 CT 公司可以提供不锈钢钢材，便与 CT 公司取得联系，双方通过电邮方式达成采购意向，XINRUO 公司以订单方式向 CT 公司采购不锈钢钢材。在 2016 年 6 月至 2016 年 7 月期间，XINRUO 公司陆续向 CT 公司发送了 122 订单、164 订单、176 订单以及 193 订单。

二、112 订单合同履行的过程事实

122 订单货款总金额为 30 936 美元，XINRUO 公司向 CT 公司支付了前述货款。就该批货物，XINRUO 公司销售给第三方，售价为 35 536 美元。前述货物到达厄瓜多尔后，经海关称重，毛重量短缺总计 3 300 千克，实际净重的短缺达 5 582 千克。经 XINRUO 公司与客户沟通后，客户在索赔重量差价的情况下收下了该批货物，XINRUO 公司为此向客户退款 7 718 美元。XINRUO 公司就此向 CT 公司反馈，并要求 CT 公司支付赔偿款项，但 CT 公司均予以推诿。

2016 年 9 月 14 日，CT 公司的李某向 XINRUO 公司的 Colin 发送邮件，双方交流如下：

李某："关于 122 订单，理论重量 23 吨，实际重量只有 19.8 吨，客户给了海关称重数据，我们就按合同所签 10% 公差，少的部分为：（23×0.9）-19.8=0.9（吨）。对于少的部分，我们可以补货给你们，或者退钱，你们和客户商量一下看行不行。"

Colin 回复称："关于 122 订单，你的核算方法有问题，所差重量是：23-19.8=

3.2（吨）……"

李某回复称："122订单的公差就定在10%，实际重量不能少于：23×0.9=20.7（吨），现在实际重量是19.8吨，所差重量是：20.7-19.8=0.9（吨）。行业内就是这么算的。"

Colin回复称："你的解释不对，而且非常错误，装货数量上可以±10%，实际称重装多少吨，就收多少款，但绝不是你装21吨的货，收23吨货的款。"

2016年9月20日，Cookie向李某发送邮件称："关于122订单，客户的最新反馈如下，请查阅并尽快给予回复。"附件显示，客户索赔金额为7 718美元。

2016年9月26日，李某向Colin、Cookie发送邮件称："老板的意思是不赞同客户的全额索赔方案，减去公差所规定的重量，剩下的双方再协商具体的赔偿金额，这是他们商量出来的赔偿方案。"

2016年9月28日，李某再次向Colin、Cookie发送邮件称："今早老板们商量了解决方案，我转述给你们：经公司协商退款金额为16万元人民币，分两次完成，每次8万元。第一次退款可在这批货中扣除，第二次退款可在下次订单中扣除。"

2016年10月12日，Colin向李某发送邮件称："李先生，客户到目前为止对122订单的反馈是数量短缺，所以要求你们按照与短缺的数量对应的金额退款。对于你们所讲的跟上游供应商有数量争议，你们应该清楚有无入库称重，有无单据可以记录追溯。但是无论怎样在出口装箱之前，你们都应该是有称重，而且有称重记录的，这个装箱称重记录和证据你们一直说没有存档……"

10月25日，Colin再次向李某发送邮件称："对于122订单，我们客户目前反馈的是重量差异，我们已经把细节写在附件里面，现在需要你们公司尽快将重量差异造成的7 718美元返还给我司。我们在9月初将这个订单的问题反馈给你们，到现在已经快两个月了！对122订单，我们要求马上退款处理，我们不能接受你们在货款里面扣除或者在后面订单中扣除，我们公司的要求是每个订单往来清清楚楚，一单归一单处理。"

三、164订单合同履行的过程事实

164订单的总价为245 082美元，2016年8月17日，XINRUO公司向CT公司支付了前述货款。XINRUO公司将该批货物销售给了第三方，并已收到货款。前述货物在到达厄瓜多尔后，经海关称重，重量存在重大差异。之后，XINRUO公司与客户共同委托了通标标准技术服务有限公司进行了检测，发现货物短缺33 330千克，并且该批钢板的质量严重不符合约定标准，客户要求XINRUO公司对该批货物进行退货处理。XINRUO公司就该批货物的重量和质量问题多次向CT公司反馈，但CT公司均不予正面回应。164订单下产生了各类费用，总计54 695.12美元。

四、176订单合同履行的过程事实

176订单的货款总金额为138 240美元，2016年8月16日，XINRUO公司向CT

公司足额支付了前述货款。XINRUO公司将该批货款销售给了第三方，并且已收到货款。通标标准技术服务有限公司在前述货物到达伊斯坦布尔后，对其进行了检测，发现短量7 918千克，并且该批钢卷的质量严重不符合约定标准。有鉴于此，客户要求退货。XINRUO公司就该批货物的重量和质量问题多次向CT公司反馈，但CT公司均不予回应。以下是有关176订单的电子邮件往来记录：

2016年9月29日，Susan向李某发送邮件称："请查看附件中有关176订单的不合格品报告，贵司产品有两项严重问题。若你们对报告的内容有任何的疑虑，我们将请SGS进行重量与化学成分的检测，检测费用预计2 655美元……"该份邮件的附件显示：不合格品报告，编号为***901，日期为2016年9月29日，简要描述为短量与合金成分差异，问题描述为：（1）实际交货重量少于发票与箱单描述的重量，实际重量只有64 036千克而非72 405千克。（2）铬和镍含量远低于304质量标准，铬含量标准应该在18%~20%，但检测值只有13%~15%；镍含量应该在9%~10.5%，实际检测值在2%以下。

2016年11月4日，Susan再次向李某发送邮件："我司之前多次与贵司沟通有关16-P-1763个柜客户反馈的重量和质量问题，贵司一直未给答复……"

2016年12月23日，Susan向李某发送邮件："16-P-1763个柜的NCR（不合格报告）从9月份发给贵司到目前一直未有任何反馈与处理意见，根据土耳其SGS检验结果，由于产品短量，质量完全不合格，原最终客户拒绝以原合同收货并要求退货，货物一直堆在港口，而且费用仍在不断地产生。现该批货物已被土耳其海关要求拍卖，届时拍卖的货值会是多少我们不得而知，为了避免不可控制的海关拍卖与不可估计的额外费用，我们跟最终用户协商，让其帮我们找另一家客户出售该批货物，但每吨的DDP（税后交货）价格将比我们从贵司购买的成本价格低535美元/吨。但是，从目前的境况来看，这是防止损失进一步扩大的有效措施。当然，贵司可以选择将该批货物退回（贵司需承担和赔偿：我方的货款18 324美元+海运费3 075美元+SGS检测费及相关费用3 300美元+保险费772.67美元），我们可以帮忙找货代，所有退回货物产生的费用均由贵司承担。如果贵司接受现有的方案并赔偿我们相关重量损失、价格差（型号304的，我们按贵司的采购成本1 920美元/吨核算，合计46 846.21美元）。为了防止损失的进一步扩大，如果贵司在收到本邮件后的5个工作日内未向我司退款并发出退货指示，将视为贵司同意我们将该批货物降价销售，降价后具体的损失金额我们会在卖出后1周内通知贵司。"

土耳其SGS检测数量报告显示货物总重量为64 082吨，质量检查报告显示货物化学分析中锰（Mn）、镍（Ni）、铬（Cr）的含量不符合ASTM A240（一种美国材料标准）中304质量标准。本案中，XINRUO公司主张该订单项下的短量为7 918千克，要求CT公司返还短量货物的货款为7.918吨×1 920美元/吨=15 202.56（美元）。

之后，由于该批货物在港口滞留过久，海关通知要拍卖该批货物。XINRUO公司与客户（原最终用户）沟通后，客户同意为其寻找第三方处理该批货物。为了避免损失的进一步扩大，XINRUO公司将此情况通报CT公司，但CT公司仍未予以任何回应。迫于无奈，XINRUO公司将该批货物出售，价格为99 733.46美元，与XINRUO公司原先售予客户的价格相差61 546.54美元；此外就该订单，产生了各类费用损失，总计7 147.67美元。

五、193订单合同履行的过程事实

193订单的货款总金额为91 200美元。2016年7月27日，XINRUO公司向CT公司支付货款9 120美元，2016年8月31日，XINRUO公司向CT公司支付货款82 080美元。由于前述各批货物均出现了质量和重量方面的重大问题，所以客户明确表示不再接受该批货物。为了避免损失的扩大，XINRUO公司安排了该批货物的退运，并通知CT公司一同进行现场开箱检测。在该批货物到达上海洋山港后，XINRUO公司聘请了某技术服务公司进行检测，CT公司同意并委派员工到场。经检测，重量短缺达4 666千克，质量亦严重不符合合同约定。就该193订单，XINRUO公司发生了运输费用4 414美元，清关仓储费人民币21 571.2元，检测费人民币15 942.4元，公证费人民币8 000元。2017年1月9日，XINRUO公司明确通知CT公司164、193订单下的货物退货，并要求CT公司赔偿经济损失，但CT公司没有回应和处理。以下是有关193订单的电子邮件往来记录：

2017年1月9日，Susan向李某发送邮件："感谢贵司配合对于193订单两个柜的货物的检验，现在SGS的报告已经正式出具，重量短缺4 666千克，质量严重不符合要求，详细的报告请参见：SGSLINK……对于另外的三个订单122、164、176，我们之前已经多次向贵司反馈该些订单下的情况，现简要汇总如下：（1）122订单：重量短缺5 582千克，经我司与客户艰苦的沟通，客户暂没有提出质量问题，但是提出了重量差异索赔7 718美元；（2）164订单：重量短缺33 330千克，厚度不在公差范围内，成分严重不匹配……（3）176订单：重量短缺7 918千克，成分严重不匹配。为了防止海关以更低价格拍卖，减少不可预知的损失，鉴于贵司对我司的通知没有任何回复，迫于无奈，该批货物已售，销售价差（包括重量和价格）为46 951.43美元……如之前告知，上述164、176、193订单下的货物已被客户拒收。鉴于122、164订单下的货物已经处理，我们要求贵司对于我司在该些订单下的损失直接予以赔偿；对于176、193订单下的货物，如我们之前已经提出的，我们将该些订单下的货物退给贵司，并请贵司赔偿我司在该些订单下的损失。后续，我司将会将前述4份订单下的损失和索赔总额详列明细提供给贵司。我司希望贵司不要以推诿、逃避的态度来对待此事，我司需要贵司积极回应，并提供贵司的方案，以便于此事的顺利解决。另外，善意提醒的是，164订单下的货物仍滞留在厄瓜多尔港口，193订单下的货物在上海保税区仓库，若贵司不及时、积极地解决问题，这两批货物将会有更多的滞期费等费用发生，贵司将承担的损失会进一步扩大。"

193订单下的货物在上海进行开柜查验，SGS报告显示，上述货物短量4 666千克，质量不符合ASTM A240标准，均不符合合同约定。在得知SGS报告结论后，Susan向李某发送的电子邮件中，明确提出了退货并赔偿的意思表示，此种行为可以视为XINRUO公司在知道193订单下的货物不符合合同后的合理时间内向CT公司宣告合同无效。因此，XINRUO公司有权宣告193订单无效，并要求CT公司承担相应的违约责任。XINRUO公司要求CT公司归还其支付的193订单下的货款91 200美元，应予以支持。此外，XINRUO公司为履行193订单所支付的运费，以及因客户拒收而将193订单下的货物运回中国所支付的运费合计4 414美元；XINRUO公司在货物运回上海后，由迈斯瑞公司代为支付的开柜检验费人民币15 942.4元（11 236+4 706.4）、公证费人民币8 000元、清关仓储费人民币21 571.2元等支出，合计人民币45 513.6元，均属于XINRUO公司为履行该合同所造成的损失，CT公司应予赔偿。

综上所述，XINRUO公司有权宣告193订单无效。

【案例使用说明】 ■————————————————————————

一、教学目的与用途

本案例适用于"国际货物买卖合同数量条款"（教材第6章）的教学使用。通过案例讨论，使学生掌握与货物的计量单位、溢短装及数量条款相关的法律知识，以便学生在未来的实际工作中能够正确运用相关法律准则处理合同纠纷及维护权利。

二、讨论问题

（一）关于数量条款，CISG中是如何规定的？

（二）若卖方交付货物的数量多于或少于合同的规定，那么买方该如何处理？

（三）本案中，CT公司未按合同的约定足量提供货物，是否构成违约并承担相应的赔偿责任？若违约，对于164订单，XINRUO公司是否可以宣布合同无效？CT公司该如何赔偿？对于193订单，XINRUO公司因客户拒收而将该订单下的货物运回中国所支付的运费，应否由CT公司承担？

三、分析思路

分析本案例应当根据讨论思考题，到案例中找出与每一讨论思考题相对应的案例素材，然后认真阅读案例的相关材料，挖掘提炼出本部分案例材料的基本事实，然后再运用所学的专业知识对相关事实反映的问题作出判断。本案合同的分析思路及要点如下：

首先，讨论数量条款在CISG中的规定，讨论若交付货物的数量未按合同约定提供货物，那么将产生怎样的法律后果，以及对于短量的货物，应如何处理。

其次，讨论宣告合同无效的条件有什么，讨论案例中的当事人是否有权宣告合同无效。

最后，讨论索赔金额是否合理。

四、理论依据与分析

（一）关于数量条款在CISG中的规定

CISG第45条规定："（1）如果卖方不履行他在合同和本公约中的任何义务，买方可以：（a）行使第46条至第52条所规定的权利；（b）按照第74条至第77条的规定，要求损害赔偿。"CISG第50条规定："如果货物与合同不符，不论价款是否已付，买方都可以降低价格，减价按实际交付的货物在交货时的价值与符合合同的货物在当时的价值两者之间的比例计算。"

（二）关于宣告合同无效的条件

CISG第49条规定："（1）买方在以下情况下可以宣告合同无效；（2）但是，如果卖方已交付货物，买方就丧失宣告合同无效的权利，除非：（b）对于迟延交货以外的任何违反合同的事情：i）他在已知道或理应知道这种违反合同后一段合理时间内这样做。"

五、参考答案

（一）CISG第45条规定："（1）如果卖方不履行他在合同和本公约中的任何义务，买方可以：（a）行使第46条至第52条所规定的权利；（b）按照第74条至第77条的规定，要求损害赔偿。"CISG第50条规定："如果货物与合同不符，不论价款是否已付，买方都可以降低价格，减价按实际交付的货物在交货时的价值与符合合同的货物在当时的价值两者之间的比例计算。"

（二）若卖方交付货物的数量多于或少于合同的规定，不同国家均有法律来规制卖方的行为：

1.Sale and Supply of Goods Act 1994

Article 30 （1）: Where the seller delivers to the buyer a quantity of goods less than he contracted to sell, the buyer may reject.

Article 30 （2）: Where the seller delivers to the buyer a quantity of goods larger than he contracted to sell, the buyer may accept the goods included in the contract and reject the rest, or he may reject the whole.

2.CISG

Article 49 （1）: The buyer may declare the contract avoided if the failure by the seller to perform any of his obligation under the contract or this convention amounts to fundamental breach of contract.

Article 51 （1）: If the seller delivers only a part of the goods or if only a part of the goods delivered is in conformity with the contract, article 46-50 apply. （2）The buyer may declare the contract avoided in its entirety only if the failure to make delivery completely or in conformity with the contract amounts to a fundamental breach of the contract.

Article 52 （2）: If the seller delivers a quantity of goods greater than that provided for in the contract, the buyer may take delivery or refuse to take delivery of the excess quantity.

（三）本案中，根据 XINRUO 公司提供的瓜亚基尔海关的称重记录，164 订单下货物的实际重量与 CT 公司出具的形式发票以及提单上记载的总重量不符，CT 公司未按合同的约定足量提供货物，因此根据 CISG 的相关规定，CT 公司构成违约，应承担相应的赔偿责任。

此外，CISG 第 49 条规定："（1）买方在以下情况下可以宣告合同无效：（2）但是，如果卖方已交付货物，买方就丧失宣告合同无效的权利，除非：（b）对于迟延交货以外的任何违反合同的事情，他在已知道或理应知道这种违反合同后一段合理时间内这样做。"本案中，在厄瓜多尔由 SGS 所做的密封检测报告—称重报告—采样报告—检验报告可以组成完整的证据链，报告中所载明的集装箱号与提单上的集装箱号相一致，可以证明检测的货物为 164 订单下的货物。SGS 检验报告显示该批货物的总重量远低于提单上载明的货物重量；此外，SGS 检验报告显示货物抽样检测的样品化学成分均不符合 ASTM A240/480 标准规定的 304 钢材化学成分的要求。Cookie 通过电子邮件向李某明确要求 CT 公司按照合同和发票全部退款，可以视为 XINRUO 公司在知道 164 订单下的货物不符合同的合理时间内即向 CT 公司宣告合同无效，该行为符合 CISG 的规定。因此，XINRUO 公司有权宣告订单无效，并要求 CT 公司承担相应的违约责任。

XINRUO 公司为履行 193 订单所支付的运费，因客户拒收而将 193 订单下的货物运回中国所支付的运费，以及 XINRUO 公司在货物运回上海后，由迈斯瑞公司代为支付的开柜检验费、公证费、清关仓储费等支出，均属于 XINRUO 公司为履行该合同所造成的损失，CT 公司应予赔偿。

第七章　货物的包装

包装不当造成的损失由谁来赔付

【案例正文】

中国 A 进口公司从美国 B 公司进口一批货物，FOB 条件，委托某海运公司承运，运输途中载货船发生火灾，使船舶、货物受损。意大利公司出具了专业机构对货物运输条件以及包装要求的规定，规定为：内包装为编织袋/塑料袋，外包装为纸板箱/纸板桶或铁桶，满足防雨防潮要求。但涉案货物的外包装仅为单层防水塑料袋，导致其托运的一批化学氧化物与其他物质发生接触并产生反应，从而引发火灾，造成 A 公司的经济损失，A 公司要求 B 公司进行赔偿，B 公司则以 FOB 条件下货物离港概不负责为由拒绝赔偿。

【涉及的问题】

保护商品是包装的重要作用。国际货物买卖的空间距离较远、时间较长，加之运输过程中气候变化多端，为了保障被运输货物的品质不受损和数量完整，避免微生物、害虫的侵蚀和破坏，防止如温度、湿度、光线、有害气体的影响，应根据不同货物的性质和不同的运输方式选择适当的包装，以便减少损失并起到防盗的作用。本案例中货物的外包装仅为单层防水塑料袋，导致其托运的一批化学氧化物与其他物质发生接触并产生反应，从而引发火灾，造成 A 公司的经济损失。因此，学习包装的类型及相关法律规制，对规避损失十分重要。

思政案例：诚实守正、谨慎笃行

紧抓外贸红利，华南国际瓦楞展助力包装企业"乘风破浪"

海外订单回流，外贸走高，2022 年包装行业迎来哪些市场机遇？外贸行业与包装行业向来密不可分。人靠衣装马靠鞍，产品的销售都离不开包装，外贸产品涵盖的领域非常广泛，尤其是纺织、服装、3C 电子、家具等，这些产业经济的蓬勃发展也促进了相关包装产业的繁荣。新冠肺炎疫情之后，海外订单的回流，更是大大拉动了我国外贸及包装行业的需求，新的市场机遇正逐渐显现。

瞄准这一时机，2022年WEPACK世界包装工业博览会旗下的包装系列展——2022华南国际瓦楞展将携其他七展再度启幕，并移师全球外贸和包装发展集中地——深圳，为海内外展商和观众提供了一个综合性的商贸展示平台，助推外贸和包装行业跑出新速度。

为帮助展商更有效地对接海外客户，励展博览集团汲取多年的成功经验，特别提供了"海外线上TAP贸易配对"服务。其混合展（Hybrid）展会获得了300多家国内外行业协会和媒体的支持，其包括海外线上导览团、导览专员、在线商务配对（Online Matchmaking）等多种形式，让众多海外买家实现"云逛展"，方便广大展商更为直观、细致地展示自己的设备、产品与服务，同时精准获取有实际采购需求的客户群体。

这一举措也体现了外贸行业帮助展商更有效地对接海外客户的诚实守正、谨慎笃行的精神。

7.1　货物包装的作用

7.1.1　保护商品在流通过程中品质完好和数量完整

------------ **案例** ------------

包装不当导致货物包装破损的纠纷

【案例正文】▇

在DZH航运有限公司与XX市TAIG国际贸易有限公司海上货物运输合同纠纷案中，被告XX市TAIG国际贸易有限公司委托原告DZH航运有限公司运输一批危险货物片状硫氢化钠，由中国新港运至保加利亚布尔加斯港，涉案集装箱在宁波港转船，转船期间多为降雨天气。在由宁波港至布尔加斯港的运输途中，高温和持续的降雨导致装有片状硫氢化钠的集装箱内空气潮湿，片状硫氢化钠变成液体流出将箱板污染；经查明，本案系因包装不当导致货物在集装箱内与潮湿的空气发生反应，并最终导致货物的包装破损，在集装箱内发生货物泄漏。法院认定，TAIG国际贸易公司应承担损失赔偿责任。

【讨论问题】▇

请问：本案给你带来什么启示？

【参考答案】▇

国际货物买卖的空间距离较远、时间较长，加之运输过程中气候变化多端，为了保障被运输货物的品质不受损和数量完整，避免微生物、害虫的侵蚀和破坏，防止如温度、湿度、光线、有害气体的影响，应根据不同货物的性质和不同的运输方式选择适当的包装，以便减少损失并起到防盗作用。

7.1.2 便于货物的储存、保管、运输、装卸

案例

企业忽视海运的复杂环境造成的纠纷

【案例正文】■

在 A 贸易公司、B 国际船舶代理公司与 C 海运公司运输合同纠纷的上诉案中，托运人 A 公司将货物钢支架采用钢丝绳固定在由 B 公司提供的敞开式平板集装箱上，并由 B 公司委托 C 海运公司承运该货物。该轮由广州运往胡志明市时，天气情况十分恶劣，导致运输货轮严重摇晃，船体向右倾斜度最大达 30 度，货物移位且向左翻覆，致货物遭受严重损毁。

【讨论问题】■

请问：在本案中哪方应负主要责任？

【参考答案】■

托运人 A 公司应承担主要责任。本案中托运人 A 公司采用钢丝绳来捆绑货物，遭遇风浪等恶劣天气时货物发生颠簸，钢丝绳因强度不够而断裂，造成货损，因此该包装不适合货物的海上运输，属于包装不当。因此本案货损归因于包装不当及无防护加固措施，托运人 A 公司应承担主要责任，但承运人 C 海运公司在预知航线内天气的情况下冒险开航且未采取相应防护加固措施，属于主观因素上的过错，也应承担一定责任。海运环境与陆运环境不同，海上运输工具在其航线行驶中处于复杂的自然环境中，受自然灾害的影响大。海上运输的海洋环境不稳定，运输工具在航行时容易受到风、浪、涌等外力作用而发生摇荡，产生 6 个自由度的运动，而横摇、纵摇及垂荡运动增加了大宗货物海上运输的不安全性。另外，对海运货物包装时需考虑海洋的盐雾环境，尤其是包装与金属结构、电子系统有关的货物时，若没有考虑海洋特殊高湿、高腐蚀的环境，就容易导致货物腐蚀损毁。

7.2　包装的种类

合同包装条款规定不妥致损案

【案例正文】

某年，中国某外贸公司与美国一客户签订一份CIF合同，出口一批丝织品，规定内包装盒子由客户免费提供。在合同规定交货期的前3个月，中方公司去电："货将备妥，请速提供内包装盒子。"美国客户未作答复。1个月后中方公司再次去电："货妥，急等内包装盒，否则货将无法按期装运。"美国客户又未回复。几天以后，该美国客户派了一位中国分公司的代表来厂看货，当场表示"来不及印刷内包装，不再提供，可由厂方自行解决"，并指明用无印刷的单瓦楞纸盒。中方工厂当即按该代表意见办妥纸盒，进行包装，进仓待运。在合同规定装运期的前1个月，美国客户突然来电："此批货物仍用美方提供的包装。"中方公司当即回电说明："货已按你方中国分公司代表的意见包装完毕，进仓待运，无法更改。"美国客户回电："中国分公司代表同意用中方自己的包装是出于好意，旨在解决工厂的困难；现用户坚持要用印刷的包装盒，事出无奈，望中方理解和合作，但中方的经济损失我方不能承担。包装一定要改，否则，将不履行合同。"在这种情况下，中方公司考虑到该美国客户是老客户、大客户，关系不宜搞僵，遂同意美国客户的要求，重新换了包装。

【讨论问题】

请问：该中方公司应从中吸取哪些教训？

【参考答案】

（一）按照合同规定的时间、方式交货是卖方的一项基本义务。本案例中，中方能够按照合同规定的时间交货，运输安排上也不存在问题，但能否按时履行交货义务，又以对方能否及时按合同规定提供内包装为条件。但本案例合同没有规定对方提供内包装的时间，虽然可以推定应在中方交货前的一段合理时间内提供，但这段时间究竟应该多长，是容易引起争议的。对方提供内包装的时间不确定，因此在业务上，对方就掌握了主动，他们可以利用时间的可伸缩性来达到控制中方交货时间的目的，以符合他们的销售意图；中方则在生产安排和交货时间上陷于被动，不可避免地会造成经济上的损失和工作上的忙乱。因此，有关由客户提供的包装标签、吊牌、各种辅料等，均应在合同条款上明确规定到达我方的时间，并规定如不能按时到达而引起中方不能按时交货，则应由对方负责并承担经济损失。

（二）对方代表到工厂看货时，口头同意内包装由中方提供，应视作合同条款的变更。但是，当时没有签署书面协议，这容易引起争议。以后我们在与外商签订或修改合同时应坚持作出书面协议。

（三）要确定客户派来的代表，是否有权变更合同条款。中方应该核实对方代表是否有签署协议的授权证明，否则即使签署了协议，也可能是无效的，这正是在本案例中方处于不利地位的根本点。

（四）中方同意对方代表的口头意见，将内包装改为由中方负责，理应要求对方承担相应的费用。对方出尔反尔，又要求内包装仍由中方提供，招致中方产生经济损失，中方应该可以通过协商让对方酌情承担，于情于理，中方都可以提出这项要求。

（五）由于对方是老客户，所以中方放松了警惕，不太重视合同条款的字斟句酌，以为问题可以协商解决。但事实上只要问题关系到对方的利益，对方就决不会轻易让步。而且，如果因为合同条款不太明确，引起业务纠纷，则反而不利于双方融洽关系的保持。因此，无论从维护中方合法权益的角度，还是从促进业务关系的角度，都应该把合同条款订得具体、严密和完善。

7.3 中性包装和定牌

7.3.1 定牌包装引发的侵权纠纷

案例

"OEM"（代工）造成侵权了吗

【案例正文】

广州A公司、B公司分别在境外、境内合法注册并持有某商标（两商标相同或近似），A公司与B公司并无主体关联。C公司经过对A公司的代理权确定后接受了A公司的"OEM"（代工）要求，并已经投入生产，2个月后生产完毕并全部贴上这一商标，准备出口装运时B公司得知此事，并怀疑A公司的此批货物具有侵权行为，故向海关申请扣留货物。双方僵持下，最后交由法院审理。B公司是否有权利申请扣留货物？C公司是否对B公司构成商标侵权？

【讨论问题】

请问：B公司是否有权申请扣留货物？C公司是否对B公司构成商标侵权？

【参考答案】

B公司有权申请扣留货物。《知识产权海关保护条例》规定，向海关总署申请备案，应提供该商标在境内被其注册的权属证书。经海关总署备案后，B公司可以请求海关扣留具有侵权嫌疑的货物。海关在依职权查验货物时，发现有涉嫌侵权的产品时也应当中止放行货物并且书面通知权利人。

C公司对B公司不构成商标侵权。我国对于定牌加工案件的司法审判倾向是："对于境外委托方在目的国拥有正当合法的商标权，产品全部出口该目的国，我国境内加工方已经尽到必要、合理审查注意义务的，原则上可以认定境内加工方的生产加工行为不构成商标侵权。"A公司经审核已确定C公司的商标代理权，所以C公司对B公司不构成商标侵权。

7.3.2　定牌包装与国际贸易政策

案例

买方为何要求不得注明原产地

【案例正文】■────────────────────────────

新加坡B客户与珠海A空调厂商洽谈进口某知名品牌空调1 000台，但要求我方改用另一品牌商标，并在包装上不得注明"Made In China"字样。

【讨论问题】■────────────────────────────

请问：买方为何提出这种要求？我方是否可以接受？

【参考答案】■────────────────────────────

这是一件对方要求中性定牌包装的案例。我方一般可以接受。但是在处理该项业务时应注意两个列问题。（1）要注意对方所用商标在国内外是否已有第三者注册，如果有，则不能接受。如果我方一时还无法判明，则应在合同中写明"若发生工业产权争议，则应由买方负责"。（2）还需要考虑我方品牌在对方市场的销售情况，如果我方产品已在对方市场树立了良好的信誉，很畅销，则不易接受中性包装条款，否则会影响我方的产品地位，造成市场混乱。

7.4　合同中的包装条款

7.4.1　合同中包装条款不明确

案例1

买方没有及时提供约定包装导致最后卖方交货延误

【案例正文】■────────────────────────────

茂名某企业（出口方）与新加坡进口公司签订了一份出口甲等花生合同，规定数量为30公吨，纸箱包装，每箱装10袋，每袋450克。付款采用信用证方式，签约后15天内将信用证开到出口方，交货期在4月30日之前。因客户对内包装袋不满意，新加坡进口公司决定使用自己的包装袋，于是包装条款中附带一句"内包装袋由进口方提供"。3月20日，即签约后的第14天，进口方开来信用证，出口方审核无误后即组织加工，同时催促对方发送包装袋。4月15日，包装袋还未到，出口方在多次催促之后，包装袋于4月24日到货。出口方立即组织装袋打包，但仍未赶上4月28日的船期，而下一班船期是5月8日，已超过来证的交货期。于是，出口方于4月28日电告对方，由于对方迟交包装袋，导致未能按时交货，要求对方改证。但这一要求遭到对方拒绝，并且新加坡进口公司要求将信用证改为托收结汇。出口方表示同意。货到新加坡后，该进口公司突然来函称市场看跌，要求降价10%。在极为被动的情况下，经双方交涉减让了8%，出口方才得以办理赎单手续。

【讨论问题】 ▬▬◀

请问：我方应从中吸取哪些教训？

【参考答案】 ▬▬◀

通常交易中的商品包装由卖方提供，若买方对于包装有特殊要求，则应该提供或者承担相关的费用。我方在该案例中的失误在于没有能够在合同中明确对方提交货物内包装的时间，导致我方货物准备好了，但是由于对方内包装没有到位，没能及时出运导致延期，而不得不接受对方降价的要求。

```
--------- 案例2 ---------
什么是合适的包装
```

【案例正文】 ▬▬◀

某年，加拿大买方向我国卖方订购了一批甲等海鲜罐头，该批货物由中国某企业生产及发货，贸易术语选用FOB，由于合同中未约定外包装方式，因此卖方根据自己的内销习惯包装后交付了货物。货物到达目的港后，买方委托第三方检验机构进行检验，发现由于罐头容器的材质和封口方式不当，导致产品经海运后出现变质现象。并且，这些海鲜罐头也与约定不符，但货款已经通过以卖方为受益人的信用证进行了支付。

于是，加拿大买方以我国卖方和负责生产的企业为被申请人向加拿大对外贸易保护委员会提出仲裁申请，要求其赔偿已经支付的货款、利息及损害赔偿金。由于生产罐头的企业此时已经进入破产程序，我国卖方提出抗辩，认为这是生产企业与加拿大买方之间的交易。一方面，卖方承认此前数年曾经向加拿大买方供应过同类海鲜罐头，另一方面，又声称，由于不能供货，卖方已经在去年将加拿大买方介绍给了罐头生产商，买方同意与该罐头生产商进行交易（但双方未签订买卖合同或其他协议），因而这家罐头生产商成为履行合同的唯一义务人，尽管货款是由卖方支付给该罐头生产企业的（这是因为加拿大买方签发的是以卖方为受益人的信用证）。此外，卖方还主张，无论如何，由于交易采用了 FOB 的贸易术语，在货物装船之后，买方应承担运输途中货物变质的风险。

【讨论问题】 ▆━━━━━━━━━━━━━━━━━━━━━━━━━━━━━━━

请问：买卖双方没有在合同中约定外包装材质和包装方式，卖方是否有义务对货物进行适当的包装？怎样才算是"适当的"？

【参考答案】 ▆━━━━━━━━━━━━━━━━━━━━━━━━━━━━━━━

卖方有义务对货物进行适当的包装。根据 CISG 第 35 条和第 36 条，货物到达买方时，由于未采取适当的罐装及外包装，导致货物品质很差，而买卖双方都知道，这批货物要经过长途海运，因而他们有义务以适当的方式采取罐装以及外包装，以便在运输和储存过程中保护货物。

7.4.2　包装条款的变更

一、为了包装和运输的便利性是否可以更改包装条件

━━━━━━━━━━━━━━━ 案例 ━━━━━━━━━━━━━━━

卖方为了图吉利，装了和"6"相关的橘子

【案例正文】 ▆━━━━━━━━━━━━━━━━━━━━━━━━━━━━━━━

广东 A 公司向日本 B 公司出口罐头，合同规定，荔枝罐头，每箱 24 听，每听 5 颗荔枝，每听罐头上都要标明英文"Made in China"。卖方为了讨个吉利，每听装了 6 颗荔枝，装箱时，为了用足箱容，每箱装了 26 听。在刷产地标志时，只在纸箱上注明了"Made in China"。买方以包装不符合合同规定为由，向卖方要求赔偿，否则拒收。

【讨论问题】 ▆━━━━━━━━━━━━━━━━━━━━━━━━━━━━━━━

请问：买方的要求是否合理？买方为何提出这种要求？

【参考答案】 ▆━━━━━━━━━━━━━━━━━━━━━━━━━━━━━━━

买方的要求合理。因为根据 CISG 的规定，卖主应按合同规定的品质、数量、包装交货，否则构成违约。卖方的行为无视合同的规定，尽管每听装 6 颗荔枝，每箱装 26 听可能不影响荔枝罐头的市场价格，但已经违反合同的约定。只在外包装上标明"Made in China"，而未在每听罐头上标明，显然也违反了合同的约定。买方为了使罐头适合在市场销售，只好另行加工，在每听罐头上标注"Made in China"标志，这笔费用是由于卖方违约造成的，应该由卖方承担。所以买方有权提出赔偿损失的要求，在其合理要求得不到满足时，可以拒收货物。

二、包装品名的一致性

········ 案例 ········

"apple wine" 和 "cider" 有区别吗

【案例正文】

山东 A 公司出口一批苹果酒到中东地区，合同规定的品名是"apple wine"，外方开来信用证，信用证的品名是"cider"。A 出口方为了求得单证一致，就在所有制作的出口单据上都采用了"cider"的品名，而这批酒的里外包装上刷写的商品名称都是"apple wine"。这批货物运到后，遭到进口国海关的扣留并罚款。

【讨论问题】

请问：进口国海关是否有理由扣留并罚款？

【参考答案】

进口国海关有理由扣留并罚款。如果是"apple wine"（苹果酒），不但税率高，而且伊斯兰国家对此禁止进口；如果写成"cider"（苹果汁），就不存在这些问题了。同一商品因为名称不同，其关税、进口限制也不同。山东 A 公司应该做到所有环节的品名一致，应该同时更改商品的内外包装，统一为"cider"。

三、包装唛头的变更引发的纠纷

········ 案例 ········

买方可在信用证上重新指定唛头吗

【案例正文】

国内某出口公司与日本某公司达成一项出口交易，合同指定由我方出唛头，信用证支付。因此，我方在备货时就将唛头刷好。但在货物即将准备装运时，国外开来的信用证上又指定了唛头，我方表示已经将货物的唛头刷好，如果变更，则需要买方支付重新刷唛所需的费用。买方表示一切依据信用证的规定办理，并且拒绝为此付款。

【讨论问题】

请问：在此情况下，我方应如何处理？

【参考答案】

依据签订的合同，应由我方负责出唛头，即使买方出具的信用中重新指定唛头，我方也可以通知买方要求其修改信用证，使信用证内容与合同相符。如果我方在收到信用证后，按信用证规定的唛头重新更换包装，则所花费的额外费用应由买方负担，一切都需要根据合同规定履行。

综合案例：HBLT公司与丹仕AILV公司、TAISHEN公司海上、通海水域货物运输合同纠纷

【案例正文】▇━━━━━━━━━━━━━━━━━━━━━━━━━━

一、背景

2017年4月28日，我国TAISHEN公司签订了一份由名为"朱某"的人提供的买卖合同，合同载明买方为中国香港丹仕AILV公司，约定TAISHEN公司向丹仕AILV公司出售三氯异氰尿酸，72 000千克，25千克/袋，无托盘，成交价格为1 075美元/公吨，EXW诸城，不含内陆运费与港杂费，总价共计77 400美元，款到发货。

2017年5月24日，货物由TAISHEN公司装箱并出具装箱单，并取得了《集装箱装运危险货物装箱证明书》。2017年5月25日，我国出入境检验检疫局签发《出入境危险货物运输包装使用鉴定结果单》，其中载明申请人与使用人均为TAISHEN公司，包装容器名称及规格为塑料编织袋50cm×90cm，皮重0.15千克，包装容器性能检验结果单号为**9001，运输方式为水路运输，危险货物名称为三氯异氰尿酸，危险货物类别5.1，危险货物状态为固态，2 880件，罐装日期为2017年4月28日，鉴定结果为：依据上述检验检疫，对上述危险货物所使用的包装容器进行抽样鉴定，其适用性及使用方法符合《国际海运危险货物规则》的要求。

2017年5月26日，TAISHEN公司收到了付款人为ALCHEMISTWORLD支付的货款77 348.94美元。

二、订舱发货

2017年5月31日，HBLT股份公司向YH公司发出订舱确认书。YH公司主张，其是通过与朱某联系，根据朱某的指示向HBLT股份公司订舱，朱某是以中国香港丹仕AILV公司的名义来订舱的，朱某要求承运人签发以丹仕AILV公司为托运人的提单。

涉案货物的报关单显示，涉案货物出口经营单位与发货单位均为TAISHEN公司，出口时间为2017年6月5日，成交方式为FOB，总价为77 440美元。

2017年6月1日，我国青岛前湾海事处对涉案货物进行了审核，并出具了《危险/污染危害性货物安全适运申报单》，其中载明报送单证有危险货物技术说明书、集装箱装运危险货物装箱证明书、出境危险货物包装使用鉴定结果单、出境危险货物运输性能检验结果单等。该申报单还载明"声明：上述拟交付船舶装运的危险货物/污染危害货物已按规定全部并准确地填写了正确运输名称、危规编号、分类、危险性和应急措施，需要附加的单证齐全，危险货物包装正确、质量完好；标志/标牌正确、耐久，以上申报正确无误。"

2017年6月5日，HBLT股份公司签发了该票货物的全套正本提单，提单号为62640。提单载明托运人为中国香港丹仕AILV公司，收货人与通知方均为SABARAQ，船名航次为SYMII723W，起运港为青岛，目的港为巴西桑托斯，货物为三氯异氰尿酸，2 880袋，危险货物编号为2468，等级为5.1，3个集装箱，箱号分别为HLXU1205820、GESU3856799、TCLU2807601，发货人负责装载、积载、称重和清点，装船日期为2017年6月5日，承运人为HBLT股份公司。YH国际物流公司向HBLT公司支付了海运费，并在收到该票货物的全套正本提单后，将提单邮寄给了朱某。

三、集装箱突发泄漏

SYMII轮大副称涉案货物在运经新加坡途中时，其发现涉案集装箱出现了泄漏。2017年6月18日，HBLT股份公司在新加坡委托某检验服务公司登轮对涉案货物进行了检验。该检验公司出具的检验报告中有关"事故概况"的部分载明："位于030080位置上的6799号集装箱底部有不明物质流出，对集装箱底板和角板造成了严重污染，而且还附着在1号货舱底部和3号位置的中部舱口盖上；6799号集装箱门的底部和门槛用铝带进行了密封，整个底板加封了一层防水帆布，并用绑线进行了加固，经二副要求，使用吸水海绵对集装箱周围和通道进行了清理；位于010082位置上的5820号集装箱和位于010080位置上的7601号集装箱底部有不明物质流出，对集装箱底板和角板造成了严重污染，而且还附着在1号货舱底部和3号位置的中部舱口盖上。上述3个集装箱的提单编号是2640，这3个集装箱被陆续从船上卸下，并存放在PASIRPANJANG码头DG堆场1区。之后，我们前往该码头，在打开6799号集装箱门后，我们发现其中的货物一共两板，采用尼龙编织袋包装，货物一直堆放在靠近集装箱门的地方，并用四棱形的木板进行支撑，这样的堆放可能是为了便于通风，所有的包装袋并未发现移动的痕迹，堆放得都很牢固。浅棕至浅红的液体从袋子里流出，对底板、门槛、支撑板、侧壁柱和内门板都造成了污染。"有关"检验员记录"的部分载明："我们认为其他两个集装箱的货物堆存情况应该与6799号集装箱的货物堆放大致相同，鉴于此，我们建议将三个集装箱全部打开，移走隔板，对货物进行检验，以便确认污染及泄漏的原因和程度，之后，我们使用恰当的清理设备（吸水海绵）对集装箱进行了清洁，并使用干燥剂清除了集装箱内凝结的水分。"有关"结论"的部分载明："我们确认3个集装箱泄漏的液体已经得到充分清理，并得到了船上大副的认可，并未对船舶和货物造成其他损害。"

关于涉案货物是否发生泄漏，TAISHEN公司提交了一份载明由某检验服务公司于2017年6月27日作出的"M.V.SYMIIV.723W检验报告"，用以证明某检验服务公司的检验人认定涉案货物未发生泄漏，TAISHEN公司称该报告系由YH公司向其提供，YH公司对此予以认可并称该报告系由HBLT股份公司向其提供，但TAISHEN公司与YH公司均未证明该报告的来源，且该报告形成于境外，未经公证认证。

HBLT 股份公司主张其在发现货物泄漏后即通过电子邮件与托运人联系货物处理事宜。2017 年 12 月 18 日——12 月 22 日期间，HBLT 股份公司向朱某发送邮件，问其是否同意出具保函表明愿意整改和重新包装货物，并告知其货物在新加坡产生的费用。2018 年 3 月 15 日，HBLT 股份公司委托代理人汪某发出电子邮件，发送了"危险品处置方案与报价"，并通知其收到后 7 日内给出明确指示，如未答复，HBLT 股份公司将自行安排处理货物。邮件中载明"致中国香港丹仕 AILV 公司，收件人朱经理"。2018 年 4 月 2 日，汪永利再次向上述邮箱发送邮件称，其将在新加坡处理货物，由此产生的费用约 190 000 新加坡元，货物处置完毕后将追偿。2018 年 5 月 22 日，汪某发出电子邮件，称其已委托当地公司处置涉案危险品，由此产生港口费、堆存费、处理费共计 203 989.46 新加坡元及相应利息，并附有关发票，要求对方将该费用汇入其指定银行账户。该邮件中载明"致中国香港丹仕 AILV 公司，收件人张某；致 TAISHEN 化工股份有限公司，收件人宋某；致青岛 YH 国际物流有限公司，收件人张经理"。

YH 公司提供的邮件显示，YH 公司于 2017 年 6 月 15 日——6 月 23 日与朱某联系了如何处理涉案货物。6 月 19 日，YH 公司向 HBLT 股份公司发邮件称"从照片上能明确看出货物包装完好，装箱有序紧凑，装箱时天气干燥，门口加固完善，请转给贵司相应工作人员，我已经将此信息第一时间通知了客户，客户重申如果开箱时货物加固及包装无误的话，则检验产生的一切责任及费用将全部由贵司承担。"

2017 年 7 月，提单载明的收货人将涉案货物的全套正本提单交还给了 HBLT 股份公司。

2017 年 11 月 4 日，朱某通过电子邮件向 YH 公司发送了一份落款时间为 2017 年 11 月 3 日的更改目的港与收货人的保函，保函中加盖了"Forandon"的印章，该印章上方签有"朱某"。但 YH 公司未提交保函的原件，无法认定该保函内容与印章的真实性。

2018 年 4 月 23 日——4 月 24 日，HBLT 股份公司委托 Arrow 检验服务公司对涉案货物进行了检验及处理。Arrow 检验服务公司出具的检验报告载明："集装箱严重腐蚀……我们在集装箱拆箱及处理过程中对货物进行了检查，发现货物颜色变黄，而且在集装箱中早已出现泄漏痕迹，我们认为包装上的货物残渣之前就已经存在，再考虑到货物的浓度，货物在运输过程中出现泄漏，这也是包装袋严重变色和集装箱严重锈蚀的原因……在我们的见证下，对该货物进行了化学处理，并得到了船上大副的认可，并未对船舶和货物造成其他损害。"但该报告未对此说法予以论证或提供充分证据予以佐证。

HBLT 公司提交的经公证认证的处理费发票与付款凭证、堆存费发票与付款凭证显示，HBLT 公司向 Arrow 检验服务公司支付了货物处理费 170 791.26 新加坡元，向 PSA 公司支付了港口堆存费 33 107.20 新加坡元。

丹仕 AILV 公司主张其并未委托 YH 公司出口涉案货物及订舱，并在庭审中演示了其中国电子口岸系统，证明其在2017年3月1日至6月30日期间未出口涉案货物。该系统显示，其中并无有关丹仕AILV公司出口涉案货物的相关记载。

YH公司提交了涉案货物及案外四票货物的提单与订舱单，证明朱某一直以丹仕AILV公司的名义委托YH公司订舱，YH公司根据交易习惯认定朱某系代表丹仕AILV公司，但案外四票货物的提单与订舱单均为打印件。YH公司还提交了城市街景网中显示的丹仕AILV公司地址用以证明其住所地；朱某的名片用以证明朱某的工作单位地址与丹仕AILV公司的地址相同；来源于天眼的查询显示了朱某在佳洁净水处理助剂有限公司担任高管职务的报告以及该公司的2013年度企业报告、张某的董监高投资报告的相关信息以及佳洁净水处理助剂有限公司的工商注册信息（来源于全国企业信用信息公示系统网站），该信息证明朱某与张某之间具有商业合作关系，张某应明知朱某以丹仕AILV公司的名义对外开展业务；丹仕AILV公司的网页与公司介绍用以证明丹仕AILV公司与佳洁净水处理助剂有限公司系关联企业，还证明了HBLT股份公司提供的证据中显示的邮箱地址。

【案例使用说明】

一、教学目的与用途

本案例适用于"国际货物销售合同中贸易术语"（教材第4章）与包装条款（教材第9章）的教学使用。通过案例讨论，使学生了解国际货物运输中包装的重要性，让学生掌握包装条款的法律意义及违约的法律后果，以便学生在未来的实际工作中能够正确运用相关法律准则处理纠纷及维护权利。

二、讨论问题

（一）本案中应是哪个公司系涉案货物的交货托运人，与HBLT股份公司成立海上货物运输合同关系？TAISHEN公司根据涉案货物的贸易方式EXW，主张其并非托运人，是否成立？

（二）作为托运人，应如何妥善处理货物包装？对于危险品货物又该如何妥善处理包装？

（三）根据在新加坡委托Arrow检验服务公司对涉案货物进行检验后作出的检验报告，HBLT股份公司主张涉案货物发生泄漏，其证据是否充分，涉案货物发生泄漏是否导致托运人应向承运人承担赔偿责任？

三、分析思路

分析本案应当根据讨论思考题，到案例中找出与每一讨论思考题相对应的案例素材，然后认真阅读案例的相关材料，挖掘提炼出本部分案例材料的基本事实，然后再运用所学专业知识对相关事实反映的问题作出判断。

四、理论依据与分析

（一）承运人、托运人的界定

1.定义

《中华人民共和国海商法》第42条规定的"承运人"是指本人或者委托他人以

本人名义与托运人订立海上货物运输合同的人。"托运人"是指：（1）本人或者委托他人以本人名义或者委托他人为本人与承运人订立海上货物运输合同的人；（2）本人或者委托他人以本人名义或者委托他人为本人将货物交给与海上货物运输合同有关的承运人的人。

2.承运人应承担的责任与义务

根据《中华人民共和国海商法》第47条的规定，承运人在船舶开航前和开航当时，应当谨慎处理，使船舶处于适航状态，妥善配备船员、装备船舶和配备供应品，并使货舱、冷藏舱、冷气舱和其他载货处所适于并能安全收受、载运和保管货物。根据《中华人民共和国海商法》第48条的规定，承运人应当妥善地、谨慎地装载、搬移、积载、运输、保管、照料和卸载所运货物。根据《中华人民共和国海商法》第49条的规定，承运人应当按照约定的或者习惯的或者地理上的航线将货物运往卸货港。

3.托运人应承担的责任与义务

根据《中华人民共和国海商法》第66条的规定，托运人履行海上货物运输合同中的责任为应当妥善包装货物，并向承运人保证货物装船时所提供的货物的品名、标志、包数或件数、重量、体积的正确性。

（二）包装条款在国际公约、国内法等中的规定

1.CISG

CISG Article 35：The seller must deliver the goods——and which are contained or packaged in the manner required by the contract or in the manner usual for such goods or，where there is no such manner，in a manner adequate to preserve and protect the goods.

2.《中华人民共和国民法典》

第510条：合同生效后，当事人就质量、价款或者报酬、履行地点等内容没有约定或者约定不明确的，可以协议补充；不能达成补充协议的，按照合同的相关条款或者交易习惯确定。

第619条：出卖人应当按照约定的包装方式交付标的物。对包装方式没有约定或者约定不明确，依据本法第510条的规定仍不能确定的，应当按照通用的方式包装；没有通用方式的，应当采取足以保护标的物且有利于节约资源、保护生态环境的包装方式。

五、参考答案

（一）本案中，TAISHEN公司与买方签订贸易合同后，交给货运代理人YH公司，由YH公司将货物交付HBLT股份公司运输并向HBLT股份公司提供提单托运人与收货人信息，据此可以认定TAISHEN公司符合法律规定的"托运人"的定义，系交货托运人。虽然涉案货物的买卖合同采用EXW贸易术语，但是，采用何种贸易术语表明的是贸易合同当事人之间的法律关系，并不必然决定运输合同项下各方当事人的权利义务，作为贸易合同第三方的运输承运人亦无须受该贸易术语的

约束。TAISHEN公司根据涉案货物的贸易方式主张其并非托运人不能成立。综上所述，TAISHEN公司应系涉案货物的交货托运人，与HBLT股份公司具有海上货物运输合同关系。

（二）根据《中华人民共和国海商法》第66条，以及涉案货物的提单与《危险/污染危害性货物安全适运申报单》的记载，TAISHEN公司已正确申报了货物情况，并向承运人明确了货物性质，HBLT股份公司承运涉案货物时已明知货物的危险品性质，TAISHEN公司在履行上述法律规定的托运人义务中并无过错。且根据涉案货物的《出入境危险货物运输包装使用鉴定结果单》，出入境检验检疫局对上述涉案货物所使用的包装容器进行抽样鉴定后，已认定其适用性及使用方法符合《国际海运危险货物规则》的要求，即货物包装适合运输的条件且承运人在运输前并未对这一包装方式提出异议。

（三）HBLT股份公司主张涉案货物发生泄漏的证据为其在新加坡委托Arrow检验服务公司对涉案货物进行检验后作出的检验报告。该报告中仅描述了检验人发现集装箱底部有不明液体流出，污染了底板和角板等位置，虽然其中载明检验人将集装箱打开以便确认污染及泄漏的原因和程度，但接下来的报告中对"原因和程度"方面的内容并无相关记载，该报告的结论也仅称"我们确认三个集装箱泄漏的液体已经得到充分清理，并得到了船上大副的认可，并未对船舶和货物造成其他损害"，纵观检验报告，并未见关于货物泄漏原因的检验结论，因此无法据此认定因托运人包装或积载不当导致了货物发生泄漏污染。虽然HBLT股份公司提交的Arrow检验服务公司出具的检验报告载明："集装箱严重腐蚀……我们在集装箱拆箱及处理过程中对货物进行了检查，发现货物颜色变黄，而且在集装箱中早已出现泄漏痕迹，我们认为包装上的货物残渣之前就已经存在，再考虑到货物的浓度，货物在运输过程中出现泄漏……"，但该报告系Arrow检验服务公司在2018年4月对货物进行检验后作出，此时距货物在船运输时已有近1年的时间，不排除货物卸船后在仓库期间因保管不当导致货物变质或泄漏，因此该报告所记载的货物状况无法证明货物在船期间的状况。此外，虽然报告称"货物残渣之前就已经存在，货物在运输过程中出现泄漏"，但报告仅如此表述，并未对此说法予以论证或提供充分证据予以佐证，故HBLT股份公司不能证明货物在运输期间因包装不当发生泄漏，对其主张因货物泄漏而进行无害处理所产生的各项费用损失应不予支持。

第八章 货物的价格

开篇案例

成本提高后要求加价，价格条款可以调整吗

【案例正文】

某公司在国际贸易活动中根据预测分析，油价每上涨1%，公司产品每打成本将增加2美元。为避免因油价上涨而受损，公司决定在报价上加注油价调整条款，此条款应如何表述？合同签订后，国际市场价格大涨，货源供应紧张，卖方推迟装运。买方要货心切，同意推迟装运10天，并修改了信用证。卖方又提出，国内采购成本已提高，要求加价20%。

【涉及的问题】

国际市场上的商品价格构成十分复杂，变化多端。影响价格变动的因素很多，这些因素我们在对外交易确定价格时必须熟悉，并加以灵活运用，考虑不同的差价。譬如本案中，货物价格受石油市场影响，价格波动较大，因此定价时不应采用固定作价，但由此也造成了许多合同纠纷。所以，我们需要掌握定价的作价方法、不同价格间的换算以及合同中价格条款的基本内容和法律性质。

思政案例：国际竞争力提升，我国中小微外贸企业跨越"拼价格"阶段

在外贸保持良好发展态势的大背景下，中小微外贸企业的竞争力水平也在稳步提升。《2022年前三季度中国中小微外贸企业竞争力指数》显示，前三季度中小微外贸企业在加强技术水平和服务能力提升的同时，积极拓展新渠道、新客户，这些都使得其在国际竞争中的优势更为多元和显著。预计中小微企业第四季度将延续其优异表现，进一步提升竞争力。

值得一提的是，前三季度国内新冠肺炎疫情多点频发，但并未对中小微外贸企业竞争力指数造成太大影响。调研显示，一方面，中小微外贸企业积极提升数字化水平，努力化解新冠肺炎疫情带来的海外参展、线下交易受限等负面影响，且部分中小微外贸企业的供应链分布于全国多地，抗风险能力得到有效提升；另一方面，

在国际形势复杂多变的情况下，中小微外贸企业凭借自身的灵活性，能够更迅速地调整策略，积极拓展新市场、新客户。调研显示，前三季度由于欧洲需求下降，部分中小微外贸企业跳出"舒适圈"，着力挖掘面向东盟、北美及其他新兴市场的增长点，保证了收款量的稳定增长。

可见，外贸企业只要在产品质量和价格上都能做到货真价实，不断提升核心竞争力，就能转"危"为"机"。调研发现，中小微外贸企业正在逐步跨越"拼价格"的发展阶段，通过提升产品技术含量、提高品牌影响力、增强服务能力，及不断增强创新能力，逐步形成新的国际竞争优势。

8.1 影响货物定价的因素

------------------- 案例 -------------------
货物涨价，买方是否需补差价损失

【案例正文】 ▶━━━━━━━━

某年3月5日，马来西亚买方与中国卖方签订进口某品牌空调的合同：卖方在12月7日前交付买方空调200台，总价值为10万美元，货到3日内全部付清货款。7月7日，中国卖方来函：因空调价格上涨，全年供不应求，除非马来西亚买方同意支付11万美元，否则卖方将不交货。马来西亚买方不同意，并曾于7月7日询问另一家公司以寻找替代物。新供应商可以在12月7日前交付200台空调，但要求支付价款10.6万美元。买方未立即补进。12月7日，买方以11.1万美元的价格向另一供应商补进200台空调。对于差价损失，买方要求卖方赔偿。

【讨论问题】 ▶━━━━━━━━

请问：影响价格上涨的因素有哪些？补进属于哪种救济方式？买方的要求是否合理？

【参考答案】 ▶━━━━━━━━

影响价格变动的因素很多，如品质因素、季节因素、地区因素、成交数量因素、支付条件因素以及软硬币因素，但是公司在决定出口价格时的基础是国内企业的成本。补进属于一种损害赔偿的救济方法，补进制度是运用最广泛的一种补救方法，并不妨碍其同时提出损害赔偿。买方的要求不合理，根据CISG第77条的规定，"声称另一方违反合同的一方，必须按情况采取合理措施，减轻由于另一方违反合同而引起的损失。如果他不采取措施，则违反合同的一方可以要求从损害赔偿中扣除原应可以减轻的损失数额"。本案中，买卖双方未对涨价问题达成协议，导致卖方不交货，实际上已构成卖方的违约，在这种情况下，买方应该宣布撤销合同，并从其他供应商那里进货，以减轻损失。但是买方虽然在7月7日询问过另一家，但实际上12月7日才补进，因此，买方所要求的差价损失不能予以赔偿，而只能得到合同规定的价格和宣布合同无效时的时价（即7月7日前后的市场价）之间的差额。

8.2　作价方法

8.2.1　固定作价

案例

固定作价与价格转换

【案例正文】

中国某出口公司就木材出口对外发价，300美元/公吨，FOB深圳盐田，现外商要求中方将价格改为CIF汉堡。

【讨论问题】

（一）中国出口公司对价格应如何调整？

（二）如果最终按CIF伦敦条件签订合同，则买卖双方在所承担的责任、费用和风险方面有何不同？

【参考答案】

（一）固定作价这种做法在国际货物买卖中很普遍，具体做法是：交易双方通过协商就计量单位、计价货币、单位价格和使用的贸易术语达成一致，在合同中以单价条款的形式规定下来，采用这种方法时，合同价格一经确定，就要严格执行，除非合同中另有约定，或经双方当事人一致同意，否则任何一方不得擅自更改。原报价为每公吨300美元，FOB深圳盐田，现外商要求中方将价格改为CIF汉堡，中方应调高对外报价，因为以CIF价格成交时，中方需要负担从装运港至目的港的正常运费和保险费。

（二）如果最终中方以CIF术语成交，则卖方不但增加了订立运输合同和办理保险手续的责任，还增加了从装运港至目的港的正常运费和保险费这两项费用的负担。不论以FOB还是CIF术语成交，买卖双方承担的风险都以船舷为界。

8.2.2　暂不固定价格

-------- 案例 --------

花生油非固定作价的纠纷案

【案例正文】■

法国甲方与广东乙方签订一份为期10年的供货合同，合同中规定："甲每月供应20吨甲级橄榄油，价格每3个月议定1次。"又规定："双方发生争议时，应提交仲裁处理。"合同执行半年后，甲提出："因合同的价格未明确，主张合同无效"。从此，甲方不再为乙方提供货物。

【讨论问题】■

请问：合同的价格是否明确？甲方能否以此为理由主张合同无效？

【参考答案】■

合同的价格明确。甲方不能以此为理由主张合同无效。国际货物买卖合同中的作价方法，主要有固定作价，非固定作价和部分固定、部分不固定作价等。非固定作价具体做法上包括合同中只规定作价方式，具体作价留待以后确定。本案就属于这种情形，因此不能认为合同的价格不明确，甲方不能以此为理由主张合同无效。

8.2.3　暂定价格

-------- 案例 --------

为避免因油价上涨而受损，应如何调整条款

【案例正文】■

中国某公司根据分析部门的分析数据，判定油价每上涨1%，公司产品每件成本将增加2美元。为避免因油价上涨而受损，公司决定拟在报价单上加注油价调整条款。

【讨论问题】■

请问：上述属于货物的什么定价方式？应如何表述？

【参考答案】■

属于非固定作价（暂定价格）。由于该公司产品的成本与油价有密切联系，所以油价上涨，产品成本将会有大幅度的增加。如果不能随时调整货价，该公司可能会因油价的变动而发生较大的损失。因此，为了避免这种风险，应该在报价中加注油价调整条款，声明货价将随油价上涨而适当地调整。对这种条款，进口商基于公平诚信的原则，会予以接受。

这一条款可以表述如下："油价调整条款：本产品油价将基于中国石油公司所颁布的石油价格。油价每上涨1%，本产品价格将上涨2美元/件。"

这一做法与非固定作价（暂定价格）的原理相同，即为避免价格风险，买卖双方在洽谈某些市价变化较大的货物的远期交易时，可先在合同中规定一个暂定价格，待日后交货期前的一定时间，再由双方按照当时市价商定最后价格。

8.2.4　滑动价格

案例

滑动价格该如何计算

【案例正文】

山东省某公司根据分析部门的分析数据，将其小麦种子的基础价格按下列调整公式调整：$P=P_0×（A+B×M/M_0+C×W/W_0）$。其中，$P$是商品交付时的最后价格，$P_0$为签约时的基础价格；$M_0$为签约时有关原材料的价格或指数，$M$为交货时有关原材料的价格或指数；$W_0$为签约时有关工资的平均数或指数，$W$为交货时有关工资的平均数或指数；$A$为经营管理费用及利润在价格中所占比重；$B$为原材料在价格中所占比重；$C$为工资在价格中所占比重。$A$、$B$、$C$是签约时在合同中有关价格的三个比例常数，$A$、$B$、$C$所代表的比例在合同中确定后固定不变，$A$、$B$、$C$之和等于百分之百。因此，$P$也可以看作是$P_0$的比例变动数。如果价格所含内容更多，则构成因素还可以扩展。

【讨论问题】

请问：以上属于什么定价方式？

【参考答案】

属于部分固定、部分不固定作价（滑动价格）：指签订合同时先规定一个基础价，交货时再按工资、原材料价格变动指数对基础价作出调整，以确定最后价格。对于某些机械设备原材料（如本案例的小麦种子），从签订合同到最后执行，要经过相当长一段时间，为了避免原材料、劳动力报酬（工资）等发生变动而给买卖双方造成价格风险，可以采用滑动价格。滑动价格是在签约时先确定一个基本价格（Basic Price），交付时按原材料和工资的实际变动率做调整。

8.3 价格换算

8.3.1 净价之间的换算

一、CIF价格换算为FOB价格

案例

中国公司能否接受法方CIF报价

【案例正文】 ■

广州市某民营出口公司向XX国某进口公司就某类出口商品询价，XX国客户报价为每长吨400欧元，CIF马赛，而广州市某民营出口公司对该商品的内部掌握价为每长吨人民币2 978元，FOB深圳。当时中国银行的外汇牌价：每100欧元的买入价为人民币938.12元，卖出价为人民币942.35元。广州市某民营出口公司备有现货，只要不低于该公司的内部掌握价，即可出售。现该商品自中国某口岸至汉堡港的运费为每长吨人民币598元，保险费为每长吨人民币102元。

【讨论问题】 ■

请问：广州市某民营出口公司能否接受此报价，为什么？

【参考答案】 ■

广州市某民营出口公司可以接受此报价。比较中方FOB报价与法方CIF价格，XX国某进口公司报价为每长吨400欧元，CIF马赛，折合FOB人民币报价为：4×938.12−598−102=3 052.48（元）。而广州市某民营出口公司对该商品的内部掌握价为每长吨人民币2 978元，FOB深圳。因此，经过比较，法方给出的价格高于广州市某民营出口公司的内部掌握价，故广州市某民营出口公司可以接受此报价。

二、FOB价换算为CIF价

案例

FOB价改报为CIF价

中国香港某公司拟向美国出口锌锭，原报价为1 600美元/吨，FOB中国香港，现外商要求改报CIF纽约价，并含2%佣金。该产品从中国香港至纽约的运费为100美元/吨，保险费率为0.5%，加成10%投保。

【讨论问题】 ■

请问：CIF价格是多少？

【参考答案】

CIF价 =（FOB价+运费）÷［1-（1+投保加成率）×保险费率］

= （1 600+100）÷［1-（1+10%）×0.5%］=1 709.4（美元）

三、CIF价格换算为CFR价格

------ 案例 ------

报价能否保证外汇净收入不变

【案例正文】

我国某企业出口某商品，对外报价为每箱50美元，CIF横滨，国外客户要求改报CFRC5大阪，保险金额为发票金额加1成，保险费率为1.05%，我方业务员报价为52美元。

【讨论问题】

请问：此报价能否保证外汇净收入不变？

【参考答案】

此报价不能保证外汇净收入不变。比较CFR净价，按原来的CIF报价转换成CFR净价为：50×（1-1.1×1.05%）=49.42（美元），而按52美元CFRC5转换成CFR净价为：52×（1-5%）=49.4（美元）。由此可见，我方业务员按52美元报的CIFC5价格，转换成净价后，每箱少了0.02美元。因此，不能保证外汇净收入不变，而是减少了。

8.3.2 净价与含佣价之间的换算

一、佣金与折扣（净价改报含佣价）

------ 案例1 ------

CIF纽约改报4%含佣价

【案例正文】

我国某公司对外报价某商品2 000美元/公吨，CIF纽约，外商要求改报4%含佣价。

【讨论问题】

请问：在保证我方净收入不变的情况下，我方应该报含佣价为多少？

【参考答案】

含佣价=净价÷（1-佣金率）

CIFC4%=CIF净价÷（1-佣金率）=2 000÷（1-4%）=2 083.33（美元）

------------------------------ 案例 2 ------------------------------

CFR佣金和外汇净收入

【案例正文】■━━━━━━━━━━━━━━━━━━━━━━━━━━━━━━━━━━

我国某外贸企业与英国商人达成一笔交易，合同规定我方出口某商品500长吨，每长吨450美元，CFRC2%利物浦，海运运费为每长吨29美元，出口收汇后，我国某外贸企业向英商汇付佣金。

【讨论问题】■━━━━━━━━━━━━━━━━━━━━━━━━━━━━━━━━━━

请计算：

（一）该出口企业向中国银行购买支付佣金的美元共需多少人民币？

（二）该出口企业的外汇净收入为多少美元？（100美元=827.36人民币）

【参考答案】■━━━━━━━━━━━━━━━━━━━━━━━━━━━━━━━━━━

（一）佣金=含佣价×佣金率=500×450×2%=4 500（美元）

　　　换汇所需人民币=外汇×汇率=4 500×8.2736=37 231.2（人民币）

（二）外汇净收入=收入−运费=500×450×（1−2%）−500×29=206 000（美元）

二、佣金与折扣（折扣额和实收外汇）

------------------------------ 案例 ------------------------------

FOB换算折扣额和实收外汇

【案例正文】■━━━━━━━━━━━━━━━━━━━━━━━━━━━━━━━━━━

某出口商品对外报价为每件50美元，FOB上海，含3%折扣。

【讨论问题】■━━━━━━━━━━━━━━━━━━━━━━━━━━━━━━━━━━

请问：如出口该商品1 000件，则其折扣额和实收外汇各是多少？

【参考答案】■━━━━━━━━━━━━━━━━━━━━━━━━━━━━━━━━━━

折扣额=含折扣价×折扣率=1 000 ×50 ×3%=1 500（美元）

实收外汇=净价=含折扣价×（1−折扣率）=1 000 ×50 ×（1−3%）=48 500（美元）

8.3.3 出口商品盈亏率、换汇成本和外汇增值率的计算方法

------------------------------ 案例 1 ------------------------------

CIF纽约出口换汇成本案

【案例正文】■━━━━━━━━━━━━━━━━━━━━━━━━━━━━━━━━━━

上海某公司向美国一公司出售一批货物，出口总价为20万美元，CIF纽约，其

中从上海到纽约的海运费为8 000美元，保险按CIF总价的120%投保一切险，保险费率为2%，这批货物的出口总成本为人民币120万元。

【讨论问题】

请问：这笔交易是否划算？（中国银行外汇卖出价为6.38人民币/美元）

【参考答案】

此项交易并不划算。可通过比较这笔交易的出口换汇成本与银行的外汇卖出价来分析此交易是否划算。根据案例，出口换汇成本=出口总成本（人民币）÷出口外汇净收入（美元）=出口总成本÷（CIF-F-I）=1 200 000÷［200 000-8 000-（200 000×1.2×2%）］=6.41人民币/美元。由于出口换汇成本高于银行外汇卖出价，故此项交易并不划算。

```
---------- 案例2 ----------
    如何确定交易的换汇成本和盈亏率
```

【案例正文】

我国A公司向新加坡B公司出售一批货物，出口总价为10万美元，CIF新加坡，其中从大连港运至新加坡的海运运费为4 000美元，保险按CIF总价的110%投保一切险，保险费率为1%。这批货物的出口总成本为人民币54万元，结汇时，银行外汇买入价为1美元折合人民币6.2元。

【讨论问题】

请问：这笔交易的换汇成本和盈亏额是多少？

【参考答案】

FOB=CIF-保险费-运费=CIF-CIF×（1+10%）×保险费率-运费

　　=100 000-100 000×（1+10%）×1%-4 000=94 900（美元）=588 380（人民币）

换汇成本=出口总成本（本币）÷出口外汇净收入（美元）=540 000÷94 900

　　=5.6902（人民币/美元）

出口盈亏率=［出口外汇净收入（本币）-出口总成本（本币）］÷出口总成本（本币）×100%

　　=（588 380-540 000）÷540 000×100%=8.96%

出口盈亏额=588 380-540 000=48 380（人民币）

8.4 合同中的定价条款

------------------------------ 案例 1 ------------------------------

交货 10 天后发现缺陷，仍能拒绝付款吗

【案例正文】▮━━━━━━━━━━━━━━━━━━━━━━━━━━━━━━

2022 年 9 月 20 日，广州市买方 A 在交货后 10 多天后声称该货物在交付时有缺陷，仅支付了其中某项仪器的款项而拒绝对该货物全部付款。因无法达成一致，所以卖方起诉买方要求支付货款，并按 4% 的利率支付利息。

【讨论问题】▮━━━━━━━━━━━━━━━━━━━━━━━━━━━━━━

请问：买方做法是否合理？若要支付欠款利息，则起息日应从什么时候起算？

【参考答案】▮━━━━━━━━━━━━━━━━━━━━━━━━━━━━━━

买方做法不合理。法院经审理后认为，根据 CISG 第 39 条第 1 款规定，买方应当在发现或理应发现货物与合同不符后的一段合理时间内发出通知。考察本案的交易情形，一周的时间应当是足够的，但买方在交货 10 多天后才发出通知，超过了合理期限（买方的举证证明最早的通知时间是 10 月 3 日），因而买方丧失了主张货物与合同不符的权利。

根据 CISG 第 58 条第 1 款规定，货物交付时买方即有义务付款。如果买方未能按期付款，则应向卖方支付欠款的利息（CISG 第 78 条）。本案中，卖方 9 月 20 日交货，并于当天开出的发票中要求 30 日内付款，因而利息应当自 10 月 20 日起算。

根据法学理论和判例法，利率应按照有关国际私法规则指向的国内法确定，而卖方主张的 4% 的利率无论依据瑞士法律还是依据德国法律都是合法的。

------------------------------ 案例 2 ------------------------------

买方是否应承担延迟支付价款产生的利息

【案例正文】▮━━━━━━━━━━━━━━━━━━━━━━━━━━━━━━

某年，买方 DG 公司向 RZ 公司订购一批某品牌的真皮雪靴。合同规定该品牌的真皮雪靴应分 6 批交付，按照合同，货款按规定在每个月的一个固定日期进行支付。但是，买方在收到最后一批真皮雪靴货物 13 周后才支付了价款。卖方起诉买方，要求支付迟延这批真皮雪靴货物的付款所产生的利息以及其他费用。此后，买方抗辩说，除了发票外，他没有收到卖方提出的任何关于真皮雪靴货物的付款要求；买方还提出因为是卖方交货迟延，所以才影响了该品牌的真皮雪靴的季节性

销售。

【讨论问题】■━━━━━━━━━━━━━━━━━━━━━━━━━━━━

请问：卖方的要求是否合理？请说明理由。

【参考答案】■━━━━━━━━━━━━━━━━━━━━━━━━━━━━

卖方的要求合理。法院认为卖方有权收取这批真皮雪靴货物价款的利息，利息自每笔真皮雪靴货物款项应当支付之日起计算（CISG第59条和第78条）。法院特别指出，根据CISG第59条，买方DG公司应当在约定的日期立即支付该批真皮雪靴货物的款项，无须卖方RZ公司对此提出任何要求。而对于利率，法院认为，应依据国际私法规则确定所适用的国内法来解决，本案中应适用卖方RZ公司营业地的法律，即RZ公司所属国的法律，因而法院适用RZ公司所属国法律作出判决。

此外，法院还判决卖方RZ公司有权获得其所支付的代理人费用，作为买方DG公司迟延这批某品牌真皮雪靴的付款对其所造成的损失的补偿（CISG第74条）。

对于买方DG公司提出的卖方RZ公司迟延交货问题，法院认为买方没有在合理时间内发出通知，因而丧失了主张退延交货的权利（CISG第39条）。法院认为，对于本批真皮雪靴的季节性商品的质量与合同不符，另一方应当自发现或理应发现这种不符之日起迅速提出。

┌─────────────── 案例 3 ───────────────┐
│ **发票尚未收到是否可作为不支付货款的理由** │
└─────────────────────────────────────┘

【案例正文】■━━━━━━━━━━━━━━━━━━━━━━━━━━━━

我国X公司作为卖方与国外Y公司签订了一份四批次的皮革制品合同，双方因价款发生了争议。X公司起诉Y公司，要求支付全额、不打折扣的皮革制品购货价款和偿付被拒付的支票。Y公司针对X公司的请求提出以下几个方面的抗辩：一方面，对皮革制品索偿金额提出异议，认为，买方Y公司已经支付了部分皮革制品的价款；有两批皮革制品货物的发票尚未收到；部分皮革制品货物有缺陷，应当降低其价格。此外，买方Y公司提出反诉，认为卖方X公司有部分皮革制品货物此时仍未交付，导致买方Y公司无法将它们发送给自己的客户，由此造成买方的损失应当从卖方价款中抵扣。初审法院支持了卖方的要求，买方提出上诉。

【讨论问题】■━━━━━━━━━━━━━━━━━━━━━━━━━━━━

请问：卖方所作出的抗辩是否合理？

【参考答案】

法院驳回了买方的上诉，认为卖方有权要求买方全额支付货款（CISG 第 53 和第 62 条）。一方面，法院认为，买方有义务证明它已经履行关于皮革制品的义务，至于买方是否收到所有发票并不重要，因为该皮革制品的货款必须在应支付日期支付，无须卖方进一步催付（CISG 第 59 条）。除此之外，法院认为，尽管按通常理解可以看出，买卖双方曾商定了皮革制品的折扣付款安排，但因买方没有满足该安排的条件，所以买方减少付款的任何理由都无法接受；最后，法院还认为，由于买方并没有及时去通知卖方，具体告知皮革制品货物不符要求，所以买方无权降低价格。对于买方提出的抵扣要求，按照法律，买方在没有正当理由的情况下拒付部分皮革制品的预付价款，因此应否定买方就卖方拒绝交付其他皮革制品提出的损害赔偿，因为卖方未继续交货是买方不支付预付价款造成的。

综合案例：价格约定的缺少是否影响合同的成立

新加坡 A 公司与中国 B 公司就红富士苹果买卖销售合同纠纷案

2002 年 9 月 11 日，新加坡 A 公司与中国 B 公司签订"苹果买卖协议书"，协议约定，B 公司负责在 2002 年 9 月 1 日至 11 月 10 日之间，向农户最低收购套袋红富士苹果一级品 5 000 吨，交货条件为 EXW 中国烟台 C 气调库，出口报关手续由 B 公司办理，费用由 A 公司承担。A 公司承诺在 2002 年 9 月至 12 月月末期间提货 2 000 吨，余下 3 000 吨在 2003 年 1 月至 8 月提取完毕；协议项下苹果的价格由双方于 2002 年 11 月上旬协商确定；A 公司应在货物提取后的 1 个月内将货款汇至 B 公司指定账户，否则，B 公司有权停止继续发货，并由 A 公司承担延期付款期间的货款利息（按当时贷款利率计算）；协议履行过程中双方所签订的补充协议和本协议具有相同的法律效力。

对 2002 年 9 月至 12 月月末期间应当交付的 2 000 吨苹果，双方已在约定的期间内履行完毕。对另外 3 000 吨苹果，B 公司没有发货。

2003 年 3 月 10 日，A 公司法定代表人侯丹与 B 公司业务人员刘军就尚未发货的 3 000 吨苹果的交付问题签订"补充协议书"，协议约定，A 公司自 2003 年 3 月份开始提取 B 公司在气调仓库中存储的 3 000 吨红富士苹果，在 2003 年 8 月 31 日前提取完毕。出库价格为：10 公斤小箱装的，人民币 5 900 元/吨，20 公斤大箱装的，人民币 5 750 元/吨。

2003 年 4 月 9 日，双方对截至当日的包含本案所涉业务的结算情况核对后书写对账单。对账结果为：至 2003 年 4 月 9 日，A 公司拖欠 B 公司尾款 1 036.16 美元。

A 公司分别于 2003 年 4 月 21 日、4 月 30 日发给 B 公司电报，要求 B 公司根据双方签订的"协议书"和"补充协议书"履行 3 000 吨气调库存苹果的交货义务。B

公司于2003年4月27日、5月2日回电称，对应发货物的总量存有疑义，并否认双方签订过任何补充协议，主张不存在继续履行的问题。

2003年5月9日，A公司起诉至青岛中级法院，请求法院判令B公司继续履行合同或赔偿A公司经济损失84万美元。

B公司抗辩认为：（1）其业务员刘军与A公司的法定代表人侯丹的签约行为事先未经公司授权，事后未经公司追认，因此公司不应承担责任；（2）双方对3 000吨气调库存苹果的价格没有协商一致，合同无法履行；（3）A公司收到货物后违反合同约定，多次拖延付款，B公司依据协议有权拒绝气调库存苹果的发货，请求法院驳回A公司的诉讼请求。

补充事实：

1. A公司持有B公司向其出具的刘军的介绍信、名片及借款凭证等书证材料一宗和录音资料一份，用以证明刘军是代表B公司与A公司发生业务往来的人员，其行为属职务行为，B公司对刘军签订"补充协议书"的行为已明知，但B公司对刘军的签约行为声称不予授权或追认。

2. A公司与新加坡建成生果私人有限公司（以下简称"建成公司"）签订有"贸易合同"和"赔偿协议"。根据该合同和协议，因B公司违约未供货，造成A公司未能履行与建成公司的合同，按约向建成公司给付了相当于违约金36万美元的苹果作为补偿，同时遭受了可得利益损失。

【案例使用说明】▪━━━━━━━━━━━━━━━━━

一、教学目的与用途

本案例适用于"国际贸易销售合同"中关于价格条款及合同成立的知识点教学。案例的编写目的是，通过对案例中描述的各个争议焦点的讨论，引导学生领会价格条款的相关法律规定，培养学生处理价格条款缺失问题的实践能力。通过阅读、分析和讨论本案例资料，帮助学生思考和掌握下列具体问题：一是价格条款定价方式包括哪些内容；二是价格条款缺失的法定责任是什么；三是价格条款缺失是否会影响合同的成立。

二、讨论问题

（一）请总结出本案的主要案件事实与争议焦点。

（二）请总结出本案合同纠纷所涉及的具体法律规定与相关法院判例概要。

（三）请讨论以下对背景材料中合同纠纷的思考。

1.2003年3月10日刘军签约行为的后果应否由B公司承担？

2.B公司在介绍信中介绍刘军身份是副经理，到A公司是做商务考察。介绍信中的内容能不能证明刘军可以代表B公司签约？

3.刘军的名片上记载的身份是B公司的副经理，其名片能不能证明其有权对外签订买卖合同？

4.由刘军在其他借款合同上的签字能不能推定出其有权签订本案双方争议的补

充协议？

5.2003年3月10日，刘军与侯丹签订的"补充协议书"上只有刘军个人签名，没有B公司的印章，能否仅仅凭此判定《补充协议书》无效？

6.2002年9月11日B公司与A公司签订的"协议书"对于2003年需要履行交货的那3 000吨苹果是否继续有效？

7.假设B公司与A公司的苹果销售合同合法有效，B公司是否应对A公司对"建成公司"的36万美元违约金作出赔偿？

三、分析思路

本案涉及价格条款在合同中所处的地位及其缺失所承担的法律责任问题，建议课堂讨论按照以下思路进行：

第一，讨论本案中合同价格条款定价的方式是什么。

第二，讨论价格条款缺失对买卖双方造成怎样的影响。

第三，讨论价格条款的缺失，是否会影响合同成立，及合同有效成立的要件是什么。

四、理论依据与分析

（一）《中华人民共和国民法典合同编》

1.要约

要约是希望和他人订立合同的意思表示，该意思表示应当符合下列规定：内容具体确定；表明经受要约人承诺，要约人即受该意思表示约束。

2.合同约定不明的补救

合同生效后，当事人就质量、价款或者报酬、履行地点等内容没有约定或者约定不明确的，可以协议补充；不能达成补充协议的，按照合同有关条款或者交易习惯确定。

3.合同约定不明时的履行

当事人就有关合同内容约定不明确，依照本法第61条的规定仍不能确定的，适用下列规定：价款或者报酬不明确的，按照订立合同时履行地的市场价格履行；依法应当执行政府定价或者政府指导价的，按照规定履行。

当事人一方不履行合同义务或者履行合同义务不符合约定的，在履行义务或者采取补救措施后，对方还有其他损失的，应当赔偿损失。

当事人一方不履行合同义务或者履行合同义务不符合约定，给对方造成损失的，损失赔偿额应当相当于因违约所造成的损失，包括合同履行后可以获得的利益，但不得超过违反合同一方订立合同时预见到或者应当预见到的因违反合同可能造成的损失。

（二）CISG Article 55

Where a contract has been validly concluded but does not expressly or implicitly fix or make provision for determining the price, the parties are considered, in the absence of any indication to the contrary， to have impliedly made reference to the price generally charged at the time of the conclusion of the contract for such goods sold under comparable circumstances in the trade concerned.

五、参考答案

（一）案件事实

1. 协议项下余下的 3 000 吨苹果价格未定，由双方于 2002 年 11 月上旬协商确定。

2. 协议履行过程中双方所签订的补充协议和本协议具有相同的法律效力。

3. A 公司持有 B 公司向其出具的刘军的介绍信、名片及借款凭证等书证材料一宗和录音资料一份，用以证明刘军是代表 B 公司与 A 公司发生业务往来的人员，其行为属职务行为，B 公司对刘军签订"补充协议书"的行为已明知，但 B 公司对刘军的签约行为声称不予授权或追认。

4. A 公司与新加坡建成生果私人有限公司（以下简称"建成公司"）签订有"贸易合同"和"赔偿协议"。根据该合同和协议，因 B 公司违约未供货，造成 A 公司未能履行与建成公司的合同，按约向建成公司给付了相当于违约金 36 万美元的苹果作为补偿，同时遭受了可得利益损失。

（二）争议焦点

1. B 公司业务员刘军的签约行为是否拥有公司授权？协议项下余下的 3 000 吨苹果的补充协议是否有效？A 公司是否需继续履行合同？

2. 因 B 公司违约未供货，造成 A 公司未能履行与建成公司的合同，所造成的经济损失 36 万美元损失是否需 B 公司承担？

（三）总结本案合同纠纷所涉及的具体法律规定与相关法院判例概要

1.《中华人民共和国民法典合同编》

第 14 条　要约

要约是希望和他人订立合同的意思表示，该意思表示应当符合下列规定：（一）内容具体确定；（二）表明经受要约人承诺，要约人即受该意思表示约束。

第 61 条　合同约定不明的补救

合同生效后，当事人就质量、价款或者报酬、履行地点等内容没有约定或者约定不明确的，可以协议补充；不能达成补充协议的，按照合同有关条款或者交易习惯确定。

第 62 条　合同约定不明时的履行

当事人就有关合同内容约定不明确，依照本法第 61 条的规定仍不能确定的，适用下列规定：价款或者报酬不明确的，按照订立合同时履行地的市场价格履行；依法应当执行政府定价或者政府指导价的，按照规定履行。

第 112 条　当事人一方不履行合同义务或者履行合同义务不符合约定的，在履行义务或者采取补救措施后，对方还有其他损失的，应当赔偿损失。第 113 条当事人一方不履行合同义务或者履行合同义务不符合约定，给对方造成损失的，损失赔偿额应当相当于因违约所造成的损失，包括合同履行后可以获得的利益，但不得超过违反合同一方订立合同时预见到或者应当预见到的因违反合同可能造成的损失。

2.CISG Article 55

Where a contract has been validly concluded but does not expressly or implicitly fix or make provision for determining the price, the parties are considered, in the absence of any indication to the contrary, to have impliedly made reference to the price generally charged at the time of the conclusion of the contract for such goods sold under comparable circumstances in the trade concerned.

六、背景材料中合同纠纷的思考

（一）2003年3月10日刘军签约行为的后果是否应由B公司承担

刘军签约行为的后果是否应由B公司承担，需看刘军的签约行为有无得到B公司的授权，从文中事实可知，A公司举证的刘军的介绍信、名片及借款凭证等书证材料一宗和录音资料一份，只能用以证明刘军是代表B公司与A公司发生业务往来的人员，但无签约授权书，其签约行为未得到B公司的授权，应忠于事实，客观判断，不可附加主观因素，因此不应B公司承担。

（二）B公司在介绍信中介绍刘军身份是副经理，到A公司是做商务考察。介绍信中的内容能不能证明刘军可以代表B公司签约？

该问题同样是讨论刘军是否具有签约能力的问题，B公司在介绍信中介绍刘军身份是副经理，到A公司是做商务考察，同样未能证明刘军拥有签约的授权，因此不能证明刘军可以代表B公司签约。

（三）刘军的名片上记载的身份是B公司的副经理，其名片能不能证明其有权对外签订买卖合同？

该问题同样是讨论刘军是否具有签约能力的问题，根据合同"忠于原文"的原则，对于合同原文不得断章取义，不得加进任何主观判断，名片仅仅记载刘军的身份是B公司的副经理，同样不能证明刘军可以有权对外签订买卖合同。

（四）刘军在其他借款合同上的签字能不能推定出其有权签订本案双方争议的补充协议？

该问题同样是讨论刘军是否具有签约能力的问题，根据合同"忠于原文"的原则，对于合同原文不得断章取义，不得加进任何主观判断，刘军在其他借款合同上的签字不能代表已授权其对补充协议签字。

（五）2003年3月10日，刘军与侯丹签订的"补充协议书"上只有刘军个人签名，没有B公司的印章，能否仅仅凭此判定"补充协议书"无效？

根据国际货物销售合同成立的条件，它的成立必须具备民法中所规定的一般条件，即行为主体、意思表示和行为内容，亦即所谓的合同标的。其中，意思表示和行为内容是通过"有效的要约被有效地承诺"实现的，而要约与承诺的有效性也取决于它们是否满足了法律规定的特定条件。

案情中，双方的行为主体（A公司与B公司），意思表示及行为内容（除价款外，质量、数量、运输等条款）均具体确定，价格条款可以依据《中华人民共和国合同法》第62条规定按照订立合同时履行地的市场价格予以确定，而该市场价格可以简单地从双方订立的原协议书中履行。

因此，有无个人签名及印章不影响合同的有效性，除非双方约定，否则不能凭有无签名或签章判定协议书无效。

（六）2002年9月11日B公司与A公司签订的"协议书"对于2003年需要履行交货的那3 000公吨苹果是否继续有效？

关于B公司与A公司签订的"协议书"对于2003年需要履行交货的那3 000公吨苹果是否继续有效，双方都把精力集中在关于价格条款的补充协议是否成立的问题上。由于本案双方同意适用《中华人民共和国合同法》解决争议，我们可以暂且假设补充协议不成立，根据《中华人民共和国合同法》，原协议书中关于存于气调库的3 000吨苹果的买卖合同是成立的，因为原合同中双方已经清楚表明该3 000吨苹果的买卖意愿。价格约定的缺少，并不影响此部分合同的成立，也不会阻碍此部分合同的执行，因为价格问题完全可以依据《中华人民共和国合同法》第62条规定按照订立合同时履行地的市场价格予以确定，而该市场价格可以简单地从双方订立的原协议书中找到。

因此，2002年9月11日B公司与A公司签订的"协议书"对于2003年需要履行交货的那3 000吨苹果应继续有效。

（七）假设B公司与A公司的苹果销售合同合法有效，B公司是否应对A公司对建成公司的36万美元违约金作出赔偿？

在合同违约责任范围的界定与博弈中，经常存在"间接损失"的问题，间接损失又称所失利益，指失去的可以预期取得的利益。可以获得的预期的利益，简称可得利益。在当事人没有另行约定的情况下，应参照相关法律法规。

根据《中华人民共和国合同法》第113条规定，当事人一方不履行合同义务或者履行合同义务不符合约定，给对方造成损失的，损失赔偿额应当相当于因违约所造成的损失，包括合同履行后可以获得的利益，但不得超过违反合同一方订立合同时预见到或者应当预见到的因违反合同可能造成的损失。

根据案件事实，B公司要求赔偿金额36万美元，是否为可合理预见到的？我们需要对此进行分析。本案件合同的赔偿涉及两部分：一是B公司的合理利润；二是A公司违约导致B公司分销合同违约的罚金赔偿。

第一，对于B公司的合理利润，这是一个事实问题。苹果贸易的平均利润可以调查，索赔方也负有举证责任，法官或仲裁员认为有必要也可以委托机构去调查。此外，平均利润率可以按照10%左右来认定，或者依据法律，如我国税法规定对宣称没有销售的部分征税时按照10%的利润率计算。

第二，对于 A 公司违约导致 B 公司分销合同违约的罚金赔偿需坚持合理的赔偿金额，仍然依据事实。通常在买卖合同履行过程中卖方违约的，买方的补救办法就是去买替代货物。秋天的苹果价钱和春天的苹果价钱的差距若无特殊情况，应是业内常识。那么，A 公司应该能够预见到如果春天不提供苹果，B 公司就需要以比秋天每公斤多约 2 元人民币的价钱去补进苹果来供应超市，因此，按 3 000 吨苹果计算，约损失 600 万元人民币，按当年汇率 1 美元=8 元人民币计算，约合 70 多万美元，B 公司必定向上一家 A 公司索赔，这一点 A 公司应该能够合理预计得到，但实际索赔才 36 万美元，比 70 多万美元少。

综上所述，A 公司应赔偿 B 公司要求的金额 36 万美元。

七、关键要点

阅读本案例并正确回答讨论思考题，需要学生把握以下要点：

（一）货物买卖合同的订立是一种民事行为，它的成立必须具备民法中所规定的一般条件，即行为主体、意思表示和行为内容，亦即所谓的合同标的。

（二）CISG 以及各国的法律对要约内容具体的规定存在差异。CISG 第 14 条规定："一个建议如果写明货物并且明示或暗示地规定数量和价格或规定如何确定数量和价格，即为十分确定。"而美国的《统一商法典》则规定，要约的内容即使不十分确定，只要当事人有明显的订约意图，法庭可以依法对不确定的内容作出补救。

（三）CISG 第 55 条规定："如果合同已有效订立，但没有明示或暗示地规定价格或规定如何确定价格，在没有任何相反表示的情况下，双方当事人应视为已默示地引用订立合同时此种货物在有关贸易的类似情况下销售的通常价格。"

第九章 货物的交付

开篇案例

货物在转运过程中被调包，转运增加货物遗失风险

【案例正文】

2022年4月，业务员李芳在某国出差期间被客户王军投诉，称其在出口某国一批VK品牌皮包时，有几个集装箱里装的是垃圾。

李芳收到客户王军投诉后，立即约见客户王军一起去到岸港口调查，发现货物VK牌皮包仍然在关内，之前的开箱必然是在海关监管下进行的，不可能是客户王军把货物VK牌皮包换成了垃圾；而且该客户王军与业务员李芳有很长时间的合作关系，所以也不大可能做手脚。另外，VK牌皮包的工厂也不可能做了手脚，因为在出口发货时，是业务员李芳和通用公证行的工作人员一起到工厂监督装箱的。剩下的可能就是在海运过程中被调包了。于是业务员李芳在客户王军的协助下办了一系列海关手续，在海关关员监管下重新开箱，集装箱内果然是各种压缩过的铁垃圾。业务员李芳在拍照取证过程中发现，这些铁垃圾很多都是牛奶桶，上边的商标都是阿拉伯语。倒铁垃圾的船大多是在阿联酋的迪拜港中转的，业务员李芳推测VK牌皮包可能是在中转港被调了包，通过追查搜集证据，证实了这一点。后来，船公司和保险公司赔偿了业务员李芳和客户王军的损失。

【涉及的问题】

在磋商合同时，允许转运对卖方比较有利，因为安排运输比较灵活，尤其在装运港和目的港较小、挂港的船舶和航次不多的情况下更是如此。但转运增加了货物受损和遗失的风险，尤其是高价值货物在转运过程中容易被调包。对买方来说，允许转运可能会延迟货物的到达时间、增加运输风险，办理索赔也比较困难；但在挂港船舶、航次较少时允许转运反而可以加快运输速度。

因此，由于在转运过程中容易发生货物被调包，一般来说，运送高价值货物应尽量采用直运，另外，应选择可靠的船公司或货代，要办理货代保险。我们在选择运输方式时，应具备全局观与细节意识，避免损失的发生。在本章的学习中，我们将会学到货物买卖的各种运输物流方式选择，认识货物装运过程中所需的单证及所接触的当事人，掌握合同中装运条款的相关法律知识。

思政案例

"远帆"轮定期租船合同纠纷案

2021年12月2日，原告广州HJ运贸公司与被告中国香港ZH船务有限公司签订了"定期租船合同"，合同约定了ZH船务公司租用HJ运贸公司所属的"远帆"轮，租期为半年（6个月），如租期未满还船，租方须按租金约定的66%，按从还船之日起至租约期满之日止所计算的实际天数支付租金。同日，原告广州HJ运贸公司与被告中国香港ZH船务有限公司签订了"补充协议"，即ZH船务公司同意HJ运贸公司在办妥"远帆"的有关证书之前，可以根据实际情况去调派同类型的"远航"轮替代，而租金不变。这些合同签订后，ZH船务公司于2021年12月3日通知HJ运贸公司指派"远航"轮开往中国香港装货。4日，"远航"轮抵中国香港待装，但是却意外发现HJ运贸公司并无备货。9日，ZH船务公司电话通知HJ运贸公司货源落空，"远航"轮遂于11日返回广州待命。到了2022年1月2日，ZH船务公司书面通知HJ运贸公司解除租船合同。随后，ZH船务公司多次向被告去函催付租金及有关费用，但ZH船务公司却称"远帆"轮的证书未办齐，且说调派"远航"轮运输安全没保障，因此拒绝支付租金。

海事法院认为，"定期租船合同"和"补充协议"是原告广州HJ运贸公司与被告中国香港ZH船务有限公司在平等、自愿、公平的原则下签订的，因此其是合法有效的，对双方具有约束力，HJ和ZH船务双方均应严格履行。"定期租船合同"虽然约定被告租用原告的"远帆"轮，但被告在"补充协议"中同意原告用"远航"轮顶替，并通知"远航"轮开往中国香港装货。因此，原告交付"远航"轮给被告并不违约。被告中国香港ZH船务有限公司已接受并实际使用了"远航"轮，应当支付租金。被告中国香港ZH船务有限公司因货源落空造成"远航"轮无货装运，与原告HJ运贸公司无关，因此不能免除被告支付租金的义务。

从本案可知，ZH船务公司在业务过程中实际上是存在失信问题的，不仅没按照合同要求按期交货，而且还进一步地将责任推卸至对方，虽然最终通过法律形式解决问题，但ZH船务公司也将会因失信而被列入行业的黑名单。因此，日后无论从事任何行业，做人做事都要言信行果。

9.1 货物运输方式

9.1.1 海洋运输的优点及不足

── 案例 ──

世界最大集装箱船在上海出坞，一次可装载 24 116 只标准集装箱

【案例正文】

2022年8月1日，中国船舶集团旗下沪东中华造船（集团）有限公司为地中海航运公司（MSC）建造的24116TEU超大型集装箱船在长兴造船基地顺利出坞。这是迄今为止全球建造的最大装箱量集装箱船，也是继今年6月22日完工交付中国首艘全球最大的24000TEU超大型集装箱船之后，沪东中华在全球顶级超大型集装箱船建造领域创下又一项新纪录，标志着世界超大型集装箱船建造步入中国船舶引领的新纪元。该船由沪东中华自主设计，拥有完全的自主知识产权，入DNV船级社（DNV是世界上最大的船级社，即管理船舶与海上结构物建造与运营技术认证的组织）。该船总长399.99米，比目前世界上最大的航母还要长60多米；型宽61.5米，甲板面积相当于近4个标准足球场；型深33.2米，最大堆箱层数可达25层，相当于22层楼的高度，可承载24万多长吨货物，一次可装载创纪录的24 116只标准集装箱，是目前全球装箱量最大的集装箱船，是名副其实的海上"巨无霸"和"带货王"。

【讨论问题】

请问：海洋运输的优点、不足是什么？怎样的货物不宜采用海洋运输？

【参考答案】

目前，国际贸易货物运输主要采用海洋运输方式，这是由于海洋运输具有许多优点：不受道路和轨道的限制；运输能力大；万长吨乃至数十万长吨的船舶可以在天然的航道上耗费较少的燃料拖载货物航行；运费一般比较低廉。但是，海洋运输也有不足之处，易受自然条件和气候等的影响，如海上出现暴风、巨浪等，运输就受到阻碍，风险也较大，而且普通商船的航行速度也比较慢。对于不能经受长途运输的货物和易受气候条件影响以及急需的货物，一般不宜采用海洋运输。本案例中的超大型集装箱船，是迄今为止全球建造的最大装箱量集装箱船，彰显出我国的大国风范及经济实力。

9.1.2　铁路运输

中欧班列助力"一带一路"高质量建设

【案例正文】

2022年11月2日，满载着100个集装箱货物的X8186次中欧班列从广铁集团增城西物流园缓缓驶出，将经由霍尔果斯口岸出境奔赴欧洲。这是粤港澳大湾区今年开出的第600趟中欧班列，比2021年全年增加276列，增幅达85%，开行数量再创新高。

中欧班列续写"丝绸之路"的传奇。从不被看好到一箱难求，中欧班列凭借其稳定、优惠、时间短等优势，逆流而上。如今中欧班列开行82条线路，通达欧洲24个国家的190多个城市，逐步"连点成线""织线成网"，累计开行超过5.7万列。中欧班列的运输货物品类也从开行初期的手机、电脑等IT产品，逐渐扩大到服装鞋帽、汽车及配件、粮食、葡萄酒、咖啡豆、木材等53大门类、5万多个品种，中欧班列已成为畅通中欧贸易的"加速阀"。

【讨论问题】

请问：铁路运输的优点是什么？中欧班列对于国际货物运输及文化交流的意义是什么？

【参考答案】

铁路运输的优点是，一般不受气候条件的影响，可保证全年的正常运输；速度较快、运量较大，有较强的连续性；货运过程遭受的风险较小。

中欧班列生动诠释了守望相助、休戚与共的人类命运共同体理念。中欧班列，就如同一位促进沿线各国深化合作、互利共赢的友好信使，让人类命运共同体的理念更加深入人心。

9.2 装运条款的法律性质

9.2.1 延迟交货的后果

案例

部分货物迟延1天交付构成根本性违约吗

【案例正文】◼▶────────────────────────

某年我国某公司向国外N公司出售一批休闲服装。根据合同的规定，卖方应在规定的期间内将货物休闲服装交给承运公司。合同履行后，双方当事人约定了这批休闲服装交货的具体日期，其中只有小部分货物仅仅迟延了1天交付，买方N公司没有付清全部款项，卖方因此提起了诉讼，要求买方N公司全额付款，并按年利率4.03%支付利息。买方则以卖方部分货物迟延交付为由进行抗辩。

【讨论问题】◼▶────────────────────────

请问：卖方延迟1天交货是否构成违约？

【参考答案】◼▶────────────────────────

卖方延迟1天交货不构成违约。对于买方提出的卖方部分货物迟延交付，卖方已经按照CISG第33条规定的交货日期履行了交货义务。即使双方当事人已经约定了交货的具体日期，其中只有小部分货物仅仅迟延1天也不能构成根本违约。根据CISG第25条规定，除非当事人对于交货期限作出绝对性的规定，任何迟延交付都构成对合同的根本违约；第33条规定，如果合同规定有一段时间，或从合同中可以确定一段时间，除非情况表明应由买方选定一个日期外，应在该段时间内任何时候交货。本案中，卖方按照第33条规定的交货日期履行交货义务，并不意味着要求买方在交货之日即能够取得对货物的占有，除非双方另有约定。根据CISG第49条第2款（a）项的规定，买方已经丧失了宣告合同无效的权利，因为对于卖方的迟延交货，买方没有在知道交货后的一段合理时间内宣告合同无效。最终，法院判决，卖方有权获得合同价款（CISG第53条）以及相应的利息（CISG第78条），但利息率应依据意大利国内法的规定来确定，因为卖方未能证明其获得更高利息率的理由。

虽然案例中，卖方延迟1天交货并不构成违约，但作为卖方，守时与诚信是交易的基本原则，大而言之，守时是一个国家发展的基石，小而言之，守时是一个人必备的素质，也是诚信的表现。

9.2.2　卖方有义务移交与货物有关的单据

---- 案例 ----

卖方交付不符合同规定的单据能否拒绝支付价款

【案例正文】■

某年，某国卖方HL公司向国外买方NX公司出售6批不同量的松尾牌硫酸钴，在收到单据后，买方NX公司宣告合同无效，理由是：所交付的硫酸钴货物的质量等级低于合同规定的标准；这批硫酸钴货物产自A国，而非合同规定的B国；卖方HL公司提供的原产地证明以及质量证明实际上与合同不符。卖方发现错误后，可以很容易地获取正确的原产地证明和通过专家检验所获得的质量证明，并与买方沟通补交，但买方并未提出以上补救措施。卖方HL公司将其合同权利转让给另一家公司，该公司对买方NX公司提起诉讼，要求付款。

【讨论问题】■

请问：买方有无理由宣告合同无效？能否拒绝支付价款？

【参考答案】■

买方没有理由宣告合同无效，不能拒绝支付价款，原因如下：

由于质量欠佳或卖方交付的原产地单据有出入而产生的交货不符合同的情况并不构成未交付货物。买方不能根据CISG第49条第1款（b）项宣布合同无效，因此判决其支付全部价款。在CISG的违约救济体系中，因货物与合同不符而宣告合同无效是相对于诸如要求减价等各种措施中，买方可以援用的最后的救济方法。而本案中，卖方交货（以及与货物有关的单据）与合同不符并不构成根本性违约。判定是否构成根本性违约，如是否剥夺了买方依据合同有权期待得到的东西（CISG第25条），取决于买方是否仍然可以在通常的商业条件下使用或转售这些货物而不至于遭遇不合理的困难，而买方可能被迫以较低的价格转售这些货物这一事实本身并不属于这种不合理的困难。即使当时存在对产自A国的货物的禁运而导致这些货物可能无法出口，也不属于不合理的困难，因为买方未能证明在其国内不能销售这些货物。

提供错误的原产地和质量证明有可能构成根本违反合同，但本案并不属于这种情况，因为买方可以很容易地获取正确的原产地证明，并通过专家检验获得质量证明。而且，卖方提交单据与合同不符并不妨碍买方提取货物并处置它们。因此，买方不能拒付货款。

9.3 装运条件（交付日期的确定）

一、卖方必须按照规定的日期交付货物

案例

CIF合同下是否需规定到达时间

【案例正文】

2022年，A国某出口商以CIF魁北克价格向C国某进口商出口500长吨核桃仁，由于核桃仁属季节性商品，所以C国进口商要求且双方同意订立如下买卖合同条款：

信用证开证日期：4月月底装运，不迟于4月30日，不允许分装和转船；

到达日期：不得迟于5月11日，否则，买方有权拒收货物；

支付条件：信用证下60天远期汇票。

由于天气恶劣，所以班轮于5月17日才到达C国魁北克港口。因此，C国进口商拒绝提货，除非按货物总价值打30%的折扣以赔偿进口商所发生的损失。经过多轮痛苦的谈判，该交易以出口商损失460 000美元而告终。

【讨论问题】

请问：该案例的症结何在呢？

【参考答案】

该案例的症结在于到达日期条款。对于出口商来说，其最大错误在于因自己的无知或疏忽同意将这一条款写进了合同。上述合同虽然是以CIF术语的形式订立的，但并非真正的CIF合同。根据《2020通则》，CIF的交货点实际上是在装运港船上，而这种情况下卖方只要在规定时间将货物装运到船上，实际上就已经完成了交货义务。因此，真正的国际CIF合同属于装运类合同，即卖方无须保证货物何时到达何地。由于国际贸易术语是惯例，属于选择性约束力，所以当事方可以将惯例修改之后写入合同，合同规定就有效力且高于惯例。本案即属此种情况：合同虽选用CIF术语，但同时规定货物保证到达目的港的时间，是一份有名无实的CIF合同，这种合同实质上是一种到货类合同。可见本案中卖方拿的是装运类的低价格，承担的却是到达类的高风险。

二、除非情况表明应由卖方选定一个日期外，应在该段时间内任何时候交货

案例

未明确具体交货日期，卖方应如何交货

【案例正文】

某年4月4日，某国时装零售商A（买方）与国外服装制造商B（卖方）签订了一份商务时装销售合同，其对交货期限的规定是"秋季货品将于7月、8月、9月左右发货"。当第一批货于9月4日发运时，时装零售商A拒绝接受货物，声称交货期已过，并于9月27日退回了发票。

时装零售商A与服装制造商B根据自称双方已知的各种不同的附加因素而对上述合同规定的含义进行争辩。时装零售商A声称，"秋季货品将于7月、8月、9月左右发货"的交货期限条款，意味着服装制造商B应当在3个月中每个月发1/3的货。而另一方面，卖方服装制造商B否认买方时装零售商A的主张，认为买方从未向卖方表达过类似的意思。

【讨论问题】

请问：合同中未明确具体交货日期，在交货期已过的情况下，买方是否可拒绝接受货物？

【参考答案】

买方不能拒绝接受货物，而卖方的要求是正当的，因为货物是在商定的交货期内发运的。法院判决卖方应获得全额售价，包括按法定利率计算的利息，另加损失补偿费。法院指出，合同的交货条款"7月、8月、9月左右发货"，其含义可能是要求在每个具体月份交付合同规定货物量的1/3（卖方本应在7月、8月、9月分别交付合同规定货物量的1/3）。但在卖方没有这样做的情况下，买方却从未有效地废止合同，尤其是买方并未对卖方前两次的不交货另外规定一个期限（促使或者催告卖方交付货物）。因而法院认定卖方是在合同规定的"可以交付货物的一段期限"内交付的货物（CISG第33条（b）项）。

三、未确定交货时间或期限，在订立合同后的合理时间内交货

案例

合同未规定交货期限，卖方是否可延迟交货

【案例正文】

某年4月，因某国买方A拒绝对一批某产地的纺织品付款，国外卖方提起了诉讼。买方A认为国外卖方迟延交货构成了根本违约，货物某产地的纺织品在去年感

恩节前的一段时间就已经订购了，但直到今年1月卖方才交付货物。而交货期限在合同中并未规定，也无法从合同中推定货物存在缺陷的事实，在交货1个月后买方的客户因使用这些某产地的纺织品的最终产品时发现瑕疵而向买方A投诉，买方A才知晓并对卖方提出反诉，并以卖方延迟交付为由，要求卖方承担损害赔偿责任。

【讨论问题】

请问：本案中，买方可否以延迟交货为由拒绝付款？

【参考答案】

交货期限在合同中并未规定，也无法从合同中推定。法院认为，即使考虑到季节性因素，交货时间非常关键，在本案中，卖方也是在订立合同后一段合理时间内履行了交货义务（CISG第33条（c）项）。因为买方A在交货时接受了货物，未提出任何异议，所以法院不支持买方关于这批货物的商业用途在某种程度上与感恩节相关，交货时间的合理性应考虑货物的季节性的主张。法院认为，买方A有义务在情况可行的最短时间内检验货物（CISG第38条第1款）。并且，因为没有在得知货物存在缺陷的合理时间内向卖方发出通知，说明不符合合同情形的性质，所以买方已经丧失了主张货物与合同不符的权利（CISG第39条第1款）。事实上，买方收到客户的投诉之后并未向卖方发出任何货物与合同不符的通知，直到卖方提起付款的诉讼后买方A才提出这一主张。买方A转卖这批纺织品后，从第三方收到了关于质量有缺陷的异议和不满，但又（在卖方要求买方付款之前）对卖方一字不提这些缺陷，这显然是不合理的。

9.4　分批装运的含义与规定

案例
分批装运该如何界定

【案例正文】

我国某出口公司（卖方）向日本某公司（买方）出口400长吨的产地为我国某南方城市的红小豆，5%的增减幅度，实际交付的货物412长吨，未超过420长吨的上限，买方开出的信用证规定：货物不许分批装运。受益人交来的单据中包含两套提单：第一套提单表明载货船名为"蕴航245"，航次编号为"014"，装运港为"GZ"，卸货港为"HB"，净重为51.48长吨，装运日期为6月14日。第二套提单表明载货船名为"蕴航245"，航次编号为"014"，装运港为"QZ"，卸货港为"HB"，净重为51.05长吨，装运日期为6月17日。

【讨论问题】■━━━━━━━━━━━━━━━━━━━━━━━━━━━━━━━━━

请问：案例所述是否为分批装运？该种情况下银行能否接受单据并付款？

【参考答案】■

《跟单信用证统一惯例500号》第31条b款规定，表明使用同一运输工具并经由同次航程运输的数套运输单据在同一次提交时，即使每套运输单据注明的装运日期不同及/或装货港、接受监管地、发运地不同，只要运输单据注明的目的地相同，也不视为分批发运。本案事实清楚地表明，该批货物系使用同一运输工具（"蕴航245"）并经同一路线运输（"014"航程），运输单据注明的目的地（"HB"）相同。据此，不应视为分批装运。

《跟单信用证统一惯例500号》第30条b款规定，在信用证未以包装单位件数或货物自身件数的方式规定货物数量时，货物数量允许有5%的增减幅度，只要总支取金额不超过信用证金额即可。本案例中的400长吨的红小豆可以有5%的增减幅度，实际交付的货物没有超过420长吨的上限，所以银行应当接受单据并付款。

9.5 装运单据

9.5.1 海运提单

一、海运提单的作用

------------ 案例 ------------

签发清洁提单意味着什么

【案例正文】■━━━━━━━━━━━━━━━━━━━━━━━━━━━━━━━━━

某年4月6日，我国某农产品进出口公司（买方）与古巴某糖厂（卖方）签订了进口13 200长吨袋装白糖的贸易合同。卖方负责租船并支付运费，并作为收货人于4月11日向我国国内某保险公司投保了海洋运输货物保险，适用条款为伦敦保险协会货物保险（A）条款。

在起运港装船结束后，船长应托运人的要求为其签发了清洁提单。同年6月2日，货轮抵达目的港，并于6月11日卸下全部货物。经国内外轮理货公司理货，确认货物短少5 564袋，净重278.2长吨。损失发生后，农产品进出口公司以被保险人的身份向保险公司索赔。保险公司按照保险合同的规定对被保险人的损失作了全额赔偿，取得了权益转让书，开始向承运人追偿。由于承运人拒赔，所以保险公司向某海事法院提起诉讼。

原告保险公司认为，载明托运人提供的货物的件数和重量的提单经船长签字后，即成为承运人按提单所载件数和重量收到货物的初步证据，承运人应按提单所载的件数和重量向收货人交付货物。对于货物短少的损失，承运人负有赔偿责任。

被告远洋公司辩称：承运人在货物装船后已就托运人在提单上提供的货物件数和重量不实这一情况，向托运人发出了书面声明。托运人已为此致函船长，表示承运人无须对货物抵达卸货港后所出现的任何情况负责。船长正是在托运人作出这样的承诺之后才未就上述情况作任何批注而签发提单的。因此，原告应直接向托运人索赔。

【讨论问题】 ■————————————————————————
请问：承运人的说法是否合理？签发清洁提单意味着什么？该案应如何处理？
【参考答案】 ■————————————————————————
承运人的说法不合理。本案中的货物短少为托运人少装所致，对此托运人已向承运人作出无须后者负责的承诺。因此，托运人应对货物短少损失负责，这是没有疑问的。问题在于承运人应不应对收货人承担赔偿责任。承运人必须对收货人的货物短少损失给予赔偿。在保险人已对收货人的货物短少损失作了保险赔偿后，承运人应向保险人进行赔偿。

本案例的可依据法律如下：

一、《中华人民共和国海商法》第75条规定："承运人或者代其签发提单的人，知道或者有合理的根据怀疑提单记载的货物的品名、标志、包数或者件数、重量或者体积与实际接收的货物不符，在签发已装船提单的情况下与已装船的货物不符，或者没有适当的方法核对提单记载的，可以在提单上批注，说明不符之处、怀疑的根据或者说明无法核对。"本案中承运人在已获得托运人在提单上提供的货物的件数和重量与实际装船的重量和件数不符的确切根据的情况下，仍然为托运人签发清洁提单，是对收货人极不负责的行为，违反了经济合同履行过程中必须遵循的诚信原则，应该对收货人的货物短量损失承担赔偿责任。

二、《中华人民共和国海商法》第76条规定："承运人或者代表其签发提单的人未在提单上批注货物表面状况的，视为货物的表面状况良好。"第77条规定："除依本法第75条的规定作出保留外，承运人或者代其签发提单的人签发的提单，是承运人已经按照提单所载状况收到货物或者货物已经装船的初步证据。"按照提单所载的件数和重量向收货人交付货物是承运人的责任。本案中承运人虽然在签发清洁提单后曾向收货人函告提单上载明的货物件数和重量与实际装船的件数和重量不符，但此举并不能使其摆脱向收货人赔偿货物短少损失的责任。因为《中华人民共和国海商法》第77条明确规定："承运人向着善意受让提单的包括收货人在内的第三人提出的与提单所载状况不同的证据，不予承认。"

三、《联合国一九七八年海上运输货物公约》第17条规定："托运人应视为已向承运人保证，由其提供列入提单的有关货物的品类、标志、件数、重量和数量等项目正确无误。托运人必须偿还承运人因为这些项目不正确而导致的损失。托运人即使将提单转让，也须负赔偿责任。"本案中承运人有足够的证据证明货物的短少为托运人在提单上提供的货物件数和重量与其实际向承运人提供的件数和重量不符所致。托运人在承运人提出书面声明后，也承诺承运人无须对货物在卸货港所出现的任何情况负责。所以，托运人应对本案中的货物短少损失负责赔偿。但《联合国一九七八年海上运输货物公约》第17条明确规定："承运人取得的这种赔偿权利，绝不减轻其按照海上运输合同对托运人以外的任何人所负的赔偿责任。"按照这一规定，本案中承运人虽然有托运人所作出的上述承诺，但不能使其摆脱对收货人所应负的赔偿责任。

本案中的货物短少为托运人少装所致，对此托运人已向承运人作出无须后者负责的承诺。因此，托运人应对货物短少损失负责，这是没有疑问的。问题在于承运人应不应对收货人承担赔偿责任。如果承运人在接管货物或装船时发现货物短少，即在提单上作出相应的批注，那么就不应由承运人对收货人负赔偿责任，而应由托运人对收货人直接负责赔偿，因为承运人已经履行了其作为提单签发人应尽的责任，其在提单上所作的批注为收货人提供了向托运人索赔的依据。但本案中承运人在已发现货物短少的情况下，并没有在提单上作出相应的批注，使收货人直接索赔无据可依。承运人应对自己不履行提单签发人应尽责任的做法承担责任。

提单是由承运人签发的，如果承运人在签发提单时没有在提单上作出任何批注，即签发了清洁提单，那就意味着承运人已经按照提单所载数量和重量收到货物，承运人也就有责任按照提单所载明的数量和重量向收货人交付货物。如不能按照提单所载明的数量和重量交付货物，就要对收货人负赔偿责任，即使是托运人短交也不会使承运人对收货人的这一责任有任何改变。承运人必须对收货人的货物短少损失给予赔偿。在保险人已对收货人的货物短少损失作了保险赔偿后，承运人应向保险人进行赔偿。当然，由于货物短少为托运人短装所致，所以托运人对承运人负有赔偿责任，承运人可在向收货人履行赔偿责任的同时向托运人索赔。但后者属于承运人自己的事，与本案无关。

二、海运提单与信用证的议付

-------------------------- 案例 --------------------------

海运提单上表明"运费已付"，向银行交单是否会构成不符点

【案例正文】 ◢━━━━━━━━━━━━━━━━━━━━━━━━━━━━━━━━━━━━

我国某公司向国外H公司出口一批等级大豆，买方向开证行申请开出一张贸易术语为FOB的信用证，信用证要求的单据包括全套以开证申请人为抬头的"已装船"海运提单，并在海运提单上标明"运费已付"。信用证受益人在货物装船后，将全套单据递交议付行议付。议付行审核单据后发现，受益人提交的单据上标有"运费已付"和"已装船"字样，认为这样的做法违反了国际贸易术语解释规则，于是拒绝付款。

【讨论问题】 ▊━━━━━━━━━━━━━━━━━━━━━━━━━━━━━━

请问：议付行的拒付是否合理？为什么？

【参考答案】 ▊━━━━━━━━━━━━━━━━━━━━━━━━━━━━━━

议付行的拒付不合理。在FOB术语下，通常情况下由买方负责租船订舱。但在贸易实践中，卖方可以接受买方委托，在货物装船后向承运人支付运费，以换取承运人签发运费已付提单。一套标有"运费已付"的提单在FOB贸易术语下向银行交单并不构成不符点，只要其与信用证规定不矛盾。本案中虽然信用证中表明贸易术语为FOB，但信用证并没有规定提单的运费支付方式，因此"运费已付"的提单与信用证不矛盾，银行应当接受。

9.5.2　保险单

━━━━━━━━━━━ 案例 ━━━━━━━━━━━
未提交保险单也可视为完成交货义务吗

【案例正文】 ▊━━━━━━━━━━━━━━━━━━━━━━━━━━━

某年，我国E公司向马来西亚G公司进口一批香米，签订CIF合同。由于考虑到海上运输距离较近，且运输期间海上风平浪静，所以卖方在没有办理海上货运保险的情况下，将货物运至合同指定目的港口。适逢马来西亚国内香米价格下跌，E公司便以出口方没有办理货运保险且提交的单据不全为由，拒收货物和拒付货款。

【讨论问题】 ▊━━━━━━━━━━━━━━━━━━━━━━━━━━━━━

请问：E公司的要求是否合理？

【参考答案】 ▊━━━━━━━━━━━━━━━━━━━━━━━━━━━━━

E公司的要求是合理的。尽管E公司的动机是由于市场行情发生了对其不利的变化，但是由于是CIF贸易方式，所以要求卖方凭借合格完全的单证完成交货义务。本案中卖方没有办理货运保险，提交的单据少了保险单，即使货物安全到达目的港，也不能认为其完成了交货义务。

▊ 综合案例：眼科流动专车延迟交货纠纷索赔案

一、背景

2012年1月12日中国深圳A公司（甲方）与美国B公司（乙方）签订了"眼科流动专车合同"。合同的主要内容如下：（1）甲方向乙方购买5辆进口B型眼科流动专车，合同总价为（CIF Shenzhen, China）人民币810万元（包括关税运费、保险费、车内外装修费、报关费、商检费、委托代理费等一切费用）。乙方保证车和医疗设备一起运到深圳交货（后在"补充协议"中将经中国深圳变更为经中国天津新港运往北京），并经海关及商检局验收妥当，移交甲方签收为准。（2）验收时间：甲方支付乙方定金后 5 个月内，乙方至少提前 10 天书面通知甲方 Y 先生到美国验收车及设备。（3）装船时间为乙方收到定金后 6 个月内。合同还约定了迟交货和迟付款的罚款。

2012 年 7 月 30 日，双方签订"补充合同"，约定"眼科流动专车合同"的付款方式如下：

1. 人民币 243 万元作为预付款。

2. 开立人民币 415 万元（折合 50 万美元）的信用证，其中 45 万美元凭 Y 先生或其委托人亲自到美国验收后亲笔签名确认的单据及海运提单，见单付款，5 万美元在货到验收后，若无质量问题，则 30 天内支付。

3. 人民币 150 万元凭 Y 先生或其委托人验收单，直接在深圳支付给乙方，支付时间与上述 45 万美元信用证付款时间相同，以便乙方及时支付货款与关税、各类出口费用。

2012 年 7 月 30 日双方在中国深圳签订了"医疗设备进口合同"，中国深圳 A 公司仍作为合同甲方（买方），合同的抬头和尾部均将美国 B 公司和中国深圳 C 公司并列为合同乙方（卖方），但只有美国 B 公司在合同的尾部签字盖章。"医疗设备进口合同"约定深圳 A 公司向美国 B 公司购买进口眼科流动专车及体检车的医疗设备，并对"眼科流动专车合同"作了部分修改及补充，其主要内容如下：

1. 眼科流动专车及体检车的医疗设备共 4 套，总值为（CIF China）人民币 4 693 124 元。

2. 验收方式及时间：所有医疗设备的验收，分两次进行，第一次由甲方到美国开箱初验；第二次是医疗设备与眼科流动专车同时运输到天津新港，入关后在 3 个工作日内将其安装妥当，在其正常运行使用后的 30 天内由甲方及眼科医院共同验收。

3. 装船时间及目的港口：乙方保证所有进口医疗设备与眼科流动专车一起运输到甲方指定的验收地点交货，交货时间按照眼科流动专车原合同的约定时间执行，并由乙方委托深圳市 H 医疗设备有限公司办理一切进关手续，费用由乙方负责。

4. 支付条件：（1）合同总额的 90%，即人民币 4 223 811.60 元，签订合同后 7 天内支付给乙方；（2）甲方保留 10% 的合同总额即人民币 469 312.40 元，作为质量保证金，货到中国并安装妥当、正常运行使用后经甲方及 YANKE 医院共同验收合格后 1 个月内，若无质量问题，则立即付清尾款；（3）有关甲方支付乙方的每笔货款，乙方必须按每笔付款开给甲方税务局认可的往来发票，在乙方收到全款的同时，交给甲方最终发票。

5. 迟交货罚款：除本合同第 13 条规定的人力不可抗拒的原因外，如乙方违反合同，不按照合同约定的时间交货或移交手续不清，则甲方有权拒绝付款并要求乙方赔偿。若乙方在应向甲方付罚款的条件下延期交货，则罚款可由支付银行在议付货款时扣除，罚款率按每7天收0.5%，不足7天时以7天计算。但罚款不得超过迟交货物总价的5%。如乙方延期交货的时间超过合同约定的10周，则甲方有权撤销合同。此时，乙方仍应不迟延地按上述约定向甲方支付罚款，并立即双倍返还定金给甲方。如果乙方没有违反合同且移交手续交代清楚，则甲方不能拒绝付款，否则乙方有权要求甲方按照双方约定的违约条款办理。

6. 迟付款罚款：迟付款与迟交货同罚。除人力不可抗拒的原因外，如甲方违反合同，不按照合同约定的时间付款，乙方有权要求甲方赔偿。赔偿罚款与晚交货罚款约定一样，即罚款率按合同总额每7天收0.5%，不足7天时以7天计算。如甲方延期付款时间超过合同约定10周，则乙方有权撤销合同，不再履行合同中的任何义务。

2012年10月20日，中国深圳A公司与美国B公司签订一份"补充协议"，约定"乙方保证于11月5日将全部车辆及医疗设备运到北京办理交货，如有交货期延误，则由乙方承担赔偿甲方一切损失的责任"。

上述合同订立后，中国深圳A公司于2012年2月24日和3月17日向美国B公司支付了眼科流动专车预付款合计292 771.00美元（折合人民币243万元）。2012年8月6日，中国深圳A公司委托深圳D进出口公司向东亚银行有限公司深圳分行申请开具了金额为50万美元的不可撤销银行信用证。2012年11月10日，美国B公司收到了该信用证项下的议付款45万美元（折合人民币373.5万元）。2012年8月6日，中国深圳A公司向美国B公司支付了90%的医疗设备货款人民币4 223 811.60元。2012年11月22日，中国深圳A公司支付天津海关进口手术车的税款保证金人民币40万元。上述已支付的货款及其他款项合计人民币10 788 811.60元。

美国B公司分别于2012年10月17日、10月24日将5辆眼科流动专车及医疗设备分两批装船发运。2013年2月14日，中国深圳A公司签收了5辆眼科流动专车及医疗设备；2月15日，中国深圳A公司签收了上述货物的相关文件。

在合同履行过程中，双方当事人均认为对方出现了一定程度的迟延履行的情形。中国深圳A公司于2014年1月申请仲裁，其仲裁请求如下：

1. 裁决美国B公司、中国深圳C公司向中国深圳A公司支付迟延交付违约金人民币639 656.20元。

2. 裁决美国B公司、中国深圳C公司承担中国深圳A公司的直接经济损失及名誉损失合计人民币310万元。

3. 由美国B公司、中国深圳C公司承担本案中国深圳A公司的律师费人民币50万元。

4. 由美国B公司、中国深圳C公司承担本案的全部仲裁费用。

美国B公司提出如下仲裁及请求：

1. 中国深圳 A 公司向美国 B 公司支付货款尾款人民币 2 404 312.40 元。

2. 中国深圳 A 公司向美国 B 公司支付逾期支付其他货款的违约金至其实际支付日止，为计算仲裁费方便，违约金的计算截止时间为 2004 年 6 月 14 日，违约金金额为人民币 2 411 053.06 元。

二、当事人的主张

（一）关于延迟交货的问题

1.中国深圳 A 公司的主张

（1）双方确定的交货方式是"货到目的地"而不是 CIF

首先，双方在"眼科流动专车合同"中约定：合同价格包括关税等一切费用；乙方保证眼科流动专车和医疗设备一起运输到深圳交货，并经海关及商检局验收妥当，移交甲方签收为准。其次，在"补充协议"中，美国 B 公司保证"11 月 5 日将全部车辆及医疗设备运到北京办理交货"，这进一步说明双方确定的交货方式是"货到目的地"。最后，在实际履行过程中，美国 B 公司向天津海关支付了进口税，办理了通关手续，并将货物运到北京交付中国深圳 A 公司，说明交货方式为"货到目的地"。

（2）在交货日期上，应以"合同"确定的交货日期为准

首先，信用证独立于合同。其次，信用证与合同的性质不同。合同是确定合同当事人权利义务的法律文件，而信用证是银行开立的有条件付款的书面文件，仅仅是一种支付方式。再次，本案是因合同而产生的争议，不是因信用证而产生的争议，因而在确定交货日期时，应以合同约定为准。最后，中国深圳 A 公司应美国 B 公司的请求修改信用证装船日期，其目的仅仅是使美国 B 公司能够以信用证方式收到货款，并不表明变更了双方以"补充协议"确定的 2012 年 11 月 5 日在北京交货这一日期。

（3）交货期为 2012 年 9 月 14 日之前

双方在"眼科流动专车合同"第 6 条约定"收到定金后的 6 个月内准时将车运到深圳甲方验收指定地点"；美国 B 公司在 2022 年 3 月 21 日的"承诺函"中"保证交货期从我司银行开出信用证之日（即 2022 年 3 月 14 日）起开始计算"。根据该"承诺函"及"眼科流动专车合同"第 6 条的约定交货期自 2012 年 3 月 14 日起算往后推 6 个月，交货期为 2012 年 9 月 14 日之前。

中国深圳 A 公司于 2012 年 9 月 8 日派代表在美国签署了"现场检验合格证明"，美国 B 公司应该能够在 9 月 14 日前装船交货，但由于美国 B 公司未能采购齐医疗设备，且未能将设备装载于车辆之上，所以虽经申请人无数次催促，美国 B 公司仍迟迟不能装船交货。应美国 B 公司的要求，在不放弃追究美国 B 公司违约责任的前提下，2012 年 10 月 20 日双方签订"补充协议"，美国 B 公司最后"保证于 11 月 5 日将全部车辆及医疗设备运到北京办理交货"。

因此，双方最早确定的交货日期是 2012 年 9 月 14 日之前，最后确定的交货日

期是2012年11月5日，而美国B公司2013年2月15日才将货物于北京交付深圳A公司，所以美国B公司的交货构成迟延交付。

（4）美国B公司应支付的迟交货罚款为639 656.20元人民币

合同约定迟交货罚款不得超过迟交货物总价5%的最高限额，迟交货物总价为12 793 124元人民币，按5%计算被申请人应支付的迟交货罚款：12 793 124×5%=639 656.20（元人民币）。

2.美国B公司的主张

（1）美国B公司按时发货，不存在迟延交货问题

在国际贸易中，以传真信函的方式对合同中的一些条款（包括交货期）进行修改是非常常见的一种方式。双方就新的交货期的意思表示完全一致，符合合同成立的一切要件，对于双方协商一致的合同变更根本不存在违约问题。

双方在2012年10月20日签署的"补充协议"中，将交货时间改为2012年11月5日。随后双方通过往来邮件对交货期作了进一步的延长。中国深圳A公司的进口代理人2012年10月25日致函美国B公司，同意"将合同中约定的五辆车与设备发货期推迟一个月，从2012年9月月底推迟到10月月底，交货期也随之顺延"。美国B公司根据此信函又于2012年10月28日致函中国深圳A公司，要求将最晚装船期改至2022年10月30日。中国深圳A公司于当日发送了信用证修改通知确定装船期为2012年10月31日。因此，双方最终确定的装船期是2022年10月31日。美国B公司分别于2012年10月17日、10月24日将5辆车装船发货，因此，美国B公司在装船发货这一环节不存在迟延交货问题。虽然双方在最后一次修改合同时只确认了最后装船期而没有确定交货期，但是按正常情况推算，从美国西海岸到天津新港需两至三星期的时间，通关正常需要一至两个星期，再将货物运到北京总共约需一个月左右的时间。美国B公司于2012年12月21日正式通知中国深圳A公司，要求中国深圳A公司于12月24日到北京来对车辆和设备进行验收。中国深圳A公司没有正当理由不来验收，由此造成的迟延交货责任不应由美国B公司承担。因此，美国B公司的交货时间应确定为2012年12月24日。

（2）中国深圳A公司的过错是导致迟延交货的重要原因

首先，中国深圳A公司延期和拒绝支付相关货款直接导致交货的延误。中国深圳A公司的每次付款均存在一定程度的延误，包括迟延支付定金，以及在美国B公司将海运提单等装船文件交付议付银行之后，中国深圳A公司迟迟不通过银行向美国B公司付款。中国深圳A公司至今没有支付用于缴纳关税及进口费用的人民币112万元，导致美国B公司无法及时付清关税和其他出口费用，无法及时办理通关手续，因此也无法按时交货。

其次，中国深圳A公司在合同履行过程中针对医疗车辆和设备多次提出新的修改要求，以及中国深圳A公司未能在合同约定的时间内到美国及时验货导致货物生产交付的时间一再延长。

再次，医疗车及设备在生产运输途中先后被发现一辆车的发动机引擎和一辆车的水箱有故障，可作为合同约定的人力不可抗拒的事故，属于合同明确约定的免责情形，因此造成的交货延误，美国 B 公司不应承担责任。

最后，美国 B 公司已具备交货的条件并已实际通知中国深圳 A 公司交货的时间，应视为美国 B 公司在该时点已履行了交货义务。中国深圳 A 公司没有按美国 B 公司通知的时间来验收货物，由此造成的交货延误责任理应由中国深圳 A 公司自己承担。

综上所述，美国 B 公司在货物生产运输和支付过程中没有任何重大过失，因此不应承担迟延交货的违约责任。

（二）关于中国深圳 A 公司迟延付款的问题

1. 美国 B 公司的主张

从 2012 年 2 月至今，中国深圳 A 公司仅陆续支付了"眼科流动专车合同"及"医疗设备进口合同"项下的货款总额 10 788 811.60 元人民币，尚欠货款总计 2 004 312.40 元人民币，具体欠款情况如下：

（1）中国深圳 A 公司拖欠用于缴纳关税及进口费用的货款 112 万元人民币

中国深圳 A 公司于 2012 年 11 月 10 支付了信用证项下的 45 万美元货款，根据合同约定，中国深圳 A 公司应同时支付 152 万元人民币的货款。但是，中国深圳 A 公司除于 2012 年 11 月 22 日以关税保证金的方式支付 40 万元人民币之外，剩余的 112 万元人民币至今未支付给美国 B 公司。

（2）中国深圳 A 公司拖欠医疗车尾款 5 万美元

全部车辆于 2012 年 12 月 12 日离开海关，商检部门于 2012 年 12 月 25 日出具车辆合格的商检报告，在此后 30 天内，中国深圳 A 公司未因车辆质量问题提出复检申请，已经丧失了"补充协议"约定的提出车辆质量异议的权利。

（3）中国深圳 A 公司拖欠医疗设备尾款 469 312.40 元人民币

双方已于 2013 年 2 月 14 日和 2 月 15 日办理完货物验收手续，并且申请人授权的验货人出具了验收单。按照"医疗设备进口合同"的约定中国深圳 A 公司最晚应当在货物交付后 1 个月即 2013 年 3 月 17 日支付该笔医疗设备的尾款。

2. 中国深圳 A 公司的主张

（1）中国深圳 A 公司一直保留货款 112 万元人民币未付，具有合法理由，不属于逾期支付

在美国 B 公司 2013 年 2 月 15 日交货前中国深圳 A 公司可以行使合同约定的拒绝付款权利。"医疗设备进口合同"第 17 条第 6 款约定："……如乙方违反合同不按照合同规定的时间交货或移交手续不清，则甲方有权拒绝付款并要求乙方赔偿。"中国深圳 A 公司已于 2012 年 3 月 24 日、26 日支付了定金 243 万元人民币，2012 年 11 月 10 日又支付了货款 45 万美元，但中国深圳 A 公司却迟迟收不到货物。因此，在美国 B 公司 2013 年 2 月 15 日交货前，中国深圳 A 公司有权拒绝向美国 B 公

司支付 112 万元人民币的货款。

美国 B 公司于 2013 年 2 月 15 日交货后，中国深圳 A 公司行使不安抗辩权自签订合同至美国 B 公司迟迟不能交货而引发仲裁争议，中国深圳 A 公司逐渐对美国 B 公司的商业信誉产生怀疑。美国 B 公司虽然交了货，但是其对中国深圳 A 公司尚有保证质量、提供售后服务等一系列义务，中国深圳 A 公司担心美国 B 公司不能很好地履行该等义务，遂行使《中华人民共和国合同法》第 68 条规定的不安抗辩权，保留 112 万元人民币货款。而且，自 2004 年 2 月 15 日交货后，由于双方一直在就货款尾款的支付问题进行和解谈判，所以中国深圳 A 公司暂未支付上述 112 万元人民币货款。

（2）关于医疗车的 5 万美元

根据合同约定，中国深圳 A 公司支付 5 万美元尾款的前提条件是验收后 30 日内未发现任何质量问题。但是，中国深圳 A 公司收到车辆后 30 日内发现了质量问题，在质量问题未解决之前，中国深圳 A 公司有权拒付尾款。

（3）关于医疗设备的尾款 469 312.40 元人民币

根据合同约定，医疗设备安装妥当，正常运行，经"甲方及 YANKE 医院共同验收"合格，并在 1 个月内未发现任何质量问题，中国深圳 A 公司才予付款。但是，由于美国 B 公司迟交货物引致双方仲裁争议，且美国 B 公司对中国深圳 A 公司提出的车辆质量问题未予以满意答复及有效解决，医疗设备尚未投入使用，且未经"甲方及 YANKE 医院共同验收"。中国深圳 A 公司 2013 年 2 月 14 日 15 日的验收，仅表明收到了医疗设备并对其数量及表面状况进行了查验，不表明对医疗设备的质量进行了验收。

资料来源：刘晓春.中国深圳 A 公司与美国 B 公司、中国深圳 C 公司医疗设备买卖合同争议案［EB/OL］.［2020-12-15］.《联合国国际货物销售合同公约》典型仲裁案例选编.（编者有修改）

【案例使用说明】

一、教学目的与用途

本案例适用于国际货物买卖合同关于货物装运条款、免责条款的部分教学。通过案例讨论，使学生掌握装运合同条款的装运时间、地点的确定，延迟交货的法律责任以及不可抗力免责条款等知识，以便学生在未来的实际工作中能够正确运用相关法律准则维护自身的权利。

二、讨论问题

（一）本案中，货物买卖合同的性质是装运合同还是运达合同？

（二）中国深圳 C 公司和美国 B 公司并列为合同乙方（卖方），但只有美国 B 公司在合同的尾部签字盖章，请问 C 公司是否可同时视为合同当事人？

（三）延迟交货将会产生什么法律后果？

（四）交货时间的变更是否能免除美国 B 公司延迟交货的责任？

（五）中国深圳A公司货款延迟支付、入关手续繁杂能否作为美国B公司延迟交货的理由？

（六）美国B公司声称货物在运输过程中发生了合同约定的人力不可抗拒的事故，属于合同明确约定的免责情形，请问其是否无须承担责任。

三、分析思路

分析本案例应当根据讨论思考题，到案例中找出与每一讨论思考题相对应的案例素材，然后认真阅读案例的相关材料，挖掘提炼出本部分案例材料的基本事实，然后再运用所学专业知识对相关事实反映的问题作出判断。本案例主要围绕装运条款延迟交货这一核心问题进行探讨。

四、理论依据及分析

（一）装运合同与到货合同

1.装运合同

凡是按卖方在出口国国内完成交货义务的贸易术语所签订的买卖合同都属于"装运合同"。使用EXW、FCA、FAS、FOB、CFR、CIF、CPT和CIP这8个贸易术语签订的合同都属于"装运合同"，而且除EXW属于"实际交货"方式以外，其他7种术语都属于"象征性交货"的方式。

2.到达合同

凡是按卖方在两国边境或进口国内完成交货义务的贸易术语签订的买卖合同都属于"到达合同"。到达合同都属于"实际交货"方式的范畴。使用DAP、DPU和DDP这3个贸易术语签订的合同都属于"到达合同"。

（二）延期交货的法律后果

1.CISG第33条

卖方必须按以下规定的日期交付货物：（1）如果合同规定交货日期，或从合同可以确定交货日期，应在该日期交货；（2）如果合同规定有一段时间，或从合同可以确定一段时间，除非情况表明应由买方选定一个日期外，应在该段时间内任何时候交货；或者（3）在其他情况下，应在订立合同后一段合理时间内交货。

2.CISG第49条

买方在以下情况下可以宣告合同无效：（a）卖方不履行其在合同或公约中的任何义务，等于根本违反合同；或（b）如果发生不交货的情况，则卖方不在买方按照第47条第1款规定的额外时间内交付货物，或卖方声明他将不在所规定的时间内交付货物。

但是，如果卖方已交付货物，买方就丧失宣告合同无效的权利，除非：（a）对于迟延交货，他在知道交货后一段合理时间内这样做；（b）对于迟延交货以外的任何违反合同事情：（i）他在已知道或理应知道这种违反合同后一段合理时间内这样做；（ii）他在买方按照第47条第1款规定的任何额外时间满期后，或在卖方声明他将不在这一额外时间履行义务后一段合理时间内这样做；或（iii）他在卖方按照

第48条第2款指明的任何额外时间满期后，或在买方声明他将不接受卖方履行义务后一段合理时间内这样做。

卖方未能按照CISG第33条规定的交货日期履行前述义务构成违约。根据交货日期在合同中的地位或者对双方当事人的影响，如果违反CISG第33条规定构成根本违约，买方将有权根据CISG第49条的规定宣布合同无效，并根据CISG关于赔偿的规则向卖方主张其他权利；如果违反CISG第33条规定并未构成根本违约，买方无权宣告合同无效，但可以主张损害赔偿等其他权利。但是，CISG仍然尊重当事人的意思自治，如果当事人在合同中规定任何迟延交付都将被视作根本违约，则按照当事人的约定执行。此外，不能按期提供合格的样品是否属于违反CISG第33条规定尚无定论，但一家法院认为，不能按期提供样品导致已经不可能按合同约定的期限交货，仍然构成CISG第71条意思上的预期违约。

对于举证责任，仍按照CISG的一般原则来处理（第7条），主张双方当事人已经约定了一个明确的交货日期或交货期限的一方，必须承担举证责任，证明这一约定的存在。在合同规定了卖方可以交付货物的一段期限的情况下，卖方可以在该期限内的任何一天交付货物。买方如果主张自己有权在约定的交付期限内选择具体的交货日期，则必须证明其主张。

（三）不可抗力的定义及免责

CISG第79条第1款规定："当事人对不履行义务，不负责任，如果他能证明此种不履行义务，是由于某种非他所能控制的障碍，而且对于这种障碍，没有理由预期他在订立合同时能考虑到或能避免或克服它或它的后果。"根据《中华人民共和国民法典合同编》规定，因不可抗力不能履行合同的，根据不可抗力的影响，部分或者全部免除责任。不可抗力，是指不能预见、不能避免并不能克服的客观情况。当事人依据CISG的规定免责，或依据有关不可抗力的规定免责，前提条件之一是存在该当事人不能控制的障碍或客观情况，导致该当事人不能履行合同义务，且其在订立合同时不能预见上述障碍或客观情况。

五、参考答案

（一）根据案件事实，货物买卖合同采用CIF贸易术语，"CIF"后面应加目的港名称，但本案买卖合同的CIF贸易术语却加了目的地，且合同约定：合同价格包括关税等一切费用；乙方保证车和医疗设备一起运输到深圳交货，并经海关及商检局验收妥当，移交甲方签收为准，因此，本案买卖合同的性质为运达合同。

（二）在"流动专车合同"中，中国深圳C公司并没有被列为当事人；而在"医疗设备进口合同"中，虽然合同的抬头和尾部均将美国B公司和中国深圳C公司并列为合同乙方（卖方），但在合同的尾部只有美国B公司的签字和盖章，并没有中国深圳C公司的签字或盖章。在两个合同的履行过程中，中国深圳C公司收取了"医疗设备进口合同"项下中国深圳A公司支付的90%货款并出具了发票，而且还协助办理了交货。实际上，在贸易过程中，可能会出现第三人因授权委托而行使合同权利或履行合同义务的情形，但这并不能说明该第三人因此而成为合同关系的主体。在本案中，没有证据表明中国深圳C公司或其授权代表在两个合同上签字，履行合同的过程也不足以证明中国深圳C公司在以合同主体的身份行使合同权利或履行合同义务。虽然中国深圳C公司承认其与美国B公司是关联公司，但从法律角度而言，这两家公司毕竟是两个法人。因此，中国深圳C公司不是本案合格的主体。

（三）CISG第49条第1款规定买方在以下情况下可以宣告合同无效：（a）卖方不履行其在合同或公约中的任何义务，等于根本违反合同；或（b）如果发生不交货的情况，卖方不在买方按照第47条第1款规定的额外时间内交付货物，或卖方声明他将不在所规定的时间内交付货物。即卖方若延迟交货，即未履行合同中的交货义务，则买方可宣布合同无效。

（四）本案中双方当事人是在合同约定的交货时间期满后才同意变更交货时间的，这种变更不同于在履行期限届满前对合同所作的修改，而是在卖方不能按照合同的约定履行义务后双方同意采取的对违约行为的补救措施。根据CISG第45条第1款和第2款的规定，深圳A公司作为买方同意采取补救措施，并不能免除卖方延迟交货的责任。

（五）"眼科流动专车合同"约定30%的定金在合同签订后支付，并没有明确具体的支付时间，且约定的交货时间是以收到定金的日期为起始计算日期的。因此，中国深圳A公司分别于2012年2月24日和3月17日支付定金的行为并未构成违约。根据"补充合同"的约定，人民币415万元（折合50万美元）以信用证方式支付，其中45万美元凭Y先生或其委托人亲自到美国验收后亲笔签名确认的单据及海运提单，见单付款。2012年8月6日，中国深圳A公司通过银行开具了金额为50万美元的不可撤销银行信用证。2012年9月8日，申请人签署了"现场检验合格证明"。美国B公司于2012年11月10日收到了该信用证项下的议付款45万美元，原因是美国B公司分别于2012年10月17日、10月24日才将5辆眼科流动专车及医疗设备分两批装船发运，10月28日才向议付行交单。该笔货款的支付是以美国B公司将货物装船并取得装运单据为前提条件的，因此，如果说该笔款项的支付有任何迟延，则其责任也在美国B公司。根据"补充合同"的约定，第三笔货款人民币152万元的支付时间应与上述45万美元的支付时间相同，但中国深圳A公司仅于2012年11月22日支付了税款保证金人民币40万元，余款人民币112万元至今未付，如果仅从支付时间来看，该笔货款确属迟延支付。但是，从货物到达天津港之后的通关进程来看，货物清关时间长的原因并非迟延支付货款，而是美国B公司所主张的入关手续繁杂。因此，该笔货款的迟延支付并非迟延交货的原因。入关手续繁杂导致其通关时间超出了双方在订立合同时所预期的合理时间，造成了交货的进一步迟延。本案争议的两个合同是到货合同，在货物到达目的地交付之前的包括通关时间在内的风险应当由美国B公司承担。

（六）货物在运输途中先后被发现一辆车的发动机引擎和另一辆车的水箱有故障，更换零件又花费了不少时间。美国B公司主张这是人力不可抗拒的事故，属于合同约定的免责情形。此外，"眼科流动专车合同"第17条及"医疗设备进口合同"第13条都约定了将"人力不可抗拒的事故"作为免责事由，但对于什么是"人力不可抗拒的事故"，两个合同中都没有作出明确的界定。因此，应当适用CISG的相关规定来作出判断。根据CISG第79条第1款和第2款的规定，构成不可抗力事件要满足不可预见、不可避免和不可克服3个条件；对于一方当事人雇用履行合同的全部或一部分规定的第三方不履行义务所致的行为，也必须满足上述三个条件才能免责。从本案的情况来看，美国B公司提出的人力不可抗拒事故的主张显然不能成立。

六、关键要点

阅读本案例并正确回答讨论问题，需要学生把握以下要点：

（一）装运合同和到货合同的区别。

（二）延迟交货的法律性质及法律后果。

（三）不可抗力的界定及相关免责条款。

第十章　货物运输保险

购买运输保险后，对所有损失保险公司会全赔吗

【案例正文】

我国外贸公司按 CIF 术语出口一批货物，装运前已向保险公司投保了平安险。载货船舶"建安号"在海上遇到暴风雨，致使一部分货物受到水渍，损失价值达 25 000 欧元。数日以后，该轮船又在航行途中突然触礁，致使该批货物又遭到部分损失，价值达 48 000 欧元。根据《中国人民财产保险股份有限公司海洋运输货物保险条款》有关平安险的承保责任范围的规定，触礁受损的 48 000 欧元，是运输工具遇到意外事故造成的部分损失，保险公司负责赔偿。遇暴风雨受损的 25 000 欧元，是在运输过程中由于自然灾害造成的部分损失，但因该货物是在触礁意外事故发生之前造成的，因此，保险公司对该批货物的上述两项损失都负责赔偿。

【涉及的问题】

国际贸易货物在运输、装卸和存储过程中，可能遭致各种风险，导致货物损坏或支付额外费用。为了保障国际贸易货物发生损失后得到经济补偿，一般需要投保货物运输险。因此，掌握海上运输遭致的各种风险及支付的额外费用，以及运输保险的种类及承保范围尤为重要。另外，我们应具备全局观念与风险规避意识，熟悉保险的种类以及承保范围，全面考虑购买的保险是否能够覆盖货物风险转移前的全过程。

预约保险遗失证据，保险公司拒赔

某年 9 月，我国某公司从事专业货运的 Susan 与保险公司签订了"货物运输预约保险合同"和"国内货物运输保险合同"。按照双方的合同约定，Susan 承运的所有货物向保险公司投保货物运输统保保险及承运人责任统保保险。为了方便，双方约定，Susan 在每次发货前填写预约保险的"起运通知书"，加盖公章后便以传真的方式传给保险公司，以示保险公司在收到传真后，加盖公章回传给 Susan，以示承保。

这样就不必每次发运货物前都签发保单，只要事后补签保单即可。如果货物出险，则Susan可以为该批出险货物补签保单作为索赔依据。

后来Susan与保险公司却闹起了纠纷。Susan的一批花瓶货物在运输途中因路面不平，卸货时全部存在不同程度的损坏，损失约4万元人民币。当Susan向保险公司索赔时，得到的回答却是拒赔，理由是这批花瓶压根就没有上保险。Susan一纸诉状将保险公司告上了法院，要求保险公司支付该笔货物的保险赔偿及其利息等费用共6万余元人民币。

法院经过审理认为，双方签订的"货物运输预约保险合同"有效成立，双方应遵循合同的有关规定。但Susan没有举证证明其将预约保险"起运通知书"传真给保险公司，更没有证据证明保险公司盖了章以示承保。因此，Susan主张成立保险合同法律关系的理由不能成立。据此法院判决驳回全部诉讼请求。

国际贸易货物在运输、装卸和存储过程中，可能遭致各种风险，导致货物损坏或支付额外费用。为了保障国际贸易货物发生损失后得到经济补偿，一般需要投保货物运输险。本案中，Susan用的就是预约保险，是货运保险方式中的一种，能够避免逐笔投保的麻烦，规避货物进出口全过程的各类风险，可见Susan具备强烈的风险规避意识。遗憾的是，Susan的疏忽让其丢失了传真给保险公司的文件，因此，作为外贸从事人员，不仅需要有风险规避意识，更要谨慎保存与保险公司打交道的所有单据，以便日后得到赔偿。

10.1　保险原则

10.1.1　可保利益原则

----- 案例1 -----

卖方未购险，FOB合同项下的货物装船前产生的损失不予获赔

【案例正文】■————————————————————

我国某进出口公司以FOB价格向国外客户购买了一批集装箱货物，收货时发现该集装箱货物被盗，最终确认货物系在装货前存放在海外运输公司仓库时被盗，于是该进出口公司请求保险公司赔偿，保险公司却加以拒绝。

【讨论问题】■————————————————————

请问：保险公司是否有权拒绝赔偿？理由是什么？

【参考答案】■————————————————————

保险公司有权拒赔。本案买卖合同约定的价格条件是FOB，即货物在装运港装船后，货物的风险才发生转移。在此之前，货物的风险则仍由卖方承担。因此，货物被盗时，我国某进出口公司不具有保险利益，不能获赔。保险利益指被保险人对保险标的所具有的合法的利害关系。依《中华人民共和国保险法》第12条的规定，投保人对保险标的应当具有保险利益，投保人对保险标的不具有保险利益的，保险合同无效。因此，当货损发生在货物装船之前时，卖方国外客户对货物具有保险利益并承担相应风险，买方进出口公司没有权利向保险人索赔。

------------------------------ 案例2 ------------------------------

买方对装船前货物不具可保利益，保险公司无义务赔偿

【案例正文】■

某外贸公司按CFR神户价格出口一批望远镜，投保的险别为一切险。该外贸公司将货物用卡车由公司仓库运到天津港装船，但途中有一辆卡车翻车，致使部分仪器损坏。

【讨论问题】■

请问：对此项损失，保险公司是否应给予赔偿？

【参考答案】■

保险公司无义务赔偿，此项损失只能由出口商自己承担。因为在CFR条件下，卖方应承担装船以前的一切风险。在本案中，虽然由买方投保了一切险，但卖方并不是保险单的受益人，买方对装船前的货物也不具有可保利益，因此，从哪个角度说，保险公司都无义务赔偿。

10.1.2 最大诚信原则

------------------------------ 案例 ------------------------------

违反"最大诚信原则"，保险公司有权拒绝赔付

【案例正文】■

某年，上海某外贸公司向中国香港出口水果罐头一批，共200箱，按照CIF Hong Kong价格向保险公司投保一切险。但是因为海运提单上只写明进口商的名称，没有注明其详细地址，货物抵达中国香港后，船公司无法通知进口商提货，又未与出口公司的货运代理联系，自行决定将该批货物运回上海港口。在货物运回途中因轮船渗水，有109箱罐头受到海水浸泡。货物运回上海港口后，出口公司没有将货物卸下，只是在海运提单上补写进口商的详细地址后，又运回中国香港。进口商提货后发现罐头已经生锈，所以只提取了未生锈的91箱罐头，其余的罐头又运回上海港口。出口公司发现货物有锈蚀后，凭保险单向保险公司提起索赔，要求赔偿109箱货物的锈损。保险公司经过调查发现，生锈发生在第二航次，而不是第一航次。投保人未对第二航次投保，不属于承保范围，因此，保险公司决定拒绝赔偿。

【讨论问题】■━━━━━━━━━━━━━━━━━━━━━━━━━━━━━

请问：保险公司是否有权拒绝赔付？

【参考答案】■━━━━━━━━━━━━━━━━━━━━━━━━━━━━━

保险公司拒绝赔付是正当的，原因如下：

（一）该事故不属于保险单的承保范围。本案中投保人只对货物运输的第一航次购买了保险，没有对中国香港到上海航次投保，而货物损失是发生在由中国香港至上海港的第二航次中的，因此即使该项损失属于一切险的承保范围，保险人对此也无合同义务进行赔偿。

（二）投保人在提出保险索赔时明显违反了诚信原则。明知是不属于投保范围的航次造成的损失，投保人却向保险人提出索赔，目的是想利用保险人的疏忽将货物损失转嫁给保险人，这违反了"最大诚信原则"，保险公司有权拒绝赔付。

10.1.3　减损原则

----------------- 案例 -----------------
超过必要、合理的施救费是否应得到赔偿

【案例正文】■━━━━━━━━━━━━━━━━━━━━━━━━━━━━━

某年4月，我国某运输公司与保险公司签订"保险合同"，约定：运输公司为其货车投保商业险和交强险；合同双方确认投保车辆的新车购置价为30万元，车辆损失险限额20万元；机动车全损或推定全损，保险金额高于出险时的实际价值时，赔款=（出险时的实际价值-应由机动车交通事故责任强制保险赔偿的金额）×（事故责任比例）×（1-事故责任免赔率）×（1-绝对免赔率）；第三者商业责任险限额100万元；保险事故发生时，被保险人或其代表为防止或者减少保险机动车损失而采取施救、保护措施所支出的必要合理的费用，由保险人负责赔偿，本项费用最高赔偿金额以保险金额为限。为此，运输公司依约向保险公司交纳保险费。

次年2月，运输公司投保的车在沿高速公路行驶的过程中，车头与路边上的护栏发生碰撞，致该车辆烧毁、路产受损。运输公司为将该车拖离事故现场支付施救费16 400元。交警部门认定车方承担事故全部责任。运输公司诉至一审法院请求判决保险公司赔付机动车损失款20万元、施救费16 400元、第三方财产损失32 690元，共计249 090元。一审法院经审理认为，本案保险合同合法有效，双方应全面履行。新车价值30万元，按约定折旧办法计算，车辆发生事故时价值为

220 800元，超出车损限额20万元，应以20万元为赔偿限额。施救费16 400元属车损险赔偿范围，应在车损险限额内赔偿，本案车损赔偿已达限额，施救费不予赔偿。第三方损失32 690元属合同约定的商业三者险赔偿范围，保险公司应予以赔偿。故判决：保险公司向运输公司赔偿保险金232 690元，保险车辆残质归保险公司所有。运输公司以必要、合理的施救费应在保险标的损失赔偿金额以外另行计算为由，向法院提起上诉。

【讨论问题】■━━━━━━━━━━━━━━━━━━━━━━━━━━━━━━━━━━━━━━━

请问：运输公司的诉求是否合理？为什么？

【参考答案】■━━━━━━━━━━━━━━━━━━━━━━━━━━━━━━━━━━━━━━━

运输公司的诉求合理。根据《中华人民共和国保险法》第57条第2款的规定，为激励被保险人履行减损义务，实际是否起到减损效果不是保险人承担施救费的前提，只要采取的措施是必要、合理的，该费用仍应由保险人在保险标的损失赔偿额以外另行支付，但不得超过保险金数额。

本案中，投保车辆发生保险事故，遗留在高速公路上，本身就形成了新的危险，将其拖离现场到安全地方，本身就是对保险标的合理、必要的处理。故保险公司应对某运输公司支付的施救费16 400元予以赔偿。

10.1.4　支付保费原则

━━━━━━━━━━ 案例 ━━━━━━━━━━

延迟支付保费是否影响保险合同生效

【案例正文】■━━━━━━━━━━━━━━━━━━━━━━━━━━━━━━━━━━━━

某年5月1日，深圳A公司就装载于"HD"轮上的900长吨蔗糖向保险公司投保水路运输货物保险，保险公司向A公司签发了保险单并开具了发票，保单载明了装运时间等信息，被保险人为A公司，保险标的为蔗糖，保险金额为人民币1 729 000元，承保险别为综合险，保险费为人民币3 112.20元，但A公司一直未支付保费。

5月3日，当该轮航行至广东海域时，船体发生强力震动，5月4日4：30时，船长发现船首偏重，船舱进水，部分货物被水浸湿，船体已明显往下沉，随即发出呼救信号，并令船员排水抛货，实抛保险标的蔗糖39袋；至6：30时，海运公司前来救助并将遇险船舶拖至广东湛江某码头。5月6日，该轮在湛江卸下全部保险标的蔗糖，根据记录：实卸13 966袋。糖袋在船内已严重溶化，每袋重量不足，长吨数以过磅为准，合计损失人民币400 321元。

于是A公司对上述问题于5月6日8时支付了保费，货物出险后即5月6日10：30时，A公司向保险公司提交了出险通知书。同日，保险公司遂派员前往看货物出险情况并了解出险原因，同时前往船厂与船厂、船东共同勘察船舶受损情况，最后保险公司以延迟支付保费为由拒赔，A公司遂诉至法院。

【讨论问题】

请问：保险公司拒绝赔付是否合理？请说明原因。

【参考答案】

保险公司拒绝赔付不合理。本案A公司将其水路运输货物向保险公司投保，保险公司承保并签发保单，表明双方保险合同业已成立。该保险合同是双方在平等自愿基础上的真实意思表示，且内容不违背国家法律，因而合法有效，对双方当事人具有拘束力。A公司向保险公司交付保费，系A公司履行合同自身的义务即对合同的履行，而非合同成立或生效的要件。保险公司收取保费并向原告开具保费发票的行为，表明保险公司对A公司未在保单签发之时交付保费行为的认可，故保险公司辩称A公司未按时交纳保费应承担违约责任，并有权终止保险责任或拒绝承担赔偿损失的理由不能成立。

关于保费的交付时间与迟延交付的法律后果。按照《中华人民共和国保险法》"投保人提出保险要求，经保险人同意承保，并就合同的条款达成协议，保险合同成立"（第12条）的规定，保险合同是诺成合同，只要合同内容为当事人的真实意思表示，且不违背国家法律的强制性规定，保险合同成立即发生效力。对此，投保人或被保险人的首要义务即是按照约定向保险人交付保费。在本案中，保险公司与当事人之间没有明确约定保费交付的具体时间和要求，按照《中华人民共和国海商法》第234条的规定，"除保险合同另有约定外，被保险人应当在合同订立后立即支付保险费"。何为"立即"？按照跟单信用证即期付款的商业习惯，"即期"通常是指7个银行工作日。根据保险要义，保险合同成立后，保险人的法定义务就是"按照约定的时间开始承担保险责任"（《中华人民共和国保险法》第13条），非因法律规定或合同约定，"保险人不能解除保险合同"（《中华人民共和国保险法》第15条），当然更谈不上终止保险责任或者拒绝赔偿责任的问题。这里，被告将保费的交付与保险合同的成立和生效混为一谈，这是在审理保险合同纠纷案时经常出现和普遍存在的问题，应当引起我们足够的重视。

10.1.5　损失补偿原则

案例

投保人向保险人超额投保，超过保险价值的部分无效

【案例正文】

某年4月，杰克与某汽车销售公司签订汽车购销合同1份，该合同明文约定：

杰克委托某汽车销售公司为其购买"卡迪夫"牌轿车一辆，约定金额为人民币11万元，开具的"机动车销售统一发票"上的金额为人民币11万元。同日，购车人就所购该轿车在太平洋保险公司投保，投保主险为机动车辆损失险，保险金额为人民币17万元；机动车辆第三者责任险，赔偿限额为100万元。投保人共交纳保险费人民币6 733元。保险期限一年。当年11月13日，投保人驾驶其被投保的轿车与他人驾驶的车辆相撞，投保车辆报废。同年11月14日，投保人向保险公司提出索赔要求，要求保险公司按照保险合同的约定向其履行保险责任，赔偿承保车辆的损失人民币17万元。但是，保险公司以投保人购买轿车的金额是人民币11万元，即保险价值应为人民币11万元，而其向保险公司投保保险金额人民币17万元，保险金额超过保险价值的部分应为无效为由，只同意向投保人支付保险赔偿金人民币11万元，致使双方产生纠纷。投保人诉至法院，以保险公司对其所有的轿车投保价值人民币17万元予以承保，并签订保险合同为由，要求保险公司向其赔偿人民币17万元。

【讨论问题】 ■

请问：投保人向保险人超额投保，超出部分能否获得赔偿？

【参考答案】 ■

本案争议焦点为购买轿车，金额为人民币11万元，但投保车辆损失险的保险金额为人民币17万元，对投保人超额投保的行为应如何认定。从事保险活动必须遵守法律、行政法规，遵循自愿和诚实信用的原则，而诚实信用原则是保险运营过程中当事人双方都应遵守的基本法律原则。诚实信用原则特别要求投保人必须如实地陈述有关保险标的的情况。本案中的投保人购买的轿车的实际价值是人民币11万元，但是却向太平洋保险公司投保保险金额为人民币17万元的机动车辆损失险，超过该车实际价值的部分达人民币6万元。按照保险法律的规定，财产保险合同的保险金额不得超过保险标的的保险价值，否则超过的部分无效。最终法院判决太平洋保险公司赔偿杰克人民币11万元。

10.1.6 近因原则

案例

多种原因致保险标的损失，依近因原则认定保险责任

【案例正文】 ■

某年年底，某公司通过铁路从A国运送一车皮B国生产的苹果至S国，计1 258篓，并为此投保了货物运输综合险。而该批苹果货物在约定期限内运抵目的地被卸货时，司机发现左侧车门开启0.65米，靠近车门处有明显的盗窃痕迹，车门处的保

温层被撕开长 1.2 米、宽 0.65 米的裂口。卸货后经清点实有货物 1 158 篓，被盗 100 篓；在实收苹果中还有 94 篓苹果被冻损。经查实，S 国当时的最低气温均在零下 15 度左右。被保险人要求保险公司对其苹果遭受的盗窃损失和冻损损失给予赔偿。

【讨论问题】■

请问：被保险人要求索赔的盗窃损失和冻损损失是否合理？请说明理由。

【参考答案】■

被盗 100 篓的苹果属于货物运输综合险的保险责任范围，保险公司应予赔偿无可争议，但对冻损的 94 篓苹果不负赔偿责任。按照本案例介绍，造成该批苹果冻损的原因主要是：盗窃、保温层破损及天气寒冷，而其中最直接的原因是天气寒冷，而不是盗窃，即盗窃并不必然引起标的苹果冻损，而天气寒冷则是苹果冻损的必要条件。根据近因原则，在保险公司于本案中与投保人所签订的货物运输综合险合同条款中，天气寒冷不属保险责任条款所约定的保险事故的范围，所以保险人不应赔付。

10.1.7 代位求偿原则

案例

保险公司向保险人赔付后，该如何索赔

【案例正文】■

某年，福建某茶叶公司与英国进出口公司签订了一笔 CIF 汉堡的茶叶出口合同。茶叶公司委托某外运公司将 950 箱红茶运往汉堡。某外运公司向外轮代理公司订舱。外运公司的代理人接受订舱并指派了 3 个 20 英尺的集装箱。外运公司作为发货人的代理人全权负责对集装箱的检查、货物的点数、积载、装箱和铅封。

收到 3 个满载的集装箱后，船方签发了清洁提单。在发货前，发货人向中国太平洋保险公司投保了一切险和战争险。货到汉堡后，收货人拆箱后发觉茶叶串味，即向中国太平洋保险公司在汉堡的检验、理赔代理人申请查勘，结果发现 250 箱红茶受精萘污染，中国太平洋保险公司赔付了收货人 7 476.63 英镑的损失。

在检验货物时，船方的代表也参加了。中国太平洋保险公司认为：由于承运人提供了不洁集装箱，外运公司作为装箱人未尽职检查，致使茶叶串味，保险公司已赔付了收货人损失，故取得代位求偿权，要求承运人和发货代理人赔偿保险公司遭受的全部经济损失。

承运人认为：该提单下集装箱运输条款为整箱货，由发货人负责装箱、点数、铅封。承运人所提供的集装箱应被视为货物的包装，箱体检查应为发货人的职责。外运公司认为：本司受发货人委托装箱，只对装箱过程负责，不对以后发生的损失负责。按惯例承运人应该提供清洁、干燥、无味的集装箱，而且法律并未规定需要对集装箱进行检查，因此本司对于不可预知的损失不承担赔偿责任。

【讨论问题】

（一）什么是代位求偿？代位求偿有什么作用？

（二）案件该如何处理？

【参考答案】

（一）代位求偿（Subrogation）：在保险标的的损失是由第三方造成的情况下，保险公司在赔偿了被保险人的损失之后，被保险人应将向第三方追偿的权利转让给保险公司。其作用有两个：一是防止被保险人在获得保险公司的赔偿后再从第三方获得赔偿，从而获得超过实际损失的双重赔偿；二是防止造成损失的实际责任人因与他毫不相干的保险合同而免责。

（二）法院对该案的审理结果如下：（1）《中华人民共和国海上国际集装箱运输管理规定》第12条规定，集装箱所有人、经营人应……以保证提供适宜于货物运输的集装箱。外运公司的代理人作为承运人的代理人，向外运公司提供了一个在前一航次中装载精萘的集装箱，其工作有严重漏洞，对损失负有主要责任。（2）《中华人民共和国海上国际集装箱运输管理规定》第17条规定：托运人或承运人在货物装箱前应当认真检查箱体，不得使用影响货物运输、装卸安全的集装箱。外运公司未能尽到认真检查箱体的责任，也应承担责任。最后判决承运人承担60%的责任，外运公司承担40%的责任，赔偿中国太平洋保险公司遭受的全部经济损失。

10.2 海上损失

10.2.1 全部损失与部分损失

案例

"XX"号货轮货物海上损失的确定

【案例正文】

"XX"号货轮满载货物驶离我国某港。开航后不久，海上的空气温度过高，导致货轮老化的电线短路引发大火，接着将装在第1货舱的400条出口毛毯完全烧毁。船到某目的港卸货时发现，装在同一货舱中的烟草和咖啡豆由于毛毯燃烧散发出的焦糊味而不同程度地受到串味损失。由于烟草包装好，串味不是非常严重，经过特殊加工处理，仍保持了烟草特性，但质量下降导致其售价下跌4成。而咖啡豆则完全失去了其特有的芳香，只能按废弃物处理。货轮经大西洋时，又与另一艘货船相撞，船舶严重受损的，第4货舱破裂，舱内进入大量海水，剧烈的震荡和海水浸泡导致舱内装载的手机配件严重受损。为了救险，船长命令动用亚麻临时堵住漏洞，造成大量亚麻损失。在船舶停靠某国港口避难进行大修时，船方联系了岸上有关专家就手机配件的抢修事宜进行了咨询，发现整理恢复的成本十分高昂，已经超过了货物的保险价值。为了方便修理船舶，不得不将第6舱的部分衣服货物卸下，在卸货时有一部分衣服有钩损。

【讨论问题】■━━━━━━━━━━━━━━━━━━━━━━━━━━━━━━━━━━━━

请问：3个货舱的货物损失的类别各是什么？

【参考答案】■━━━━━━━━━━━━━━━━━━━━━━━━━━━━━━━━━━━

（一）第1货舱中的货物损失：那400条出口毛毯的损失是意外事故火灾引起的实际全损，属于实际全损第一种情况——保险标的实体完全灭失。而案例中的烟草的串味损失属于案例中火灾引起部分的损失，因为在经过特殊加工处理后，案例中的烟草仍然能保持其属性，售价4成的贬值是烟草的部分损失。至于案例中的咖啡豆的损失则属于实际全损，因为案例中的火灾造成了"保险标的丧失属性"，已经完全不是投保时所描述的标的内容了。

（二）第2货舱的货物损失：手机配件的损失属于意外事故碰撞造成的推定全损。根据推定全损的定义，当保险标的的实际全损不可避免，或为避免发生实际全损花费的整理拯救费用超过保险标的本身的价值或是其保险价值，就会得不偿失，从而构成推定全损。案例中的手机配件恢复的费用异常昂贵，远远超过了其自身的保险价值，已经构成推定全损。亚麻的损失是在危机时刻为了避免更多的海水涌入货舱威胁到船货的共同安全而被用来堵塞漏洞造成的，这种损失属于共同海损，由案例中的受益各方共同分摊。

（三）第6货舱的货物损失：衣服货物所遭遇的损失，是为了方便共同海损修理而被迫卸下时造成的，也属于共同海损。

10.2.2 共同海损与单独海损

━━━━━━━ 案例 ━━━━━━━

海上损失的性质应如何明确

【案例正文】■━━━━━━━━━━━━━━━━━━━━━━━━━━━━━━━━━━━

载货船舶从广州黄埔港驶往某国的航行途中，货舱起火，大火蔓延到机舱。船长为了船及货物的共同安全，下令使用二氧化碳扑灭机舱和货舱大火，无奈火势太大，二氧化碳用光后仍未能将大火扑灭。接着船长下令往机舱和货舱内灌水，大火终于被扑灭。但由于主机受损，无法继续航行，船长雇用拖轮将船拖回新港修理，修好后重新驶往新加坡。这次意外事故造成的损失和费用有：（1）700 箱货被火烧毁；（2）400 箱货被水浇湿，无其他损失；（3）100 箱货既受热熏损失，又受水渍损失，但未发现任何火烧的痕迹；（4）150 箱货被火烧过且有严重水渍；（5）主机及部分甲板被烧坏；（6）拖轮费用；（7）额外增加的燃油费和船上人员工资。

【讨论问题】■━━━━━━━━━━━━━━━━━━━━━━━━━━━━━━

请问：上述损失的性质是什么？需投何种险别，才能取得保险公司的赔偿？

【参考答案】■━━━━━━━━━━━━━━━━━━━━━━━━━━━━━━

属于共同海损的是（2）、（6）、（7）项，属于单独海损的是（1）、（4）、（5）项。对第（3）项损失来说，由于没有发现任何着火的痕迹，仅受到热熏损失和水渍损失，所以按照共同海损理算规则，通常将热熏损失列为单独海损，对于水渍部分可列为共同海损。对第（4）项损失来说，由于这 100 箱已着火，但被扑灭，虽有严重水渍，也只能列为单独海损。这是因为货物已着火，如不施救，则该货将被烧毁，因此对水渍险不列为共同海损。

以上损失只要投保了《中华人民共和国保险法》中的平安险或英国伦敦保险业协会所制订的《协会货物条款》中的 ICC（C）险即可获得保险公司赔偿。

10.2.3　救助费用和施救费用

━━━━━━ 案例 ━━━━━━

C 轮救助费的追偿

【案例正文】■━━━━━━━━━━━━━━━━━━━━━━━━━━━━━━

某年 10 月，C 邮轮受我国一家大型外贸企业的委派，前往南美洲某国装载一批花生油前往我国某市。同时，该外贸企业在 A 保险公司投保了货物运输保险。由于 C 轮上一航次装载的是原油，必须经过洗舱方能继续装载花生油，洗舱期间，河水水位一直在下降，该轮不得不比预计装载量少装了 8 000 多吨。C 轮装载了 12 425 吨花生油后，启航向我国某市驶去。然而，当 C 轮离港尚不远，该轮便搁浅在河中。显然，河水水位的下降是 C 轮搁浅的重要原因之一。在试图用自身动力起浮几次均未获得成功后，C 轮不得不向当地救助公司发出求救电报。随后，一艘拖轮来到现场，拖轮船长与 C 轮船长签署了"无效果无报酬"救助合约，拖轮前拖后推使 C 轮脱离了险境。而 C 轮经过潜水检查，发现船体未明显受损，故又继续航行。

根据国际保险惯例，A 保险公司作为货物保险人，及时向救助人提供了救助担保，以避免救助人留置货物。经过多方取证和仔细研究关于此次搁浅事故的文件，A 保险公司基本上查清了此次 C 轮搁浅的原因为船方违反了《中华人民共和国海商法》的有关规定。A 保险公司在提出索赔要求并多次与 C 轮船东和保赔协会联系而未获得他们的满意答复后，毅然将C轮船东推上了某海事法院的被告席，索赔42万美元以赔偿此次搁浅带给A保险公司的全部损失。

【讨论问题】

（一）A保险公司代外贸公司向C轮船东索赔42万美元，这属于什么保险原则？

（二）船公司是否应对因该轮遭受的损失承担完全的赔偿责任？

【参考答案】

（一）属于代为求偿的保险原则，指保险人享有的，代位行使被保险人对造成保险标的损害负有赔偿责任的第三方之索赔求偿权的权利。

（二）C轮船东未妥善地、谨慎装载所运货物的过错与船舶搁浅致使货方遭受损失的后果存在着法律上的因果关系，因此船公司应对A保险公司因该轮遭受的损失承担完全的赔偿责任。

10.3　海上保险险别

10.3.1　中国人民保险公司基本险与附加险

一、平安险（基本险）的承保范围

------ 案例 ------
平安险的承保范围有哪些

【案例正文】

某外贸公司按CIF术语出口一批货物，装运前已向保险公司按发票总值110%投保平安险，4月初货物装妥后顺利开航。载货船舶于4月13日在海上遇到暴风雨，致使一部分货物受到水渍，损失价值3 100美元。数日后，该轮又突然触礁，致使该批货物又遭到部分损失，损失价值5 000美元。

【讨论问题】

请问：保险公司对该批货物的损失是否赔偿？为什么？

【参考答案】

保险公司对于该批货物的损失应该赔偿。本案例涉及保险理赔问题，现行的中国人民保险公司的《海洋运输货物保险条款》规定平安险的主要保险责任范围有8项，其中第2项为由于运输工具遭受搁浅、沉没、触礁、互撞、与流冰或其他物体碰撞，以及失火、爆炸等意外事故造成货物的全部或部分损失；第3项为在运输工具已经发生搁浅、触礁、沉没、焚毁等意外事故的情况下，货物在此前后又在海上遭受恶劣气候、雷电、海啸等自然灾害所造成的全部损失。结合本案例分析，触礁是意外事故导致的，应赔；遇暴风雨受损的 3 100 美元，是在运输途中由于自然灾害造成的部分损失，又因该批货物是在触礁意外事故前造成的，所以保险公司对上述两项损失都要赔偿。

二、水渍险（基本险）的承保范围

------案例 1------

水渍险承保范围应包括哪些？有哪些除外责任

【案例正文】■

我国某外贸公司以 CFR 条件进口 4 000 长吨钢材，我方为此批货物向某保险公司投保我国海运保险条款水渍险。钢管在上海港卸下时发现有 600 长吨生锈，经查其中 300 长吨钢材在装船时就已生锈，但由于钢材外表有包装，装船时没有被船方检查出来。还有 200 长吨钢材因船舶在途中搁浅，船底出现裂缝，海水浸湿而致生锈，另有 100 长吨钢材因为航行途中曾遇雨天，通风窗没有及时关闭而被淋湿致生锈。

【讨论问题】■

请问：导致上述损失的原因是什么？保险人是否应予赔偿？为什么？

【参考答案】■

该批钢材以 CFR 条件进口，投保的是我国海运保险条款水渍险。300 长吨钢材在装船时就已生锈，其损失发生在保险责任开始前，属于保险除外责任，因而保险公司不予赔偿。因船舶在途中搁浅，船底出现裂缝，海水浸湿而致生锈的 200 长吨钢管的损失是意外事故所致，属于水渍险保险责任，所以保险公司应予赔偿。因为航行途中曾遇雨天，通风窗没有及时关闭而被淋湿致生锈的 100 长吨钢管，其损失是外来风险所致，不属于水渍险保险责任，所以保险公司不予赔偿。

------案例 2------

水渍险可赔偿因共同海损与单独海损造成的损失吗

【案例正文】■

我国 A 公司（买方）与某国 B 公司（卖方）于某年 8 月签订进口 52 500 吨化肥的 CFR 合同。B 公司租的"DL 号"轮于 10 月 21 日驶离装运港。A 公司为这批货物投保了水渍险。10 月 30 日"顺风号"轮途经巴拿马运河时起火，造成部分化肥烧毁。船长在命令救火过程中又造成部分化肥湿毁。

【讨论问题】■———————————————————————————————

（一）途中烧毁的化肥损失属什么损失，应由谁承担？为什么？

（二）途中湿毁的化肥损失属什么损失，应由谁承担？为什么？

【参考答案】■———————————————————————————————

（一）属单独海损，应由保险公司承担损失。途中烧毁的化肥属于单独海损，近因是火灾，依 CFR 术语，风险由 A 公司即买方承担；而 A 公司购买了水渍险，赔偿范围包含单独海损，因此由保险公司承担。

（二）属共同海损，应由 A 公司与船公司分别承担。因船舶和货物遭到了共同危险，船长为了共同安全，有意又合理地造成了化肥的湿毁。共同海损也在水渍险责任范围之内，A 公司可以向保险公司索赔。

三、一切险（基本险）的承保范围

——————————— 案例 ———————————

一切险有哪些除外责任

【案例正文】■———————————————————————————————

我国某公司出口绿豆 8 000 公吨，投保一切险。由于货轮陈旧，速度慢，加上沿途揽载，结果航行 3 个月才到达目的港。卸货后，绿豆因受热时间过长全部受潮变质发芽，无法销售。

【讨论问题】■———————————————————————————————

请问：在这种情况下保险公司是否应赔偿？为什么？

【参考答案】■———————————————————————————————

尽管该批货投保了一切险，但并非一切损失保险公司都负责赔偿。本案属于保险公司"除外责任"。根据"除外责任"第 4 条的规定，"除外责任"包括被保险货物的自然损耗、本质缺陷、特性及市价跌落、运输延误所引起的损失或费用。绿豆变质发芽是由于运输延误造成的，所以保险公司不赔偿，可凭清洁提单向船公司索赔。

10.3.2 英国伦敦保险业协会制定的《协会货物条款》

——————————— 案例 1 ———————————

对货物内在缺陷或特性所造成的损失或费用保险公司是否赔付

【案例正文】■———————————————————————————————

我国某外贸公司与新西兰某商行达成一项羊毛衫出口合同，价格条件为 CIF 奥克兰，支付方式为不可撤销即期信用证，投保英国伦敦保险业协会所制订的《协会货物保险条款》中的 ICC（A）险。生产厂家在生产的最后一道工序未将手套的湿度降低，即用牛皮纸包好装入双层瓦楞纸箱，再装入集装箱。货物到达目的港后，检验结果表明，全部货物湿、霉、玷污、变色，损失达 10 万美元。据分析，该批货物完全属于正常运输。

【讨论问题】

（一）保险公司对该批货物是否负责赔偿？为什么？

（二）进口商对受损货物是否支付货款？为什么？

【参考答案】

（一）保险公司不赔付。因为根据《协会货物保险条款》，货物本身的内在缺陷或特性所造成的损失或费用属于保险除外责任。

（二）进口商必须支付货款。CIF 是象征性交货，卖方不需要保证到货。只要单单相符、单证相符，就必须付款。可凭商检证书和合同向卖方索赔。

案例 2
不同险种对损失获赔的区别是什么

【案例正文】

英国某载货轮船抵达我国宁波港集装箱码头，某装卸公司承担了其中 25 个集装箱的卸货任务。在最后一个集装箱被吊钩勾起后向岸上移动的过程中，突然吊杆折断，集装箱重重地坠落在地。后经查验，发现集装箱中有 3 个进口商的货物均遭受了不同程度的损毁。这些货物均按《协会货物保险条款》在某保险公司投保了海运货物保险，但保险条件并不相同，分别是 ICC（A）、ICC（B）和 ICC（C）条款。

【讨论问题】

请问：保险公司对这 3 个进口商应如何赔偿？

【参考答案】

对于 C 险来说，没有条款覆盖上述风险，所以对于 C 险，进口商不能获得赔偿。

对于 B 险来说，保险公司规定对于整件货物的全损承担赔偿责任，因此如果全损，就能得到赔偿，如果部分损失，就不能获得赔偿。

对于 A 险来说，在所有的条件下都能获得补偿，无论全损还是部分损失都能赔偿。

10.3.3 保险责任的起讫——仓至仓条款

━━━━━━━━━━ 案例1 ━━━━━━━━━━

货物到达目的地仓库后受损，保险公司应如何作出赔偿

【案例正文】 ■━━━━━━━━━━━━━━━━━━━━━

我国某公司进口了一批台灯并投保了一切险，该货物到达目的港广州黄埔后进入某码头仓库，进口方从该仓库提货。进口方提走部分货物并分发到全国各地，这时由于龙卷风的袭击，仓库内余下的尚未提取的部分货物受损。

【讨论问题】 ■━━━━━━━━━━━━━━━━━━━━━

请问：保险公司对该损失是否应作出赔偿？

【参考答案】 ■━━━━━━━━━━━━━━━━━━━━━

不赔偿。因为保险公司的赔偿范围是仓至仓，既然货物已经到达买方的仓库，保险公司的责任从货物运到仓库的那一刻就已经结束了，在存仓中发生的一切损失都不在保险公司的赔偿范围之内。

━━━━━━━━━━ 案例2 ━━━━━━━━━━

货物在提货后受损，保险公司是否给予赔偿

【案例正文】 ■━━━━━━━━━━━━━━━━━━━━━

某年4月，我国某进出口贸易公司作为被保险人就其代理进口的电脑键盘向XX保险公司投保海上货物运输保险合同，保险公司于同日签发保险单。保险区间为A至B，双方当事人约定适用的海上货物运输保险条款为《协会货物保险条款》中的ICC（A）条款。

5月4日，被保险货物由承运船舶运抵某港口。装有被保险货物的集装箱卸船后堆放于B港口某集装箱运输公司的集装箱堆场。5月6日，进出口贸易公司持海运提单向海关报关并履行完所有海关手续。5月7日上午，某用货单位用卡车来B港口提货，卡车停放在装运货物的集装箱附近。拆箱后，叉车司机操作不当，导致被保险货物在叉离集装箱过程中倾倒并遭严重损坏。5月9日，三方共同指定的检验机构对受损货物作出检验意见，认为"该主机之残损系卸货时操作不当所致。设备主要部件严重受损，确已无法使用。对于货物的损失，进出口贸易公司向XX保险公司提出索赔，该保险公司以货损发生在保险责任终止之后为由拒赔。进出口贸易公司不服，因而提起诉讼。

【讨论问题】■

请问：XX保险公司是否有理由拒赔？请说明理由。

【参考答案】■

XX保险公司有理由拒赔，原因如下：

本案的焦点在于如何正确理解保险条款的责任期间范围。本案中保险合同适用的条款为《协会货物保险条款》中的ICC（A）条款。该条款规定的责任期同为"仓至仓"。因而如何理解"仓至仓"就成为本案的焦点问题。

根据《协会货物保险条款》中的ICC（A）条款第8.1条规定："本保险费自货物运离保险单所载明的起运地仓库或储存处所开始运输时生效，包括指正常运输过程，直至运到下述地点时终止。（1）保险单所载明的目的地收货人仓库或其他最后仓库或储存处所；（2）在保险单所载明目的地之前或目的地任何其他仓库或储存处所，由被保险人选择用作a. 在正常运输过程之外储存货物，或b.分配或分派货物；或（3）被保险货物在最后卸载港全部卸离海轮后满60天为止。以上各项以先发生者为准。"第8.2条规定："如货物在保险责任终止前于最后卸载港卸离海轮，需转运到非保险单载明的其他目的地时，保险责任仍按上述规定终止，但以该项货物开始转运时候终止。"原告进出口贸易公司认为，拆箱卸货系承运人的责任，此时仍在承运人的正常运输过程中；货物尚未运抵保险单所载目的地收货人的储存处所；目的港QZ港不是保险货物最终目的地，该批货物的最终目的地是QZ，在QZ港尚需转运；保险事故发生在承运人卸货之时，此时尚未开始转运。

因此，根据保险条款，保险人应承担赔偿责任。××保险公司认为，本案货物损失发生在原告提货后的拆箱过程中；集装箱堆场即是保险单所载目的地收货人的储存处所；本案应适用《协会货物保险条款》中的ICC（A）条款第8.1条的规定。因此，××保险公司对于被保险人遭受的货物损失不应负保险赔偿责任。

综合案例：中国惠州A公司与中国香港B公司木材买卖合同争议案

2020年9月8日，中国惠州A公司和中国香港B公司签订了HT9998号购货合同。双方约定：A公司（买方）向B公司（卖方）购买一批马来西亚原木，其中，高山柳原木约3 200立方米，售价为176.50美元/立方米（CIF中国惠州），总值为564 800美元；细柳原木约500立方米，售价为130美元/立方米（CIF中国惠州），总值为65 000美元；高山杂原木约800立方米，售价为86.50美元/立方米（CIF中国惠州），总值为69 200美元。所有原木总值为699 000美元。船期约在2020年9月中旬，装货港在马来西亚；付款方式为中国香港渣打银行或中国内地认可的银行开立不可撤销信用证；保险由卖方按发票金额的110%投保ICC（C）险及战争附加险和罢工附加险。双方约定本合同适用CISG。

在购货合同签订后，B 公司分别与其下家供货商签订了木材买卖合同，2020 年 9 月 16 日，A 公司通过中国银行惠州分行开出以 B 公司为受益人的信用证，信用证金额为 699 000 美元，该信用证要求 B 公司提交的保险单必须承保海洋海事运输 ICC（A）险，包括战争险和罢工险。B 公司在收到 A 公司的信用证后，发现信用证对险种的要求和购货合同不符，2020 年 9 月 21 日致电 A 公司要求修改信用证，但未能取得 A 公司的同意。此后，B 公司为了议付信用证项下的货款，与 H 保险公司签订保险合同时，投保的险种是 ICC（A）险。

2020 年 9 月 18 日，B 公司作为托运人和船东签订了租船合同，约定由 C 轮承运购货合同项下的货物。A 公司通过议付银行向 B 公司支付了信用证项下的 699 000 美元，但货物在所承运的船舶 C 轮驶往惠州港的大风浪航程中因绑扎不牢固部分落海灭失，双方对货物灭失的责任归属问题发生争议。

H 保险公司曾经委托 P（海事）有限公司分别到装货港口和在目的港对载货船舶船员就原木在大风浪中落海的原因进行调查。P（海事）有限公司在 2021 年 5 月 26 日出具的检验报告中称，货物的灭失是由甲板货物绑扎不当和不足造成的。据此，保险公司拒绝承担保险责任，导致 A 公司无法对保险公司进行索赔。

G 商会在 2021 年 12 月 8 日出具了相关证明说："查本商会全部经营进出口木材会员在租赁载运木材船只时，大多数都是委托在中国香港注册而富有经验、信用卓著的船务代理，代找载运木材船只，他们具有专业知识，会对每艘船只是否适航适货进行调查，然后办理租船手续。"本案例中，B 公司通过经纪人 D 公司联系租船事宜。D 公司是在中国香港注册成立的从事船务代理业务的公司。B 公司在与其他几位客户的交易中，均是通过 D 公司租船。在租船合同签订之前，B 公司多次通过 D 公司以传真方式和船东及其经纪人就租船合同的条款进行了协商。

A 公司指称 B 公司没有按照双方的约定对货物进行投保，从而导致货物灭失后无法对保险公司行使索赔权利，此外，还指称 B 公司在签订租船合同时没有尽适当的注意义务，于是向法院提出仲裁请求，要求补偿经济损失人民币 4 878 352.32 元。

资料来源：沈四宝、李一鸣 . 惠州 A 公司与中国香港 B 公司木材买卖合同争议仲裁案［EB/OL］.［2022-11-07］.《联合国国际货物销售合同公约》典型仲裁案例选编 .（编者有修改）

【案例使用说明】

一、教学目的与用途

本案例适用于国际货物买卖合同关于贸易术语、包装条款以及运输保险条款部分的教学。通过案例讨论，使学生掌握 CIF 合同下双方划分的责任、风险和费用，运输过程中应尽到的谨慎、合理的注意义务以及运输保险条款中的承保范围等知识，以便学生在未来的实际工作中能够正确运用相关法律准则维护权益。

二、讨论问题

（一）阅读材料，归纳主要事实与争议焦点。

1.A 公司和 B 公司签订了 HT9998 号购货合同。双方在合同中约定的价格术语为 CIF。双方在合同中同时约定由被申请人按发票金额的 110% 投保 ICC（C）险及战争附加险和罢工附加险。

2.B公司与 H 保险公司签订保险合同，B 公司为了议付信用证项下的货款，与 H 保险公司签订保险合同时，投保的险种是 ICC（A）险。

3.货物在所承运的船舶 C 轮驶往惠州港的大风浪航程中因货物绑扎不牢固部分落海灭失，双方对货物灭失的责任归属问题发生争议。

（二）根据案件事实，结合专业知识，回答以下问题：

1.案件中，A公司与 B 公司在 CIF 合同项下分别承担着怎样的风险、责任与费用？

2.A公司指称 B 公司没有按照双方的约定对货物进行投保，货物灭失的责任及造成的损失是否应由 B 公司承担？

3.B公司在运输合同的订立过程中，是否没有尽到谨慎、合理的注意义务？

三、分析思路

分析本案例应当根据本案例中的讨论问题，到案例正文中找出与每一讨论问题相对应的素材，然后认真阅读案例的相关材料，挖掘提炼出本部分案例材料的基本事实，然后运用所学专业知识对相关事实反映的问题作出判断。

四、理论依据与分析

（一）海洋海事运输 ICC（A）险的承保范围。

ICC（A）的除外责任涉及第 4、5、6 和第 7 条的内容。其中第 4 条第（3）点提到"由于保险标的的包装或准备不足或不当造成无法抵抗运输途中发生的通常的事故而产生的损失、损害或费用，此种情况适用于：该包装或准备是由被保险人或其受雇人完成的，或该包装或准备是在本保险责任开始前完成的。（本条所称的"包装"，包括集装箱；本条所称的"雇员"，不包括独立合同人）

本案中，货物包装不当造成无法抵抗运输途中发生的通常的事故而产生的损失、损害或费用，为所购买保险的除外责任，不能向保险公司索赔。

（二）CIF 合同下双方的责任、风险和费用。

依据《2020通则》的相关规定，在 CIF 价格条件下，买卖合同属于"装运合同"的范畴，卖方必须支付通常路线和惯常方式运送货物到约定目的地的正常运费，因货物交运后发生的事故而引起的货物灭失或损坏的风险以及额外费用，都由买方承担。而且，卖方需要承担货物的保险费用。可见，CIF 价格条件下的运输合同对卖方的要求是非常多的。

依据《中华人民共和国民法典》第607条的规定，合同标的物若为出卖人负责运输，承运人独立于买卖合同，则标的物毁损、灭失的风险由买受人承担，即出卖人将标的物交付给第一承运人后，标的物毁损、灭失的风险由买受人承担。

本案的特殊性在于，货物并未到达目的港就因载货货轮的消失而灭失。A公司之所以不能实现其索赔请求并不是因为风险转移，而是因为所投保险索赔范围中，

"货物绑扎不牢固"是由 A 公司自行承担的风险，即使 B 公司按照合同约定投保，由于货物绑扎不牢固属于除外风险，A 公司仍然无权向保险公司索赔。

（三）运输合同的订立过程中如何包装才能尽到谨慎、合理的注意义务？

合理、谨慎的注意义务（Due Diligence）在普通法系中与疏忽（Negligence）相对立，可以与侵权法中的过错适用原则相对比，只要行为人尽到其职责范围内的义务，即使发生了损害，行为人也应该免除损害赔偿责任。

例如，《统一提单的若干法律规定的国际公约》（简称《海牙规则》）中规定，"不论承运人或船舶，对于因不适航所引起的灭失或损坏，都不负责，除非造成的原因是承运人未按第 3 条第 1 款的规定，恪尽职责"；《中华人民共和国海商法》中规定，"经谨慎处理仍未发现船舶潜在缺陷"的，认定为行为人尽到了合理、谨慎的注意义务。海上运输出现风险，行为人是否尽到注意义务与责任承担密切相连。注意义务的履行程度是对争点裁判的基础。

五、参考答案

（一）阅读材料，归纳主要事实与争议焦点。

1.A 公司和 B 公司签订了 HT9998 号购货合同。双方在合同中约定的价格术语为 CIF。双方在合同中同时约定由被申请人按发票金额的 110% 投保 ICC（C）险及战争附加险和罢工附加险。

2.B 公司与 H 保险公司签订保险合同，B 公司为了议付信用证项下的货款，与 H 保险公司签订保险合同时，投保的险种是 ICC（A）险。

3.货物在所承运的船舶 C 轮驶往惠州港的大风浪航程中因货物绑扎不牢固部分落海灭失，双方对货物灭失的责任归属问题发生争议。

（二）根据案件事实，结合专业知识，回答以下问题：

1.案件中，A 公司与 B 公司在 CIF 合同项下分别承担着怎样的风险、责任与费用？

依据《2020 通则》的相关规定，在 CIF 价格条件下，买卖合同属于"装运合同"的范畴，卖方必须支付通常路线和惯常方式运送货物到约定目的地的正常运费，因货物交运后发生的事故而引起的货物灭失或损坏的风险以及额外费用，都由买方承担。而且，卖方需要承担货物的保险费用。

2.A 公司指称 B 公司没有按照双方的约定对货物进行投保，货物灭失的责任及造成的损失是否应由 B 公司承担？

从案件中可知，B 公司投保的是 ICC（A）险，该险种承保范围不包括大风浪航程中因货物绑扎不牢固部分落海灭失的损失，同时这也是 ICC（C）险的除外责任，因此，无论是购买哪个类别的险种，风浪航程中因货物绑扎不牢固部分落海灭失的损失均无法赔偿，且合同使用的是 CIF 贸易术语，B 公司将货物装上船后的风险、责任和费用均转移给了 A 公司，故货物灭失的责任及造成的损失不应由 B 公司承担。货物绑扎不牢固应为船公司应负的责任，A 公司可要求 B 公司协助对船公司进行索赔。

3. B公司在运输合同的订立过程中，是否没有尽到谨慎、合理的注意义务？

首先，依据 Incoterms® 2000 的相关规定，在 CIF 价格条件下，卖方的责任包括按照惯例自费签订运输合同，用通常用以运输该类合同货物的远洋船，经由通常的航线，将货物运至商定的目的地港口。上述规定表明，CIF 合同对卖方在租船时只有两个要求，其一是对运输船舶的要求，即船舶应当是适合运输合同项下货物的远洋船；其二是对航线的要求，即航线为装运港至目的港的通常航线。除此之外，CIF 合同没有对卖方租船提出其他明确具体的要求。本案中，双方当事人对船舶的适航以及航线问题，没有争议。

其次，B公司是专门从事木材生意的公司，而租船是一项较为复杂和专门的业务。在国际贸易中，租船一般由合同的买方或卖方通过经纪人来安排。经查明的 G 商会在 2001 年 3 月 8 日出具的证明信，D 公司是在中国香港注册成立的从事船务代理业务的公司，B 公司通过 D 公司租船安排与其他客户的交易，以及在案涉租船合同签订之前 B 公司多次通过 D 公司以传真方式和船东及其经纪人就租船合同条款进行协商等事实足以表明，被申请人是按照通常做法和通常条件与船东签订了案涉租船合同。

最后，A公司指称B公司没有对船东进行必要的调查，B公司作为从事木材进出口业务的公司，由于缺乏租船方面的知识和信息，在和其他几家公司的交易中才通过 D 公司租船。D 公司是在中国香港注册的船务代理公司，B 公司通过 D 公司租船，本身就表明 B 公司对租船事宜给予了适当关注。

依据上述事实和理由，仲裁庭认为，B公司作为 CIF 合同的卖方，适当履行了合同项下的租船义务。

六、关键要点

阅读本案例并正确回答讨论问题，需要学生把握以下要点：

（一）海洋海事运输 ICC（A）险、B 险、C 险的承保范围及除外责任。

（二）CIF 合同下双方的责任、风险和费用。

（三）为尽到谨慎、合理的注意义务，在运输合同的订立过程中对包装方式的规定。

第十一章 国际贸易结算票据及支付方式

开篇案例

人民币国际支付全球排名超过日元

【案例正文】■————————————————————————————————

环球银行金融电信协会（SWIFT）19日公布的报告称，2021年12月人民币国际支付份额由11月的2.14%升至2.70%，创2021年9月后最高水平。人民币国际支付全球排名自2021年8月中国央行汇改以来首次超越日元升至第四位。美元、欧元和英镑分别占比40.51%、36.65%和5.89%，位居前三；日元、加元和澳元分别以2.56%、1.64%和1.27%的份额排第5至第7位。进入2022年后人民币持续走强，1月20日人民币对美元中间价报6.3485，较上一交易日上调139点，创2018年5月以来新高。

【涉及的问题】■————————————————————————————————

国际贸易结算时的工具主要是票据（如汇票、支票与本票），结算的基本方式主要包括汇付、托收和信用证。在国际贸易结算平台中，环球银行金融电信协会（SWIFT）成立于1973年，是一个连接全球数千家金融机构的高安全性网络，金融机构使用它来发送安全信息和支付指令。中国银行于1983年正式加入SWIFT，是SWIFT组织的第1 034家成员行，并于1985年正式开通使用，成为我国与国际金融标准接轨的重要里程碑。案例中，人民币在国际支付中的份额占比升至第四，这跟中国自身的努力和人民币信誉度比较高密不可分，中国经济改革和金融开放的努力得到了多方的认可。

思政案例

关注经济形势，尽量避免使用延期付款信用证

对出口商来说，延期付款信用证有一定风险，例如，开证行到期可能破产，进口国的政治和经济形势可能发生变化，汇率可能出现波动等。

某年6月，我国A公司与斯里兰卡B公司签订了一笔60万美元的茶叶出口合同，采用延期付款信用证，120天付款，从提单日起算。我公司收到B公司的信用

证后，A公司安排工厂生产，由于工厂机器维修，所以直到当年9月5日才交货，而信用证规定的装期是当年9月10日。因船期无法达到要求，所以A公司只好请客户将信用证的装期改为当年9月30日，且将信用证的有效期顺延。

客户改证后，A公司发运了货物，提单日期是当年9月15日。A公司通过交单行将单据交到开证行，开证行确定的付款日是次年1月13日。但到1月18日，A公司还没有收到款项，于是要求交单行去电询问。开证行回电说："由于金融危机导致斯里兰卡外汇储备不足，所以暂时没有能力偿付此款项，等形势好转后再支付此款。"后来A公司直到2009年2月初才获得付款。

防范延期付款信用证的风险应注意下列问题：做好开证行资信调查；对信誉不好的小银行开出的延期付款信用证要求保兑；要求买方预付一定比例的货款，采用套期保值或投保出口信用险；关注进口国的政治和经济形势，如果形势不稳定，则尽量避免使用延期付款信用证。

11.1　票据的法律性质（无因性）

案例
汇票应由哪个公司负责承兑

【案例正文】

甲公司与乙公司订立一份木材购销合同，约定由甲公司在1个月内向乙公司提供优质东北红松1 000立方米，价值200万元，乙公司开给甲公司一张面额200万元的银行承兑汇票，开户行为丁银行。甲公司因拖欠丙公司的货款，就将此汇票背书给丙公司。甲公司按约交付了1 000立方米红松，双方对质量没有异议。但是乙公司的下家撤销了购买红松的意向，1 000立方米红松就积压在乙公司的手上，也就无力付款。当汇票到期时，丙公司向丁银行提示付款，但丁银行称乙公司的公司账上没有足够的存款，遂拒绝对该票付款。丙公司向甲公司行使追索权，要求甲公司付款。但是甲公司称："我的2 000立方米红松卖出去还没有拿到钱，你还来问我要钱。没有这个道理啊，我卖了东西不但拿不到钱，还要自己贴钱。"于是，甲公司拒绝对丙公司付款。

【讨论问题】

请问：应由甲公司还是乙公司承兑汇票？甲公司是否可以拒绝对丙公司付款？

【参考答案】

甲公司和乙公司都有义务承兑汇票。甲公司不可以拒绝对丙公司付款。根据票据无因性，丙是票据的最后持票人，有权利取得票据权利，可是因为乙的公司账户存款不足无法承兑汇票，所以持票人有权利向背书人和出票人要求兑现票据利益。也就是说，持票人前手和出票人都有义务承兑汇票。那么丙既可以选择向甲要求承兑汇票，也可以向乙要求，当然也可以要求甲和乙两人负连带责任。案例中，如果甲承兑了汇票，则可以向出票人要求追索，也就是行使追索权。

11.2　支付工具

11.2.1　汇票

一、汇票记录的法定事项

案例

有效票据应具备哪些法定事项

【案例正文】

中国JD公司向建设银行申请一张银行承兑汇票，该银行作了必要的审查后受理了这份申请，并依法在票据上签章。JD公司得到这张票据后没有在票据上签章便将该票据直接交付给GH公司作为购货款。GH公司又将此票据背书转让给AS公司以偿债。到了票据上记载的付款日期，AS公司持票向承兑银行请求付款，该银行以票据无效为理由拒绝付款。

【讨论问题】

（一）从以上案情显示的情况看，这张汇票有效吗？

（二）《中华人民共和国票据法》关于汇票出票行为的规定，记载了哪些事项的汇票才为有效票据？

（三）银行既然在票据上依法签章，那么它可以拒绝付款吗？为什么？

【参考答案】

（一）无效。

（二）根据《中华人民共和国票据法》关于汇票出票行为的规定，出票人必须在票据上记载："汇票"字样、无条件支付的委托、确定的金额、付款人名称、收款人名称、出票日期和出票人签章。以上事项欠缺之一者，票据无效。

（三）本案中，承兑银行可以拒绝付款，因为根据票据行为的一般原理，出票行为属于基本的票据行为，承兑行为属于附属的票据行为。如果基本的票据行为无效，则附属的票据行为也随之无效。

二、汇票的当事人及出票行为

案例

案例：汇票应如何规范填写

【案例正文】

The requisite items of a bill are as follows.

Drawer：China National Chemicals Import & Export Corporations

Drawee：The City Bank，New York，USA

Payee：the order of the Bank of China Sum：$1 000.

Date of issue：25th March，1998. Place of issue：Shanghai

Tenor：at 90 days after sight

【讨论问题】

Fill in the following blank form to issue a bill.

（　　） for $1 000 （　　），（　　）

At （　　） pay to （　　） only value received.

To：（　　）

For：（　　）

（signed）

【参考答案】

Exchange for $1 000 Shanghai，25th March，1998.

At 90 days after sight pay to the order of the Bank of China the sum of one thousand US dollars only value received.

To：The City Bank，New York，USA

For：China National Chemicals Import &Export Corporations

（signed）

三、汇票的作用

案例 1

合同纠纷是否影响行使票据权利

【案例正文】

中国A公司与悉尼B公司签订一份价值80万元的不锈钢购买合同。B公司向A公司出具了一张以光大银行某分行为承兑人的银行承兑汇票，该汇票记载事项完全符合票据法的要求。A公司将汇票贴现给汇丰银行。后汇丰银行向承兑行提示付款时，遭到拒付。理由是：B公司来函告知，因货物存在瑕疵，所以该汇票不能解付，请协助退回汇票。汇丰银行认为，本行是因为汇票贴现而成为该汇票的善意持有人，购销合同纠纷不影响自己的票据权利。于是，汇丰银行向法院起诉，对A公司形使追索权。

【讨论问题】

（一）汇票的作用是什么？

（二）汇丰银行的看法是否正确？请说明理由。

【参考答案】

（一）汇票分为银行汇票与商业汇票，本案中为银行汇票。银行汇票一般用于办理异地转账结算和支取现金，承兑银行在见票时，无条件按照实际结算金额支付给收款人或持票人。

（二）银行的看法是正确的，票据抗辩是指票据的债务人依照《中华人民共和国票据法》的规定，对票据债权人拒绝履行义务的行为。《中华人民共和国票据法》中对票据抗辩的限制主要表现在以下4个方面：（1）票据债务人不得以自己与出票人之间的抗辩事由对抗持票人，这就是说，如果票据债务人与出票人之间存在抗辩事由，则该票据债务人不得以此抗辩事由对抗善意持票人；（2）票据债务人不得以自己与持票人的前手之间的抗辩事由对抗行票人；（3）凡是善意的、已付对价的正当持票人可以向票据上的一切债务人请求付款，不受前手权利瑕疵和前手相互间抗辩的影响；（4）持票人取得的票据是无对价或不相当对价的，票据债务人可以对抗持票人前手的抗辩事由对抗该持票人。

---------------- 案例2 ----------------

连续背书的汇票如何行使追索权

【案例正文】

某年，中国A公司以B公司为收款人，签发商业汇票一张，汇票金额为192万元人民币，汇票到期日为2006年7月31日。公司在接到该商业汇票后将该汇票背书转让给C公司。此后，D公司、E贸易公司和F箱包公司亦依次通过背书转让方式取得了该商业汇票。同年8月1日，F箱包公司持该商业汇票向银行提示付款。银行在接到该商业汇票后经查实，确认A公司在银行的存款不足以支付票据款而将商业汇票退回给F箱包公司。之后，F箱包公司依法向其前手E贸易公司进行票据追索，E贸易公司在支付款项后又向其前手追偿，至D公司支付完票据款项后，向C公司进行再追索。C公司支付了票据款项中的192万元，之后C公司依法向中国A公司和B公司就票据权利进行再追偿，但A公司和B公司拒绝偿付票据款项中的100万元。为此，C公司向所在地的人民法院提起诉讼。

【讨论问题】■━━━━━━━━━━━━━━━━━━━━━━━━━━━
请问：连续背书的汇票如何行使追索权？

【参考答案】■━━━━━━━━━━━━━━━━━━━━━━━━━━━
A公司系汇票的出票人，为票据的主债务人，在完成票据行为后，即承担保证该汇票承兑和付款的责任。B公司系汇票的背书人，在以背书方式转让汇票后，即承担保证其后手所持汇票承兑和付款的责任。因此，在C公司依法履行其偿付款项的义务后，其有权向其前手B公司行使追偿权，而B公司也负有向C公司支付款项的义务。由于A公司系汇票的出票人，所以其对B公司的偿付款项的义务承担连带清偿责任，从而保证权利人的票据权利和促进票据流通的目的。

11.2.2　支票

━━━━━━━━━━━━━━━ 案例 ━━━━━━━━━━━━━━━

出票人须按签发支票金额承担保证向持票人付款的责任

【案例正文】■━━━━━━━━━━━━━━━━━━━━━━━━━━━
中国SD公司在银行的支票存款共有300万元人民币，该公司签发了一张面额为500万元的转账支票给FG公司。之后SD公司再没有向开户银行存款。

【讨论问题】■━━━━━━━━━━━━━━━━━━━━━━━━━━━
（一）FG公司所持的支票是否为空头支票？如何判断空头支票？

（二）空头支票的付款人是否为票据债务人？为什么？

（三）SD公司对空头支票的持票人应负什么责任？

【参考答案】■━━━━━━━━━━━━━━━━━━━━━━━━━━━
（一）是空头支票。出票人所签发的支票是否为空头支票，应以持票人依该支票向付款银行提示付款之时为准，而不能以出票人签发支票时为准。

（二）不是票据债务人。付款人不是票据上的当然债务人，支票中的付款人在支票存款中足以支付时才有法定的付款义务。

（三）SD公司作为出票人必须按照签发的支票金额承担保证向该持票人付款的责任。此外，持票人有权要求出票人赔偿占支票金额2%的赔偿金。

11.3　国际贸易中的支付方式

11.3.1　汇付的应用

案例1

防范以电汇方式结算货款的风险性

【案例正文】

A公司与荷兰B进口公司签订了一份大豆产品的CIF合同。合同规定分两次等量装运，两次交货时间间隔为30天，约定付款方式为装运日后30天内电汇（T/T）付款。

A公司备货后将第1个货柜按时装运出口，并将箱单发票及提单用国际快递方式邮寄给进口商供其提货。30天后，A公司催B公司支付货款，B公司先是推脱几天，后又利用各种借口，最后索性不再接听A公司的电话，也不回复任何邮件。货物到港后1个月，A公司催收货款无效，只有联系船公司将货物运回，大量的滞港费、来回运费加上清关费等，使得A公司损失惨重，而后一个货柜也只能转为库存。

【讨论问题】

请问：案例中A公司的损失对您有什么启示？

【参考答案】

电汇具有很高的风险性。采用电汇方式结算货款，要依托进口商的企业信誉。B公司远在荷兰，无法用中国的法律法规约束它的行为，其中存在着巨大风险。

本案中，货物运输需要30天左右，买方也就多了30天的资金融通时间。如果买方在货物装船运输后毁约，那么卖方将无计可施。因此，货到付款的方式对卖方极为不利，也是造成本案中卖方巨额损失的主要原因。

企业在签订合同之前，应该对对方进行资信调查，尽量不要与资信情况不好或者不了解的企业合作，且慎用装运后付款，应该采用预付货款或者双汇付的方式。

案例2

从票汇撤销谈预付货款下出口收汇的风险防范

【案例分析】

我国SM外贸公司与日本KJ商社首次签订一宗买卖合同，合同规定SM公司提供一批货物，进口商用即期不可撤销信用证方式付款。合同规定开证日期为装船前一个月，但届时并未收到进口商开来的有关信用证。几经SM外贸公司催促，进口商才告知"证已开出"。装船前5天，SM公司仍未收到KJ商社的信用证，经再次查询，对方以"因开证行与本公司所在地的银行无业务代理关系，证已开至与其有业务关系的异地银行，由他们转递至出口地的银行"为由拖延开证。此时，船期临近，报检、报关、租船、定舱等工作都急需用证。在多次催促下，在货物装运前3天信用证才到。审证后发现有多处与合同条款不符之处需修改。KJ商社在与SM公司签订合同后，又将该批货物转售给新西兰一位客商，原合同规定由SM公司直接将货装在开往新西兰的货船，而此航线每月只有一班，若赶不上本月船期，只有拖至下个月。这样不仅会使SM公司准备好的货物要存放一个月，还将耽误收汇，并产生利息损失，故SM公司立即电催对方改证。由于时间太紧，改证已来不及，而在信用证支付方式下，信用证又有问题，所以SM公司无法照办，将可能造成单证不符，致使信用证项下出口不能安全收汇。在SM公司坚持不修改好信用证不能装船的情况下，KJ商社提出用汇款方式进行结算。鉴于以上情况，SM公司同意，并请KJ商社先把汇款凭证传真给他们，在收到货款后再发货。第二天，KJ商社便传来了银行的汇款凭证（银行汇票），SM公司的业务人员把传真送财务部门并转银行审核，经核对签字无误。此时，中国港口及运输部门又多次催促装箱、装船。SM公司有关人员认为款既已汇出，不必等款到再发货，否则错过装船期影响装运，于是装船，并及时发出装船电。发货后一个月，财务人员查询时发现出了问题。原来KJ商社在SM公司要求改好证才能装货的情况下，到银行买了张银行汇票传真过来作为汇款凭证，中方业务人员对此并不了解。KJ商社就利用一张有银行签字的汇票促使SM公司发货，待收到装船电后，便立即把本应寄给SM公司的正本汇票退回银行，撤销了这笔汇款，致使SM公司的钱和货都损失惨重。

【讨论问题】

（一）SM公司为何落入了钱货两空的结局？

（二）出口商应如何防范预付货款下的风险？

【参考答案】

（一）上述案例是由于我国SM公司不熟悉票汇的业务操作流程，误认为收到正本汇票或复印件就等于收到货款，于是将货物发出。其实KJ商社就是利用这一点，待我国SM外贸公司发货后马上将汇票交与开立汇票的银行，将汇票撤销，然后逃之夭夭，致使SM公司落入钱、货两空的结局。

（二）出口商应注意预付货款下的风险防范：明确规定合同中的预付条款，最好选择我国银行的海外分支机构作为汇出行，采用预付货款，合同条款应订明：在买卖合同订立后一定时间内，进口商以何种汇款方式如信汇、电汇或票汇将货款通过银行交付出口商，出口商收款后交货；或在装运月开始前一定时间，进口商通过一定的方式将货款汇到出口商。这里特别应该注意的是：汇款的到达时间应以出口商取得货款的时间为准；如果采用票汇，则收到票据的时间应与交货时间相衔接并留有适当余地，而且应把托收票款的时间因素考虑在内，在收到票款后方能发货。由于各个银行的规模、实力和信誉不同，也不排除进口商与汇出行相互勾结，所以最好选择我国银行的海外分支机构作为汇出行，随时了解进口商的动态，以保证安全收汇。另外，收到汇款收据、汇款凭证、取款通知书不等于收到货款，信汇、电汇方式通常由进口商向银行提出申请，银行受理后，开出电汇收据或信汇收据交给付款人（进口商），进口商马上将电汇收据或信汇收据传真给出口商，要求寄出运输单据或立即发出货物。这种情况下一方面进口商可以通过蓄意伪造或涂改电汇凭证，谎称已支付或汇出货款，企图诱使出口商发货，以骗取其出口货物，而使用的所谓"汇款凭证"可能只是一些加盖银行假印章的进账单，或者经过涂改、变造的汇款委托书传真件等；另一方面即使信汇、电汇收据经核实是真实的，出口商也切莫以为收到银行付款的收据就等同于收到货款，若此时出口商向进口商交付正本提单，进口商就可能会在收到正本提单后，立即撤销这笔汇款，逃避付款责任。在信汇、电汇业务中，出口商切莫一收到汇入行的取款通知书，便马上装货、制单并向进口商交单，而后才凭取款通知书向汇入行取款，此时汇款可能早已被汇款人撤销，因为在电汇、信汇情况下，只要汇入行还未将款项交付给收款人，在其收到汇出行的撤销通知后便会立即止付。只要尚未解付，即使收款人已凭取款通知书前来取款，汇入行也不能把款项交付收款人，这样可能会导致出口商钱货两空，所以说收到取款通知书并不是收到货款。

11.3.2　托收的业务流程及防范欺诈风险

------------------------------ 案例 ------------------------------

D/P① 与 D/A② 哪种付款方式风险较大

【案例正文】

案例1：某年，广州 AF 公司（卖方）与中国香港 DB 公司（买方）在广交会上签订了出口500箱公文包、金额为5 000万港币的合同。但在交易会过后两个月，DB 公司仍未开立信用证，而此时，AF 公司已安排生产。后来，AF 公司去电询问对方原因，对方在获知 AF 公司已生产完毕后，一再解释目前资金短缺，生意难做，要求 AF 公司予以照顾，把信用证付款改为 D/A 90天付款。AF 公司考虑到货已备好，若卖给其他客户，则一时找不到销路，会引起货物积压，故不得不迁就对方，经请示领导同意，改为 D/A 90天付款。于是，A 公司将货物安排运往中国香港，并提交有关单据委托广州商业银行（托收行）通过中国香港汇丰银行（代收行）托收货款。货到中国香港后，DB 公司凭已承兑汇票的单据，提取了货物。而90天期限

---

① D/P 指付款交单。
② D/A 指承兑交单。

已过，仍未见对方付款。虽经商业银行多次去电催收，但B公司总是借故推托，一会儿说"商品销路不好卖不出去"，一会儿又声称货物质量太差，被客户投诉，资金因周转困难而无法还款，如此一拖再拖，一直毫无结果。A公司不仅失去货物，货款追收无望，还要承担银行货款的利息损失，可谓赔了夫人又折兵。

案例2：某年，GZ外贸公司（卖方）与ST公司（买方）签订了一批便服套装的出口合同，付款条件为D/P 45天。合同签订不到半年时间，该出口公司先后委托GZ工商银行（托收行）办理10笔托收，托收委托书上均指定代收行为ST某银行，付款人是ST公司，金额总计50万美元。托收行根据委托人（出口公司）指示，在托收面函中列明"DELIVER DOCUMENTS AGAINST PAYMENT, DUE DATE/TENOR 45 DAYS SIGHT"（见票45天后付款交单），且印就文句"SUBJECT TO ICC522"（依据国际商会第522号版本）。但ST某银行收到GZ公司单据后，竟陆续以承兑交单（D/A 45天）方式将单据放给ST公司，而10张承兑汇票逾期多天尚未见支付。托收行几次去电催收，并质疑其代收行为和擅放单据的行为，代收行最初不予理睬，后来被催紧了才回电辩解："D/P远期不合常理，且当地习惯认为D/P远期与D/A性质相同，故以D/A方式放单。"代收行推诿放单责任，拒绝履行付款义务。此后，GZ公司又直接与ST公司联系，催其付款，但对方称：目前资金紧张，暂无力支付，要求延迟一段时间，并签订了"还款计划书"。

【讨论问题】■━━━━━━━━━━━━━━━━━━━━━━━━━━━━━

请问：托收业务的基本流程是什么？D/A与D/P的区别是什么？

【参考答案】■━━━━━━━━━━━━━━━━━━━━━━━━━━━━━

国际商会为统一托收业务的做法，减少托收业务各有关当事人可能产生的矛盾和纠纷，于1995年发布了修改后的《托收统一规则》。该规则是银行普遍适用的托收规则。托收含付款交单（D/P）和承兑交单（D/A）两种方式。

付款交单（D/P）托收的主要流程为：（1）合同规定付款交单（D/P）托收；（2）出口商将货物装船；（3）船公司发运货物；（4）托收行向代收行发送汇票、单证并指示代收行；（5）代收行通知进口商付款；（6）进口商向代收行付款；（7）代收行向进口商放单；（8）进口商向船公司提货；（9）代收行向托收行通知已收妥并付款；（10）托收行向出口商付款。

承兑交单（D/A）是指出口人通过银行向进口人提示汇票和货运单据，进口人在汇票上承兑即可获得单据，并于汇票到期日由代收行再次向其提示时付款。其与付款交单（D/P）的区别在于进口方获得单据的前提不同，D/P是以付款为前提而D/A是以承兑为前提。具体而言，主要的区别就是付款交单托收结算流程中的第（6）项由"付款"变为"承兑"，即进口商向代收行承诺付款即可获得单据。

对出口商而言，一般情况下承兑交单方式所面临的风险比付款交单方式要大一些。在实际业务中尽管出口商以D/P方式与进口商达成交易，但在南美和中东的一些国家，如巴西和沙特，由于当地存在一些习惯，所以通常把远期D/P方式等同于 D/A 方式，这样出口商以远期 D/P 方式所做的交易在这些地区通常被按照 D/A 方式处理，即在承兑交单 D/A 条件下，进口商只要在汇票上办理承兑手续，即可取得货运单据，凭此提取货物。出口人收款的保障就是进口人的信用，一旦进口人到期不付款，出口人便会遭到货款全部落空的损失，所以 D/A 比 D/P 的风险更大。因而出口商如果不事先了解该地区的习惯做法，就可能导致收汇失败。在案例 2 中，出口商不了解进口商当地银行的操作习惯，导致虽约定以 D/P 方式作为支付货款方式，但却被进口商的当地银行按照 D/A 进行操作，最终"钱货两空"。

一旦进口商拒绝付款，收汇失败，则出口商即使在掌握物权的情况下也不得不独自承担相关的财务损失，比如：货物转售的价格损失，负担提货、存仓、保管等费用；货物存储时间过长还可能腐败变质；如不能实现目的港转售，则不得不承担往返的运费等。在 D/P 即期的条件下，若进口人拒不付款赎单，则除非事先约定，银行也没有义务代为保管货物。货物到达后，还要发生在进口地办理提货、交纳进口关税、存仓、保险、转售以致被低价拍卖或被运回国内的损失。

11.3.3　信用证的特点

案例 1

开证行接到符合信用证单据后须承担首要付款责任

【案例正文】 ▶━━━━━━━━━━━━━━━━━━━━━━━
某公司以 CIF 价格向美国出口一批货物。合同的签订日期为 8 月 2 日。8 月 28 日，由美国花旗银行开来了不可撤销即期信用证，金额为 50 000 美元，信用证中规定装船期为 9 月份，偿付行为日本东京银行。中国银行收证后于 9 月 2 日通知出口公司。9 月 10 日，出口公司获悉国外进口商因资金问题濒临破产倒闭。

【讨论问题】 ▶━━━━━━━━━━━━━━━━━━━━━━━
请问：出口公司应如何处理？

【参考答案】 ▶━━━━━━━━━━━━━━━━━━━━━━━
由于两个业务行即开证行（花旗银行）、偿付行（东京银行）都是著名的银行，资信都很高，所以出口公司可以尽快办理出口手续，将货物出口。根据《跟单信用证统一惯例 500 号》的规定，信用证开立后，即为独立自主性文件，与买卖合同没有关系，开证行在接到符合信用证各项条款的单据后须承担付款责任。因此，只要在 9 月份发货并认真制作单据，然后向中国银行议付，并由中国银行向花旗银行寄单和向日本东京银行索偿，就应当能够收回货款。

案例 2

单证不符，不付款

【案例正文】

我国某公司与外商按 CIF 条件签订一笔大豆出口合同，合同规定装运期为 9 月份，但未规定具体的开证日期。外商拖延开证，我方见装运期快到，从 8 月月底开始，连续多次电催外商开证。9 月 5 日，我方收到开证行的简电通知后，因怕耽误装运期，即按简电办理装运。9 月 28 日，我方才收到信用证证实书，该证实书对有关单据作了与合同不符的规定。经办人审证时未予注意，交银行议付时，银行也未发现，开证行即以单证不符为由，拒付货款。

【讨论问题】

请问：我方应从此事件中吸取哪些教训？

【参考答案】

第一，在签订合同时，不仅要规定装运日期，还必须规定好信用证的开证日期。信用证下，出口方先备货，等进口方开来信用证并审核无误时才发货，所以如果不规定开证日期，进口方拖延开证，甚至超过合同的装运日期，则出口方只会处于被动地位。

第二，信用证是一项纯单据业务，审核信用证时要做到"单单一致，单证一致"。我方收到信用证证实书，该证实书对有关单据作了与合同不符的规定，但经办人审证时未予注意，交银行议付时，议付行也未发现。业务员在审证时应做到"单单一致，单证一致"。

案例 3

信用证是自足文件，不依附于买卖合同

【案例正文】

某国 X 公司向美国 Y 公司以 CFR 术语出口一批玉米，合同规定 4 月份装运。Y 公司于 4 月 10 日开立不可撤销信用证。此证按《跟单信用证统一惯例 500 号》规定办理。该信用证规定：装运期不得晚于 4 月 15 日。此时 X 公司已来不及办理租船订舱，立即要求 Y 公司将装船日期延至 5 月 15 日。随后 Y 公司来电称：同意展延船期，有效期也顺延 1 个月。X 公司于 5 月 10 日装船，提单签发日为 5 月 10 日。X 公司于 5 月 14 日将全套符合信用证规定的单据交银行办理议付。

【讨论问题】

请问：X 公司能否顺利结汇？为什么？

【参考答案】■■━━━━━━━━━━━━━━━━━━━━━━━━━━━━━

X公司不能顺利结汇，因为信用证是一项自足文件，一经开出，即独立于合同之外，买卖双方的权利和义务皆以信用证规定为准。我方和B公司磋商展延船期，只停留在合同层面，并没有修改信用证中的对应条款。银行在审核信用证时一旦发现"单单不一致"或"单证不一致"，就不会付款，而不会去顾及买卖双方之间如何约定。

━━━━━━━━━━━ 案例4 ━━━━━━━━━━━

银行在对信用证审单时无义务判断其单据真伪

【案例正文】■■━━━━━━━━━━━━━━━━━━━━━━━━━━━━

中国泉州MK外贸公司与中国香港XG公司达成了一笔3 000公吨镀锡铁皮交易，金额约400万美元，并订立购货合同。支付条件为即期信用证，规定2月和3月交货。不久XG公司开出了信用证，规定了商品的名称、规格、数量、重量和装运期等。中国船运公司应托运人请求，向其发运了48个空集装箱，供其装货和加封。3月24日，承运人签发了"已装船"清洁提单，3月25日，XG公司当地银行寄单至中国银行，中国船运公司"HD"号轮到达指定某港口。卸船后发现，集装箱完好，封条未动。但启封以后，发现箱内只有充满脏水的铁桶，没有镀锡铁皮。3月30日，收货人立即将该欺诈行为通知了开证银行中国银行，并要求其通知指定的议付银行拒付货款。但中国银行收到XG公司当地银行的电传，称已根据提示汇票和单据支付了货款。这时，外贸公司发现商业发票与提单两者不符，即信用证内的商品发票中要求货物规格为50厘米，而提单内货物规格为50毫米。4月14日，XG公司议付银行行使追索权，向出口商索回货款。3天以后，中国银行又收到XG公司议付银行的电传，说中国银行提出偿还货款的要求超过了允许的合理时间，要求中国银行（开证行）立即偿付。中国银行无奈作了偿付。

【讨论问题】■■━━━━━━━━━━━━━━━━━━━━━━━━━━━━━

（一）银行是否有义务判断卖方提交的单据的真伪？

（二）从此案例中应该吸取什么教训？

【参考答案】■■━━━━━━━━━━━━━━━━━━━━━━━━━━━━━

（一）外贸公司在要求中国银行开立信用证时，应先对受益人的资金情况和信用情况进行调查。按照《跟单信用证统一惯例500号》规定，银行所处理的是单据，而不是货物，他们只是按照信用证规定审核单据，无义务也无法判断卖方提交的单据的真伪。

（二）由于中国香港与中国内地近在咫尺，并且当地有许多中国公司和银行，所以买方完全可以委托一家中国公司于装载货物之前或期间当场对货物进行检验。

外贸公司和中国银行在发现受骗以后，审单太慢，发现严重不符点后再向中国香港银行索偿时已超过了《跟单信用证统一惯例500号》规定的审单期限。

------------------------------ 案例5 ------------------------------

发票上显示不同于信用证的付款期限是否构成不符

【案例正文】◼━━━━━━━━━━━━━━━━━━━

一份延期付款信用证摘要如下：

Deferred payment details: 30 days after transport document date; Partial shipments; Allowed documents required（among others）: Commercial invoice issued for total amount of EUR 85 500.00 indicating discount 18PCT and amount payable under credit EUR70 110.00.

受益人前两次交单相符，且被承付。第三次交单的发票显示付款期限为"L/C 30 DAYS SIGHT"，不同于信用证的"30 DAYS AFTER TRANSPORT DOCUMENT DATE"。

开证行发出拒付通知称："DEFERRED PAYMENT DETAILS ON INVOICE NOT AS PER L/C TERMS"。

【讨论问题】◼━━━━━━━━━━━━━━━━━━━

请问：开证行所提不符点是否有效？

【参考答案】◼━━━━━━━━━━━━━━━━━━━

开证行所提不符点无效，原因如下：

本案信用证允许部分装运，付款期限为"deferred payment of 30 days after transport document date"。前两次交单相符，且被承付。第三次交单时被拒付，开证行所提不符点为"deferred payment details on invoice not as per L/C terms"。提交的发票显示付款期限为"L/C 30 DAYS SIGHT"，开证行认为与信用证规定的"deferred payment of 30 days after the transport document date"矛盾。

信用证明确规定的付款期限为运输单据日后30天，开证行的承付责任仅基于信用证的支付条款以及交单情况，即随附单据的面函上的索偿要求。

受益人在一份延期付款信用证项下交单，不应期待在到期日前付款。信用证未要求发票必须显示付款期限，发票上显示的付款期限"L/C 30 DAYS SIGHT"并不改变开证行的责任，也不会给指定银行或受益人提供任何要求提前付款的额外权利。因此，发票上不同的付款期限不能作为不符点的依据，开证行所提不符点无效。

综合案例：检验证书伪造能否议付信用证

一、背景

2008年9月10日，中国香港陆丰公司（买方）以江苏江阴外贸公司（卖方）为受益人在开证行中南银行中国香港分行开立了D-01-Q-30935号即期信用证，金额为319 590美元，信用证规定江阴外贸必须提交陆丰公司授权代表签字的检验证书方可承兑，陆丰公司将签字样本交通知行中国银行无锡分行存档。11月3日，陆丰公司突然接到开证行通知，称江阴外贸公司已提交D-01-Q-30935号信用证项下包括检验证书在内的全部文件议付信用证款项。而事实上陆丰公司从未接到过江阴外贸公司的任何有关进行产品检验的通知，也未检验过任何货物，更未签署任何允许江阴外贸公司议付信用证的有关文件，故陆丰公司提出拒付。后虽经陆丰公司多方努力澄清事实，在江阴外贸公司和通知行的一再催促下，开证行不得不于2009年1月27日议付了信用证项下的本金319 590美元及延付利息2 112.85美元。2009年4月14日，陆丰公司聘请经中国香港法院认可的世界级笔迹鉴定专家对江阴外贸公司提供的检验证书的印章及签名进行笔迹鉴定，认定该检验证书上的签名及印章均系伪造。江阴外贸公司伪造印章及签名议付信用证违反法律规定，侵犯了陆丰公司合法权益。请求判令江阴外贸公司：（1）议付D-01-Q-30935号信用证的行为无效；（2）返还信用证项下本金319 590美元、延付利息2 112.85美元和本金自2009年1月27日起到实际给付日的利息损失（其中计至2009年8月31日为21 095.15美元）；（3）赔偿聘请中国香港律师费用及笔迹鉴定费用109 976港币和仓储保险费等费用105 759.27港币及上述款项至实际给付日止的利息（按中国香港银行同期贷款利率计算）；4.负担诉讼费及陆丰公司聘请律师、差旅费等一切与本案有关的费用。

二、当事人主张与抗辩

（一）原告：陆丰公司

1.本案中江阴外贸公司是通过提交伪造"检验证书"的方式议付信用证的，江阴外贸公司提交的"检验证书"的纸张、签字及印章表面上与中南银行中国香港分行及无锡中行的留底样本相符，因此中南银行中国香港分行按照《跟单信用证统一惯例500号》的规定承担了必然的付款责任，且中南银行中国香港分行无权以江阴外贸公司提交的"检验证书"系伪造为由提出诉讼请求，原审法院以"中南银行未对江阴外贸公司的议付行为提出无效的诉讼"为理由驳回其诉讼请求。

2.江阴外贸公司以提交伪造的信用证议付单据的方式向中南银行中国香港分行骗付信用证项下的货款，但实质上，江阴外贸公司侵害的是陆丰公司的利益，因此陆丰公司拥有合法的诉权。

3.陆丰公司出具的笔迹、印章鉴定报告是真实、合法和有效的。

4. 江阴外贸公司对"检验证书"的真实性具有不可推卸的责任。江阴外贸公司通过仿制上诉人信纸、私刻陆丰公司印章、模仿上诉人的有效签署人签名，向银行提交伪造检验证书并骗付信用证项下的货款，江阴外贸公司的违法行为严重侵犯了上诉人的合法财产，其应对上诉人承担全部法律责任。

（二）被告：江阴外贸公司

江阴外贸公司作为信用证受益人及出口代理人，在买卖合同中规定的货物经检验并装运出口后，取得了信用证要求的全套单据，经中国银行江阴支行转递开证行，开证行接受单据并支付了相应款项，说明单据与信用证规定相符。从《跟单信用证统一惯例500号》的规定来看，江阴外贸公司与陆丰公司并无直接的法律关系，其无权依信用证关系起诉江阴外贸公司；且江阴外贸公司从未见过存档于中国银行无锡分行的检验证书的签字样本，因此根本不可能伪造陆丰公司的印章及签名。综上所述，请求驳回陆丰公司的诉讼请求。

三、法院认定的事实

2008年9月10日，中国香港陆丰公司申请由中南银行中国香港分行（以下简称中南银行）开立D-01-Q-30935号不可撤销跟单信用证，受益人为江苏江阴外贸公司，金额为319 590美元，信用证有效期限及地点：2008年12月9日，中国；通知行为中国银行无锡分行（以下简称无锡中行）；货物为53 000件女装聚酯纤维短袖外套，CIF中国香港，6.03美元/件，最后装船期为2008年11月25日；信用证要求的单据包括：商业发票一式三份；全套注明"运费预付"已装船至港清洁正本海运提单，以中南银行为抬头，陆丰公司为通知人，并注明信用证编号；全套空白背书在目的港为索赔地的海运保险单或凭证（最少以110%到岸价投保货物全险等）上。检验证书须由陆丰公司之有效签署人签字盖章证明在装船并已经检验货物，状况良好，该有效签署人的签字及印章须与通知银行的档案样式完全一致（中南银行已将该签字、印章样式用特快专递寄给无锡中行）；须在信用证规定有效期及装船日起21天内在中国提交单据议付等；收到正确单据时，中南银行将议付或递交银行的指示偿付时，本信用证根据《跟单信用证统一惯例500号》执行。该证据由陆丰公司提供，江阴外贸无异议。

2008年11月9日，江阴外贸通过中国银行江阴支行（以下简称江阴中行）向中南银行递交有关单据及金额为319 590美元的即期汇票要求议付信用证项下款项。2008年11月17日，中南银行电告江阴中行，称因额外的运输文件副本没有签字，没有打上"不可议付"和没有"已装船"的字样，也没有注明装运日期，另陆丰公司已通知中南银行经江阴中行呈交的检验证书不是陆丰公司之授权人签署的，故拒付信用证项下款项。12月3日，江阴外贸委托律师致函中南银行，称中南银行要求补交的单据已于11月20日补齐；而中南银行仍未向江阴外贸支付信用证款项，已超过《跟单信用证统一惯例500号》规定的7个工作日，违反了该规定，应承担经济及法律责任，要求在收函后3个工作日内支付319 590美元否则将提起法律诉讼。12月7日，中南银行委托律师事务所答复，称因陆丰公司代表律师提出江阴外贸提交的验货证明书所用信纸与陆丰公司沿用信纸不同，指出江阴外贸有参与伪造及递交信用证项下要求的验货证明书，中南银行初步怀疑有关验货证明书被人伪造而交易可能涉及欺诈行为；同时陆丰公司的代表律师亦提到已就伪造验货证明书一事向中国香港警察部门及无锡市人民检察院举报；在此情况下，中南银行有权对事件作出审慎研究，才决定如何处理。该证据材料由江阴外贸提供。

经多次交涉，中南银行于2009年1月27日向江阴外贸付D-01-Q-30935号信用证项下本金319 590美元。双方对此均无异议。陆丰公司提供的中南银行通知称还于2009年1月27日付利息497.14美元、2月6日付利息1 615.71美元，共2 112.85美元；1月28日付存船头仓超时费89 093.36港币，2月2日付存仓运输费3 899.60港币，3月1日付保险费（2008年11月27日至2009年2月1日）共5 627.11港币，5月18日付1至4月份仓租7 139.20港币及仓单存仓服务费900港币，共106 659.27港币等有关费用现暂记中南银行"应收款项——其他费用"账目。有关信用证项下单据至今仍在中南银行，陆丰公司尚未向中南银行付款赎单。

陆丰公司提供经陆丰公司单方委托，由手迹和可疑文件审查官怀斯特伍德出具的"关于陆丰公司签字、公司印章及专用信笺对照审查报告"，要求检验的可疑文件为2008年10月26日一份有关金额为319 590美元的陆丰公司检验证书正本文件。检验样本为：2004年8月15日用陆丰公司专用信笺出具的陆丰公司交货收据，上有陆丰公司丁某、吴某的原始墨水签字和"陆丰公司代表授权人签字"的原始墨迹印章；2007年10月25日给中南银行的签字样本卡，正面有丁某的原始墨水签字和"陆丰公司代表授权人签字"的原始墨迹印章，反面有丁某和吴某的原始墨水签字；20个吴某和丁某的原始墨水签字样本；12份支票复印件，均有丁某和吴某的复制签字和"陆丰公司代表授权人签字"的复制印章；陆丰公司专用信笺；20个"陆丰公司代表——授权人签字"印迹等。结论为可疑检验证书上两个可疑签字是某个试图模仿丁某和吴某签字风格的产物，这两个签字完全不可能是由丁某和吴某各自签写的；可疑文件中的印章不是比对样本中的印章所盖出的；如果陆丰公司提供的比对样本信笺是陆丰公司的专用信笺，则可疑文件不是陆丰公司的真正专用信笺等。但陆丰公司未能提供证明检验证书系由江阴外贸伪造的证据材料，也未能提供证据证明检验对象与比对样本的来源，以及比对样本与中南银行寄交无锡中行检验证书的签字样本是同样的。

资料来源：本案例系作者根据江苏省高级人们法院民事判决书"陆丰有限公司诉江阴市对外贸易公司信用证议付纠纷案"判例改编.

【案例使用说明】

一、教学目的与用途

本章适用于"国际贸易销售合同支付条款"（教材第11章）的教学使用。通过案例分析，学生能够掌握支付工具的运用，以及支付方式中信用证的特点，以便学生在未来的实际工作中能够正确运用相关法律准则处理纠纷与维护权利。

二、讨论问题

（一）江阴外贸公司根据信用证要求将金额为319 590美元的即期汇票，通过中国银行江阴支行向中南银行要求议付信用证项下款项。

1.什么是即期汇票？汇票的作用是什么？

2.在该案件中，受票人和受款人分别是哪些当事人？

（二）信用证开具、通知及议付的相关知识：

1.请将本案例中，办理信用证业务过程中的当事人（包括Applicant/Advising Bank/Beneficiary/Negotiating Bank）及案例中对应的具体名称填在以下合适的空格中（见表11-1）。（8分）

表11-1　　　　办理信用证业务过程中的当事人及案例中对应的具体名称

当事人	具体名称
Applicant	
Opening Bank	
Advising Bank	
Beneficiary	
Negotiating Bank	

2.请作图并写出议付信用证操作流程的主要程序（如图11-1所示）。

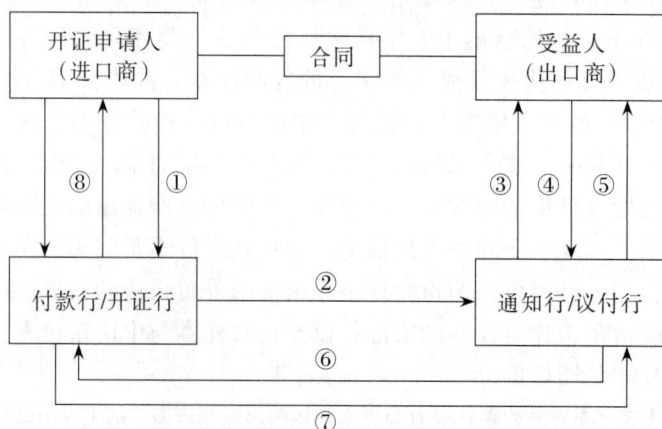

图11-1　议付信用证操作流程

3.中南银行以递交的检验证书不是陆丰公司之有效签署人签署为由，拒绝信用证项下款项是否合理？请说明理由。

4.陆丰公司声称江阴外贸公司有参与伪造及递交信用证项下要求的检验证书，中南银行是否能以"怀疑有关检验证书被人伪造而交易可能涉及欺诈行为"为由，拒绝向江阴外贸公司支付信用证项下货款?

5. 陆丰公司诉请法院判决江阴外贸公司返还其信用证项下本金利息,是否合理? 法院是否应予以支持? 请说明理由。

三、分析思路

分析本案例应当根据讨论问题,到案例中找出与每一讨论问题相对应的案例素材,然后认真阅读案例相关材料,挖掘提炼出本部分案例材料的基本事实,然后再运用所学专业知识对相关事实反映的问题作出判断。本案例分析主要围绕国际支付信用证的性质及特点展开。

四、理论依据与分析

信用证是银行信用的支付方式,有以下 3 个特点:

(一)开证银行负有第一性付款责任

信用证是由开证银行以自己的信用作出付款的保证。在信用证付款条件下,开证银行负有第一性付款责任。国际商会《跟单信用证统一惯例 500 号》第 2 条规定,信用证是一项约定,不论其如何命名或描述,都是开证行应开证申请人的要求和指示或以其自身的名义,在与信用证条款相符的条件下,凭规定的单据向受益人或其指定人付款,或承兑并支付受益人出具的汇票,或授权付款行付款,或承兑汇票,或授权另一家银行议付。因此,开证银行是首先的付款人。

(二)信用证是一种独立自主文件

信用证的开立以买卖合同作为依据,但信用证一经开出,即成为独立于买卖合同和其他合同之外的另一种契约,不受买卖合同和其他合同的约束。《跟单信用证统一惯例 500 号》第 4 条规定:"就性质而言,信用证与可能作为其依据的销售合同或其他合同,是相互独立的交易。即使信用证中提及该合同,银行亦与该合同完全无关,且不受其约束,因此一家银行作出兑付、议付或履行信用证项下其他义务的承诺,并不受申请人与开证行或与受益人之间在已有关系下产生索偿或抗辩的制约。"所以信用证是一项独立自主的文件,开证银行和参与信用证业务的其他银行只按信用证规定履行自己的义务。

本案中,经陆丰公司申请,由中南银行开立不可撤销信用证,该信用证一经开立,即与可能作为其依据的销售合同及其他合同相互独立,银行亦与该基础关系合同完全无关,且不受该基础关系约束。江阴外贸公司作为信用证的受益人,在信用证规定的期限内,通过通知行转递信用证条款所规定的单据议付信用证款项,中南银行在审查江阴外贸公司所提交的议付单据后,作出付款。该行为受信用证条款约束,而并不受陆丰公司与中南银行或与江阴外贸公司之间在已存关系下产生的索偿或抗辩的制约。

(三)信用证是一种在信用证项下的单据交易,实行凭单付款原则

《跟单信用证统一惯例 500 号》第 5 条规定:"在信用证业务中,各有关方面处理的是单据,而不是与单据有关的货物、服务或其他行为。"所以信用证业务是一

种纯粹的单据业务。根据《跟单信用证统一惯例500号》有关的规定，银行虽有义务"合理小心地审核一切单据"，但这种审核只是确定单据表面上是否符合信用证条款，开证银行只"根据表面上符合信用证条款的单据付款"。因此，"银行对任何单据的形式、完整性、准确性、真实性以及伪造或法律效力或单据上规定的或附加的一般或特殊条件，概不负责"。在信用证项下，实行单据"严格符合的原则"，即要求"单证一致""单单一致"。

五、参考答案

（一）江阴外贸公司根据信用证要求将金额为 319 590 美元的即期汇票，通过中国银行江阴支行向中南银行要求议付信用证项下款项

1. 什么是即期汇票？汇票的作用是什么？

即期汇票（Sight Bill，Demand Bill，Sight Draft）是指持票人向付款人提示后对方立即付款的汇票，又称见票或即付汇票。《中华人民共和国票据法》第19条规定："汇票是出票人签发的，委托付款人在见票时，或者在指定日期无条件支付确定的金额给收款人或者持票人的票据。"汇票是国际结算中使用最广泛的一种信用工具。它是一种委付证券，基本的法律关系最少有3个人物：出票人、受票人和收款人。

2. 在该案件中，受票人和收款人分别是哪些当事人？

受票人是中南银行，收款人是江阴公司。

（二）信用证开具、通知及议付的相关知识：

1. 请将本案件中，办理信用证业务过程中的当事人（包括 Applicant/Advising Bank/Beneficiary/Negotiating Bank）及案例中对应的具体名称填在以下合适的空格中（见表11-2）。

表11-2　　　　办理信用证业务过程中的当事人及案例中对应的具体名称

当事人	具体名称
Applicant	中国香港陆丰公司
Opening Bank	中南银行中国香港分行
Advising Bank	中国银行无锡分行
Beneficiary	江苏江阴外贸
Negotiating Bank	中南银行

2. 请作图并写出议付信用证操作流程的主要程序（如图11-2所示）。

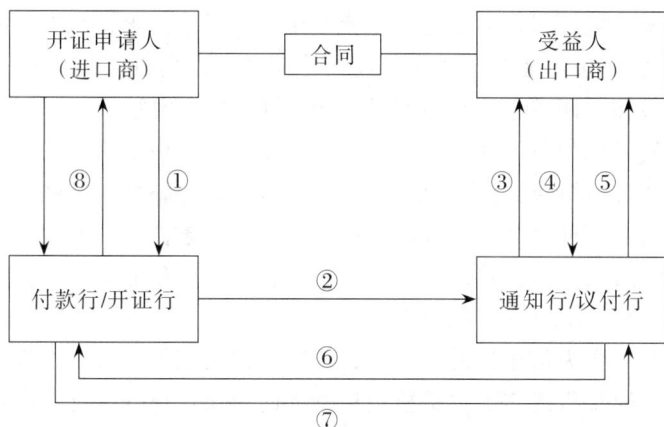

图 11-2　议付信用证操作流程

基本流程包括：

①开证申请人按合同规定向银行提出开证申请，填写申请书并缴纳保证金和开证手续费。

②开证银行接受开证申请，开出信用证寄给通知行。

③通知行接到信用证经审查并证实无误后，通知受益人且转交信用证给受益人。

④受益人经审查信用证无误后，即可按约定条件装运货物。货物装运后，受益人缮制信用证要求的各种单据，在信用证有效期内向议付行交单。

⑤议付行审核、收取信用证与单据，若单单相符、单证相符，则垫款给受益人。

⑥议付行将单据等寄交开证行或其指定的付款银行要求付款。

⑦开证行审单无误后，向议付行付款。

⑧通知开证申请人付款赎单。

3. 中南银行以递交的检验证书不是陆丰公司之有效签署人签署为由，拒绝信用证项下款项是否合理？请说明理由。

不合理。江阴外贸公司作为受益人，依照该信用证的要求，在规定的期限内向中南银行指定的通知行提交了包括检验证书在内的议付单据议付信用证款项，中南银行按照《跟单信用证统一惯例500号》的规定审查了江阴外贸公司所提交的议付单据后，认为单证相符、单单相符，遂议付了该信用证款项。因此，本案信用证议付关系已经结束。银行对任何单据的形式、完整性、准确性、真实性以及伪造或法律效力或单据上规定的或附加的一般或特殊条件，概不负责。

4. 陆丰公司声称江阴外贸公司有参与伪造及递交信用证项下要求的检验证书，中南银行是否能以"怀疑有关检验证书被人伪造而交易可能涉及欺诈行为"为由，拒绝向江阴外贸公司支付信用证项下货款？

不能。江阴外贸公司作为受益人，依照该信用证的要求，在规定的期限内向中南银行指定的通知行无锡中行提交了包括检验证书在内的议付单据议付信用证款项，中南银行按照《跟单信用证统一惯例500号》的规定审查了江阴外贸公司所提交的议付单据后，认为单证相符，单单相符，遂议付了该信用证款项。因此，本案信用证议付关系已经结束。银行对任何单据的形式、完整性、准确性、真实性以及伪造或法律效力或单据上规定的或附加的一般或特殊条件，概不负责。

5. 陆丰公司诉请法院判决江阴外贸公司返还其信用证项下本金利息，是否合理？法院是否应予以支持？请说明理由。

江阴外贸公司作为信用证的受益人，依照该信用证的要求，在规定的期限内向中南银行指定的通知行提交了包括检验证书在内的议付单据议付信用证款项，中南银行按照《跟单信用证统一惯例500号》的规定审查了江阴外贸公司所提交的议付单据后，认为单证相符、单单相符，遂议付了该信用证款项。因此，本案信用证议付关系已经结束。陆丰公司认为江阴外贸公司所提交的检验证书是伪造的，并提供了手迹和可疑文件审查出具的报告，但该份报告是陆丰公司单方委托境外鉴定人检验的，依法不能作为定案的依据。陆丰公司也未能在本院限定的期间内举证证明江阴外贸伪造或参与伪造本案所涉检验证书的正本。再者，江阴外贸公司从未与陆丰公司有过贸易往来，无从知晓陆丰公司的印鉴样本，更无从知晓陆丰公司预留在中南银行的有权签署人的姓名及签名式样，因此陆丰公司用于支持其关于本案所涉检验证书是伪造的，且是江阴外贸公司伪造印章及签名议付信用证、侵犯陆丰公司合法权益的主张的证据并不充分，其上诉理由不能成立。另外，从本案信用证的检验证书条款来看，陆丰公司设立检验证书条款的目的是保证信用证项下的货物质量，现陆丰公司并未提取该批货物，更无从知晓该批货物是否存在质量问题，而陆丰公司目前尚未支付该批货物项下的货款，因此陆丰公司诉请法院判决江阴外贸公司返还其信用证项下本金利息等无事实依据，法院应不予以支持。

六、关键要点

（一）信用证是由开证银行以自己的信用作出付款的保证。

（二）一家银行作出兑付、议付或履行信用证项下其他义务的承诺，并不受申请人与开证行或与受益人之间在已有关系下产生索偿或抗辩的制约。

（三）银行虽有义务"合理小心地审核一切单据"，但这种审核只是确定单据表面上是否符合信用证条款，开证银行只"根据表面上符合信用证条款的单据付款"，因此"银行对任何单据的形式、完整性、准确性、真实性以及伪造或法律效力或单据上规定的或附加的一般或特殊条件，概不负责"。

第十二章 免责条款与争议处理

开篇案例

新冠肺炎疫情消杀延误提货，货主是否要支付滞箱费

【案例正文】■

2021年3月15日，某市突发境外输入型新冠肺炎疫情，海关要求对进口冷藏集装箱进行核酸检测和病毒消杀，导致提单收货人KY公司通过承运人马士基公司海运进口的10个集装箱冷冻海产品滞留大连港数月无法交货，并且超过了马士基公司提供的集装箱免费使用期。KY公司在办妥各项手续主张提货时，马士基公司要求其支付滞箱费189万余元，否则拒绝交货。KY公司主张海关对进口冷藏集装箱进行核酸检测和病毒消杀构成不可抗力，涉案货物为易腐烂冷冻海鲜制品，双方滞箱费争议短期内无法解决，向本市海事法院申请海事强制令，请求责令马士基公司立即向其交付货物。

海事法院审查认为，KY公司提交了人民币500万元的现金担保，海事强制令申请符合法律规定。裁定准许海事强制令申请，责令马士基公司立即向KY公司交付案涉集装箱货物。

【涉及的问题】■

货物在运输期间，由于发生了当事人不能预见和人力所不能控制的自然灾害或意外事故，以致不能履行合同或不能按期履行合同，在实际业务中，发生的事故是否属于不可抗力事故，一般要根据合同条款的规定，视发生事故的时间、地点、原因、规模、后果等，以及事先是否可以预见，事后是否可以采取必要的措施克服，事故是否使合同失去履行的基础等情况来确定。对于案例中，新冠肺炎疫情的发生延误了提货，是否可确定为不可抗力事故？其合同不可抗力条款是什么？该如何界定及产生的法律后果为何？若合同双方产生争议，应如何解决？同时，运输过程中的不可预见性，要求合同双方具备较强的风险意识，根据自身利益购买好相应的保险。

思政案例

友好协商，解决合同争议的首选

友好协商指争议发生后，双方本着互谅互让的精神，在没有第三者参与的情况下，通过相互协商来解决争议。这种解决争议方式的优点是：节省时间和费用，不伤和气，有利于将来继续合作，有利于保守商业秘密。正因为如此，在国际贸易合同中都将其作为解决争议的首选。

某年8月，F公司与G公司磋商一笔出口铝制产品的交易，合同签订后，F公司业务员向工厂下达生产通知，20天后生产完毕。鉴于该工厂与F公司有长期合作关系，无论产品质量还是服务都没出过问题，而且这次是按样品生产的，于是F公司业务员没有验货就直接订舱将货物发运给了客户。

客户收到货物后，发现与样品的颜色不一致，而颜色是该产品的一个重要指标，不一致意味着该产品无法正常使用，于是提出退货。F公司业务员经过检查，发现这确实是工厂生产中出现错误所致，于是向客户承认了错误，请它不要退货。经过友好协商，客户答应不退货，但要求重新生产一批货物作为补偿，并主动联系下家帮F公司出售颜色错误的货物。最后，颜色错误货物以原价的2/3出售，F公司也重新发运了一批货物给G公司，双方圆满地解决了争议。

友好协商的关键是互谅互让，从长远的角度看问题，争取双赢，尽量给对方帮助，这样不仅可以避免仲裁、诉讼的费用和麻烦，还可以增进信任和友谊，发展长期的业务关系。

12.1 货物的检验检疫

一、在出口国装船前检验

------ 案例1 ------

允许买方有合理的机会对货物进行检验

【案例正文】

我国某公司向国外G公司出售一批玉米，并签订了销售合同，合同中没有规定详细的检验条款，但信用证规定议付时应交付商品原产地证明及商品质量检验检疫证书。卖方凭上述单据，顺利地议付了货款。但货物抵达目的港后，买方经委托公证检验发现，货物的品质与合同规定严重不符，但货物包装完好无损。于是买方向卖方提出索赔，但卖方称货物在装船前已经检验，证明货物质量符合规定，拒绝赔偿。

【讨论问题】■

请问：卖方是否有权拒绝赔偿？买方应如何处理？

【参考答案】■

卖方无权拒绝赔偿，较好的解决方式是双方协商解决。国际贸易中商品的品质和数量通常通过委托公证检验机构检验并出具检验证书予以证明。但是以哪里的检验为最后依据需要在合同中订明。如果规定以装运港的检验证书为最终依据，就否定了买方的复验权。如无此类规定，应以有关法律为准。联合国国际货物买卖合同公约以及多数国家的买卖合同法都规定，应当允许买方有合理的机会对货物进行检验。此案中，买卖合同没有对检验作详细规定，就应当允许买方进行检验。如果发现品质或数量与合同不符，可以向卖方提出索赔。卖方提交的检验证书只能是卖方交货相符的初步证据。由于交货时货物包装良好，说明承运人对货物品质没有过失责任。那么，品质差异就可能来自两个方面：第一，两个检验的标准和方法不同；第二，有一方的检验不准。所以，不能简单地认为卖方的检验存在虚假。

-------- 案例2 --------

买方对货物复验权的丧失

【案例正文】■

德国G公司（买方）与土耳其T公司（卖方）签订了一批虾仁的销售合同。在货物运抵德国后（货物装运的第7天），买方检验了货物并向卖方发出货物与合同不符（包括数量短缺等）的通知，要求卖方降价，从而引发了诉讼。根据合同的规定，买方必须按照销售合同的第38条规定在土耳其（而不是抵达地点）进行检验，合同要求由买方的一名代表在土耳其装运港检查货物，并由买方负责作出安排，将货物运至其本国。然而，买方是在货物运抵德国之后，即在买方本可去土耳其发货地点检查货物的7天之后才发出货物不合规格的通知。初审法院驳回了买方以货物不符合同为由而提出的降低货物价格的请求，并判令德国买方向土耳其卖方支付按合同应付的价格差额。初审法院驳回的根据是，买方已在土耳其的发货地点检验了货物并认为货物完好。买方不服初审法院的判决而提出上诉。当事双方在初审法院进行审理期间曾口头同意按德国法律裁决其纠纷，因而CISG作为德国法律的一部分可以适用。

【讨论问题】■

请问：上述情况下，货物检验是否可推迟到货物到达目的地后进行？买方做法是否合理？

【参考答案】■————————————————————————

货物检验不可以推迟到货物到达目的地后进行，买方做法不合理。当事各方在初审法院进行审理期间曾口头同意按德国法律裁决其纠纷，因而CISG作为德国法律的一部分可以适用。上诉法院以下述理由为根据，维持初审法院的判决：CISG第38条第2款不适用于本案，因为当事人已经在合同中明确排除了在目的地检验货物的可能性。根据合同的规定，买方必须在土耳其（而不是抵达地点）进行第38条规定的检验，合同要求由买方的一名代表在土耳其装运港检查货物，并由买方负责作出安排，将货物运至其本国。然而，买方是在货物运抵德国之后，即在买方本可去土耳其发货地点检查货物的7天之后才发出货物不合规格的通知，因而法院认为，买方丧失了以货物不合规格为由按比例降价的权利（CISG第38条、第39条第1款和第50条）。法院判决买方应当支付全额价款，即使收到的货物数量不足。

二、在进口国卸货后检验

————————————— 案例 —————————————

买方必须在按实际可行的最短时间内检验货物

【案例正文】■————————————————————————

意大利Y公司（卖方）与德国D公司（买方）签订了一项地毯销售的合同。在货物交付给买方将近7周后，买方通知卖方，货物与合同不符，并要求卖方减价。卖方拒绝承认货物与合同不符，并称不符通知不够及时。然而，买方提出了一个潜在缺点，称这种不符的特性只有在对织物进行染色以后才会显露出来。双方协商未果，卖方遂上诉法院索赔。

【讨论问题】■————————————————————————

请问：买方是否有权拒赔？请说明理由。

【参考答案】■————————————————————————

买方无权拒赔。根据CISG第39条认定，买方已丧失声称货物与合同不符的权利，因为它没有及时通知卖方与合同不符的情形。买方通知受合同不符情形的时间限制时，必须同时考虑CISG第38条第1款规定的检验货物的时间，以及第39条第1款规定的通知卖方各种缺陷或与合同不符情形的时间。如果买方没有遵守CISG第38条第1款规定的最短检验时间，那么，即使他它后来的检查中发现缺陷并立即报告卖方，他也已经失去了声称货物与合同不符的权利。对于买方提出的"这是一个潜在缺点，只有在对织物进行染色以后才会发现"的主张，法院认为，即使假设只有在对织物进行加工以后其与合同不符的情形才会显露出来，买方也应当随机对织物样品进行染色，以履行其检验货物的义务。此外，由于买方要求立即交付货物，它就应当在按情况实际可行的最短时间内，以及卖方合理预期的时间内检验货物。因此，交付货物近7周后才发出的通知不能被视为及时。

因此，根据CISG第53条，卖方有权索要价款。根据CISG第59条，证明买方拖欠时，卖方无须提出正式的付款要求。根据CISG第61条和第74条，法院裁定买方向卖方偿付提醒买方时已发生的律师费。

三、出口国检验，进口国复验

案例

货物的检验是否可以推迟到目的地进行

【案例正文】

芬兰F公司（卖方）与阿拉伯联合酋长国A公司（买方）签订了一批钢板的合同，合同约定的交货条件为"FOB爱沙尼亚塔林"。卖方向买方提供了质量检验证书。货物到达阿拉伯联合酋长国的目的地后，买方检验了货物并以无法将这批钢板用于意图的使用为由，立即向卖方发出货物与合同不符的通知，提出降价要求。卖方反对，认为合同的交货条件为FOB，货物风险自货装上船后已经转给了买方，并且，卖方也提供了符合要求的检验证书。

【讨论问题】

请问：买方提出降价的要求合理吗？请说明原因。

【参考答案】

买方提出降价的要求不合理，原因如下：

卖方同意交付特定质量的钢板，也知道买方使用这批钢板的目的，因此，即使合同规定了按离岸价格在塔林交货（FOB（爱沙尼亚）塔林），买方仍有可能推迟检验时间直至货物抵达目的地。因为根据CISG第38条第2款的规定，如果货物涉及运输，则买方对货物的检验可以推迟到目的地进行，本案中应是阿联酋的港口（阿布扎比）。但是，即使买方有权根据CISG第38条第2款的规定在目的地检验货物，它也应注意到这类交易的一个检验货物的惯例是要求买方在检验货物时给卖方一个在场的机会。既然买方对此未提出异议，根据CISG第9条，这一惯例应当适用。

因此，即使货物检验结果如买方声称的那样与合同不符，也无法分辨检验是否为卖方交付的钢板，以及多大比例的货物与合同不符。所以，买方在目的地进行检验的可信度很低，不能支持买方关于货物与合同不符的主张。

12.2 合同的免责条款

12.2.1 不可抗力的含义

- - - - - - - - - - - - - - 案例 1 - - - - - - - - - - - - - - -

海运运力不足是否构成不可抗力

【案例正文】 ■━━━━━━━━━━━━━━━━━━━━━━━━━━━━

某年12月18日，A公司（买方）与B公司（卖方）签订"采购合同"（以下简称"合同"），主要约定：（1）A公司向B公司采购一批护胸背带工装裤，B公司通过分批船运的方式将货物交付A公司；（2）B公司须按时交货，如有迟延，除因不可抗力外，应支付相应违约金，具体计收标准为：每迟延7日，须按迟延交付货物总价款的2.5%支付违约金，不足7日的按7日计算，违约金金额最高不超过迟延交付货物总价款的10%，如B公司超过10周仍未能交付货物，A公司则有权解除合同，合同解除后，B公司仍应依前述标准支付违约金；（3）合同中的"不可抗力"是指战争、严重火灾、洪水、台风、地震、港口罢工以及其他无法合理预见致使货物无法交付的事件，如遇不可抗力事件，合同履行日期应予延长或解除合同，不可抗力事件发生后，卖方应立即传真将事故通知买方，并于事故发生后14天内将事故发生地主管机构或商会出具的事故证明书用空邮寄交买方为凭；（4）合同自双方授权代表签字之日起生效；（5）合同原则上受中国法律管辖，中国法律无相关规定时，适用一般性的国际商业惯例。合同还约定，第二批货物的装船时间最迟不得晚于次年1月20日。但本案B公司实际装船日期为次年2月28日，A公司认为，B公司迟延交货已构成违约，应支付相应违约金。双方由此产生争议，协商不成后，A公司遂于2011年依合同中的仲裁条款申请仲裁，请求B公司支付迟延交货违约金等。B公司一直积极履行交货义务，纸浆按时生产完毕后，即向船运公司交付该批货物，但彼时M国西海岸至中国的集装箱行业普遍出现运力不足情形，本案船运公司亦因缺少货柜而无法及时将纸浆运出，故第二批货物出现交货迟延，B公司认为，迟延交货非因其主观行为所致，而是由不可预知的跨洋运输问题引发，系不可抗力，故被申请人不应承担违约责任。

【讨论问题】 ■━━━━━━━━━━━━━━━━━━━━━━━━━━━━

请问：本案中，B公司认为海运运力不足是否构成不可抗力？

【参考答案】 ■━━━━━━━━━━━━━━━━━━━━━━━━━━━━

B公司认为海运不足并不构成不可抗力。

第一，关于本案的法律适用

本案系国际货物买卖合同纠纷。在涉外民商事争议解决中，适用法的确定至关重要，不同的适用法可能直接影响案件当事人的责任分担、利益调整，事关争议的最终结果。例如，如果本案当事人明确约定有关合同的一切争议适用英国法，而英国法上并无不可抗力的概念，与之相似的应为合同受阻（frustration）。通常而言，受合约严守原则的影响，在英国法上，合同受阻事件很难成立，故合同一方当事人难以据此免责。

在国际商事仲裁中，一般会依据当事人意思自治原则确定争议案件的适用法。本案中，申请人与被申请人在合同中明确约定合同有关争议适用中国法律，且案件争议主要焦点为违约责任问题，因此仲裁庭在实体上可适用《合同法》等有关民商事法律审理案件。

第二，本案被申请人是否可以通过主张不可抗力进行免责

本案争议的焦点在于，B公司一方是否需要承担违约责任。在确定本案实体审查所适用的法律之后，即可据此作出判断。根据涉案合同的约定，被申请人有及时交付货物的义务，但其在交付货物时却有延迟，构成违约。最终是否需对此承担责任还需审查其是否具有合同约定的或法定的免责事由。

B公司意在通过主张不可抗力进行抗辩。本案中，双方当事人既在合同中明确列举了部分不可抗力事件的具体情形，如"战争、严重火灾、洪水、台风、地震"，同时又通过概括性表述如"其他无法合理预见致使货物无法交付的事件"，对不可抗力事件作出兜底性约定。显然，B公司主张的运力不足不属于前述具体情形，而属于后者概括性约定。至于其是否构成不可能抗力事件，则需援引相关法律规定予以审查。

《中华人民共和国合同法》第117条第2款（《中华人民共和国民法典》第180条第2款）规定："本法所称不可抗力，是指不能预见、不能避免并不能克服的客观情况。"据此，构成不可抗力需同时满足三个要件，即主观层面上的不能预见、客观层面上的不能避免和不能克服。故判断某一事件是否构成不可抗力时，应从上述要件着手。

1.国际货物买卖中，海运运力不足是否"不能预见"

不可抗力中的"不能预见"，是指当事人在订立合同之时，无法合理预见该客观事件的发生，其判断应以一般的善意、理性公众的认知水平为标准。如果争议合同涉及某一特定领域或专业，公众的认知水平还需结合特定行业的特点加以考量。本案中，B公司作为一名长期从事国际货物贸易的、善意的、理性的交易主体，其应知晓货物运输对于合同的履行至关重要，应有能力对出口地区的运输行情作出合理的判断及预估。例如，航运紧张的周期、所对接航运公司的规模及商业信誉等，应在订立合同时纳入理性考量，合理地约定货物交付时间，而不至于将自己陷于不利境地。B公司所主张的运力不足，对于一位合格的合同主体而言，并非无法

预见。

2.国际货物买卖中，运力不足是否"不能避免"且"不能克服"

不可抗力中的"不能避免"，是指即使当事人对于客观事件已尽到合理的注意义务且在能力范围内已作出最大努力，仍无法阻止客观事件的发生。其强调对于事件的发生，当事人主观层面上不具有可非难性。本案中，B公司对于其应当且能够预见的事件没有预见，属于未尽到合理的注意义务。如其能够合理分析当期运力情况，而后理性选择船运公司，统筹安排货运，迟延交货的行为完全可以避免。

不可抗力中的"不能克服"，是指即使当事人对于客观事件已尽到最大程度的注意义务，仍无法阻止其发生，并因此而导致合同的部分或完全不能履行。相较于不能避免，不能克服更强调客观事件的发生不以人的意志为转移，并且当事人无法完全履行合同义务系由客观事件所致，其更注重二者之间的因果关联。本案中，被申请人迟延交货是由其未能理性预估当地船运情况而后合理安排货运所引发，而非因某一客观事件造成。

综上所述，B公司所主张的运力不足，不属于不可抗力。

本案仍需注意的是，即使运力不足属于不可抗力，B公司也应按照合同的约定以及《中华人民共和国民法典》第590条第1款的规定履行不可抗力的通知以及证明义务。在出现不可抗力事件后，B公司应及时通知申请人，尽最大可能减少申请人可期待利益损失，同时还应于合理期限内提交与案件相关且有证明力的证据。但本案中，B公司只是声称一直与A公司保持联络，并未将其认为己方遭遇不可抗力事件正式通知A公司，且B公司仅提供一篇证明海运运速缓慢的新闻作为发生不可抗力的证据，其关联性不强，证明力较弱，无法据此认定。

结合上述分析判断，本案B公司未能及时交货有违合同约定，且不存在不可抗力之免责事由，理应承担相应的违约责任。

-------------------- 案例 2 --------------------
"国际制裁"是否符合不可抗力情形

【案例正文】 ■————————————————————————

某年，某船公司船东及其租船人签订了一份在几内亚和乌克兰之间运输镀锌板的包运合同，在此期间产生纠纷。COA规定运费应由租船人以美元支付。然而，由于美国OFAC对租船人的母公司实施制裁，船东援引合同的不可抗力条款要求解约。不可抗力条款约定如下：

不可抗力事件是指符合下列所有标准的事件或情形：

1.超出发出不可抗力通知一方的控制；

2.阻止或延误在装货港装船和/或在卸货港卸货；

3.由一个或多个政府的任何规则或条例，或政府限制货币转移和交换的任何干预、行为或指示所引起；

4.无法通过受影响一方的合理努力来克服。

船东的观点是，受制裁影响，如果继续履行该包运合同将遭受美国制裁，作为COA明示条款的美元运费付款将被延迟或阻止，属于约定的不可抗力情形。租船人对不可抗力条款的触发提出异议，在初审仲裁庭提出以欧元支付替代运费，且制裁并不影响货物的实际装运、卸货和运输。租船人认为，在向船东提供以欧元支付运费的选择时，已经提出了一个现实且合理的替代方案，以克服不可抗力事件。因此，船东援引不可抗力条款未满足上述4小点要求，无法解除合同。仲裁庭支持租船人的观点，认为虽然美国制裁的严重影响确实阻碍了与受制裁实体的贸易，但船东没有采取合理的努力来克服相关事件。相反，接受租船人以非合同约定货币支付的提议将构成合理的努力，并避免了不可抗力事件。随后，船东向商事法院提起上诉，理由是COA规定支付方式为美元，而不是其他货币，因此合同协议及其为避免不可抗力事件所作的合理努力并不扩展适用于接受其他货币的支付。

【讨论问题】▬

请问：你认为船东的观点是否合理？请说明理由。

【参考答案】▬

船东的观点合理。商事法院最终推翻仲裁裁决并支持船东的观点，认为在确定此案的合理性问题时，合同义务是最重要的，以某种货币支付的义务是合同的一个关键方面。即使根据不可抗力条款的合理努力要求，船东也没有义务同意本合同条款的变更，也没有义务接受承租人的非合同约定履行（换句话说，以欧元支付）。简而言之，合理努力的概念必须在当事各方之间按照合同约定的范围内加以考虑。受不可抗力事件影响的双方不得接受非合同约定履行，即使拒绝接受非合同约定履行将导致合同无法继续履行。

案例3

政府因发布禁止令而无法按时交付货物，这能否构成不可抗力从而免责

【案例正文】▬

美国GB公司（卖方）与印度尼西亚MX公司（买方）签署了一份鸡胸肉销售合同。交付货物时，印度尼西亚暴发禽流感，政府发布了禁止令，禁止一切某日起未取得认证的鸡肉进口。美国卖方迟延交付，印度尼西业买方建议运往其他替代港口收货，但美国卖方认为"政府禁止令"构成CISG第79条规定的不可抗力。美国卖方最终以较为丰厚的利润价格，将鸡胸肉卖给了另外一个买方。

【讨论问题】

请问：以上依据是否构成不可抗力从而免责？

【参考答案】

以上依据并不构成不可抗力从而免责。印度尼西亚政府的"禁止令"超出了美国卖方的控制范围，且在订立合同时无法预见。但是，美国卖方本可以通过运送到买方提出的替代港口来合理地避免禁令。因此，美国卖方不能依据CISG第79条的规定免除责任。CISG第79条在要件上没有像《中华人民共和国民法典》的规定，同时要求"三不"要件，但在具体适用上，与我国不可抗力要件没有本质的区别。法院、仲裁机构均采用严格责任确认免责事项。援引CISG第79条时，必须证明所遭受的障碍（Impediment）与不能履行之间存在着"唯一的"或者"排他的"因果关系，要达到该障碍不能克服、不能避免。若可以通过其他有效的方式克服障碍，将被认定为不符合CISG第79条规定的免责条款。

12.2.2　不可抗力条款的法律责任

------------------------------ 案例1 ------------------------------

苏伊士运河封闭，拒绝绕行交付货物构成违约吗

【案例正文】

案件名称：Tassioglou & Co Ltd v Noble Thorl GmbH

案号：［1962］ A.C. 93

法律适用：英国

案件内容：1956年11月12日，双方签订了销售苏丹坚果的CIF合同。平时从苏丹到汉堡通常的路线是通过苏伊士运河，但因1956年苏伊士危机导致运河封闭。当时的替代性航线是绕行南非好望角，走这条路线是原来行程的两倍多，成本也会随之增加。最终，卖方拒绝了运送坚果。

【讨论问题】

请问：该合同是否发生了根本性变化导致合同落空？

【参考答案】

该合同未发生根本性变化导致合同落空。法院认为，供应商有义务通过常规路线运送约定的货物，或者如果在装运时没有这样的路线，应通过另一条合理的路线运送。在当时绕行南非好望角运输仍然是一个可行的选择，该替代性方案并没有使合同产生根本性的变化，因此法院认定合同没有落空（Frustration）。实际上本案的买卖双方在合同中约定了不可抗力条款，具体为"发生不可抗力后，可以延期两个月，若两个月后，不可抗力仍然持续，可以解除合同"。但是本案的卖方直接选择

拒绝运送货物的行为，不符合双方约定。像本案的情况，若适用中国法，可以考虑援引"情势变更"的规定，若绕行南非好望角路线达到显失公平的程度，实际上是可以要求法院解除或者变更合同的。

──────── 案例2 ────────

印度海关系统升级导致迟延交付货物，能否依不可抗力免责

【案例正文】■

某年3月24日，印度SRV公司与中国GT公司签署"买卖合同"，约定SRV公司向中国GT公司出售大豆一类品200吨、二类品300吨，货物单价为CIF价1 365美元/吨，合同总金额为409 500美元，付款条件为中国GT公司在本合同签订后3个工作日内开立不可撤销信用证，发货港为印度钦奈港，目的地为中国上海港，最后装运日期为该年4月18日。中国GT公司根据约定向建设银行申请开立信用证。

由于印度钦奈港海关进行系统软件升级等原因，办理港口货物进出口手续被迫中断。为此，500吨大豆必须分两批发运，其中第一批200吨大豆于4月16日发运，第二批200吨大豆只能于4月21日发运。第二批大豆发运后，SRV公司要求中国GT公司修改信用证中的最晚装船期条款，但中国GT公司没有修改信用证，也没有通知建设银行接受单据不符点。5月5日建设银行单据不符为由拒付了第二批大豆的货款273 000美元。因此，SRV公司要求中国GT公司赔偿因其违约造成的损失。

【讨论问题】■

请问：印度海关系统升级导致迟延交付货物，能否依不可抗力而免责？

【参考答案】■

印度海关系统升级导致延迟交付货物，不能依不可抗力而免责。法院认为，SRV公司主张其迟延发货系因印度海关系统升级造成的，但SRV公司提交的证据不能证明其未能在3月18日前发运货物与海关系统升级存在关联性。因此，SRV公司主张其迟延发货系因不可抗力不能成立。SRV公司作为卖方虽然迟延发货，但其发货时间晚于合同约定的时间仅仅4天，而且本案货物不属于保质期较短容易变质的货物，因此，SRV公司迟延发货行为不构成根本违约。根据双方签署的买卖合同，印度公司的装船日应在3月18日之前。系统升级与迟延装船之间，存在什么样的紧密联系及因果，印度SRV公司没有举证证明。系统升级既不属于自然灾害，也不属于社会偶发事件。即便存在因果，该突发事件能否被认定为不可抗力仍然存在疑问。就本案结果而言，印度SRV公司适用中国法是明智的选择，我国民法始终贯穿诚实信用原则，因此在合同履行中也会有所体现，诚实信用原则也是民法的帝王条款。因此，法院认定印度公司迟延4天装船不构成根本违约，不足以推翻本案合同，也没有进一步追究印度SRV公司的责任。若适用普通法国家的法律，本案可能会有相反的结果。因为普通法体系下，诚实信用原则（Good Faith）在合同中不具有统领作用。普通法系更注重意思自治及合同严格责任。

12.3　争议与索赔

【案例正文】▮

英国买方EG公司和德国卖方DY公司于某年10月订立了一个关于供应来自中国的铝合金合同。合同主要条件包括：18 000公斤；铝含量不低于74%；每公斤7.70美元；CIF鹿特丹；因不可抗力原因致使卖方不能交货或者迟延交货，卖方免责等。合同签订后不久，卖方提出根据市场的价格波动涨价的建议，被买方拒绝。随后，卖方提议买方接受铝含量略低（大约60%）的货物并要求延期交货。买方接受了铝含量略低的提议但确定了一个最后交货期。因卖方没有收到其中国供货商提交的货物，在附加的交货期限到期之后卖方仍然未向买方交货。买方于是与某第三方达成了替代交易，并随后提出诉讼，要求卖方弥补替代交易价款与合同价款的差额作为损害赔偿。

【讨论问题】▮

请问：买方要求卖方赔偿损失是否合理？请说明理由。

【参考答案】▮

买方要求卖方赔偿损失合理，法院应裁定支持买方的主张。按照公约第49条第1款（a）项和（b）项，合同已宣告无效。对于（a）项，法院认为，虽然时间的拖延一般不认为是根本违反合同，但如果在特定时间内交货对买方来说有特别的利益关系，而这一点又是在缔结合同时可以预见的，即为根本违反合同（CISG第25条）。国际贸易术语CIF的定义决定了该合同是限期交货的交易；对于（b）项，买方依照CISG第47条第1款的规定确定了额外的交货限期，而卖方未能在该限期内交货。因此，在发生不履约后两星期内另行作出采购是合理的。

法院裁定，无论是根据该合同的不可抗力条款，还是根据该公约的第79条第1款，卖方均不能免除赔偿责任。卖方自己承担由其自己的供应商交付货物的风险。只有当市场上再也无法得到同样或类似质量的货物时，卖方才可免除赔偿责任。此外，法院还认为，卖方有责任承担在作出替代交易时市场价格上升的风险。虽然市场价格上升到缔结原先合同时议定价格的3倍，但这并未达到亏本出售价，因为该项交易据说是高度投机性的交易。

------- 案例 2 -------

合同一方可否以对方违约在先为由，不予理赔

【案例正文】■————————————————————————

我国广州某公司按FOB条件进口羊毛衫商品一批，合同规定交货期为7月份。6月8日接对方来电称，因洪水冲毁公路（附有证明），要求将交货期推至7月份。我方接信后，认为既然能证明因洪水冲毁公路，推迟交货应该没问题，但因广交会期间工作比较忙，我方一直未给对方答复。7月和8月份船期较紧，我方于9月份才派船前往装运港交货。因货物置于码头仓库产生了巨额的仓储、保管等费用，对方便要求我方承担有关的费用。我方以对方违约在先为由，不予理赔。

【讨论问题】■————————————————————————

请问：我方可否以对方违约在先为由，不予理赔？

【参考答案】■————————————————————————

我方不能以对方违约在先为由，不予理赔。根据国际惯例，无论合同中是否明确规定了不可抗力条款，任何一方当事人在遭受不可抗力事故后，都必须及时通知对方，而对方接到通知后应予及时答复，否则，将按遭遇不可抗力事故一方提出的条件办理。我方接到对方的通知后，一直未给对方答复，也未按照对方提出的条件履行，属于我方违约。因此，我方不能以对方违约在先为由，不予理赔。

12.4 国际贸易仲裁

------- 案例 -------

不服仲裁裁决是否可向法院提请上诉

【案例正文】■————————————————————————

DL公司与TU公司签订了出口某种货物的买卖合同，合同中的仲裁条款规定："凡因执行本合同所发生的一切争议，双方同意提交仲裁，仲裁在被诉人所在国家进行。仲裁裁决是终局的，对双方具有约束力。"在履行合同的过程中，TU公司提出DL公司所交的货物品质与合同规定不符，于是双方将争议提交甲国仲裁。经仲裁庭调查审理，认为TU公司的举证不实，裁决TU公司败诉，事后，DL公司因TU公司不执行裁决向本国法院提出申请，要求法院强制执行，TU公司不服。

【讨论问题】 ■━━━━━━━━━━━━━━━━━━━━━━━━━━━━━━━

请问：TU 公司可否向本国法院提请上诉？仲裁与诉讼的区别包括什么？

【参考答案】 ■━━━━━━━━━━━━━━━━━━━━━━━━━━━━━━━

TU 公司不可以向本国法院提请上诉，因为仲裁授予机构对争议案件的管辖权排除了法院对该案件的管辖权，且仲裁裁决的效力是终极的，对争议双方均具有约束力。在本案例中，TU 公司败诉，应该按照仲裁裁决的内容执行。

仲裁与司法诉讼是不同的，二者的主要区别在于：法院是国家机关的重要组成部分，具有法定管辖权，当一方向法院起诉时，无须事先征得对方的同意，而由有管辖权的法院发出传票，传唤对方出庭。仲裁机构是民间组织，没有法定的管辖权；仲裁是在自愿的基础上进行的，如果双方当事人没有达成仲裁协议，任何一方都不能迫使另一方进行仲裁；仲裁机构也不受理无仲裁协议的案件。另外，仲裁员由双方当事人指定，而法官是由国家任命和选举的。仲裁可以按照商业惯例作出裁决，对当事人来说，仲裁与司法诉讼相比具有较大的灵活性和非强制性，所以在国际贸易中，当有争议的双方通过友好协商不能解决问题时，一般都愿意采取仲裁方式来解决争端。

▎综合案例：新冠肺炎疫情下 YZ 水产公司买卖合同中的不可抗力条款纠纷

一、背景

YZ 水产食品公司与山东 HJ 水产公司通过电子邮件形式签订编号为 ASI200327-01 的买卖合同，约定买方山东 HJ 水产公司向卖方 YZ 水产食品公司购买 500 公吨原产国为俄罗斯的冷冻黄线狭鳕鱼（去头去内脏，25 厘米+允许 10% 溢短装），单价为（CFR 青岛）1 383.80 美元/公吨，装运日期为 2020 年 4 月，支付方式为 100% 不可撤销的 90 天远期信用证，2020 年 3 月 31 日前开立。合同对鱼的规格进行了其他约定，同时约定，如逾期付款，则买方应每天按发票总额的 3% 支付违约金。合同约定适用不可抗力条款。合同文本的落款时间为 2020 年 3 月 27 日，山东 HJ 水产公司于 2020 年 3 月 31 日向 YZ 水产食品公司回传合同文本。

为履行上述合同，YZ 水产食品公司于 2020 年 4 月 7 日将净重 524 976 千克的冻狭鳕鱼进行报关，存放地点为青岛崂山仓储公用型保税仓库，按照 1 383.80 美元/公吨计算，货物的实际金额应为 726 461.79 美元。为此，YZ 水产食品公司与青岛崂山仓储有限公司形成仓储合同关系，并于 2020 年 7 月 27 日向青岛鸿嘉国际货运代理有限公司支付仓储费 30 299.63 美元，该费用支付至 2020 年 8 月 2 日。

货物进口报关后，YZ 水产食品公司向山东 HJ 水产公司发出函件，告知货物已于 2020 年 4 月 7 日运送至青岛港并卸货，山东 HJ 水产公司未按约定于 2020 年 3 月 31 日前开立信用证，因此向山东 HJ 水产公司提出索赔，并要求于 2020 年 4 月 16 日前开立信用证，否则将提起诉讼。

2020年4月14日，山东HJ水产公司向YZ水产食品公司发函称：2020年4月，受国际新型冠状病毒严重影响，欧美客户纷纷取消已订购的成品订单合同，导致我司与贵司签订的ASI200327-01原料购买合同不能执行，特此通知予以解除。

2020年7月23日和24日，YZ水产食品公司分别收到韩国水产食品公司的汇款118 119.60美元及354 358.80美元，合计472 478.40美元。YZ水产食品公司主张，上述费用是其寻找新买家，将涉案货物降价转卖其他人收回的货款472 478.40美元，因此产生货物差价损失：726 461.79-472 478.40=253 983.39（美元）。

为此，YZ水产食品公司向山东HJ水产公司提出赔偿要求，诉诸法院判令其赔偿：货物差价损失25 983.39美元、违约金305 113.95美元、仓储费损失30 299.63美元，共计589 396.97美元（折合人民币4 127 488.04元，按起诉之日2020年7月27日的外汇牌价1美元=7.0029元人民币计算）。

二、新冠肺炎疫情下用不可抗力条款免责吗

山东HJ水产公司（买方）主张，系因新冠肺炎疫情导致其与下游公司购买加工后的产品的货物买卖合同解除，导致本案合同无法履行，因适用不可抗力条款免责。山东HJ水产公司与下游客户解除合同是在2020年3月31日，但其至2020年4月14日才向YZ水产食品公司提出解除合同。山东HJ水产公司为证明卖方YZ水产食品公司扩大损失，以不合理低价转卖本案货物，另提交其于2020年7月与案外人购买相关原材料的证据，并抗辩如下：

（一）本案合同并未实际履行，卖方提交的证据无法证明货物是出售给买方的，另卖方未提交货物提单，商业发票、申请人和通知方均是青岛崂山仓储有限公司而非买方。卖方提交的证据显示货物到港后并未通知买方办理接货等手续，海关进口报关单显示收货人也是青岛崂山仓储有限公司。因此，YZ水产食品公司违反合同关于CFR交易方式的约定，未向山东HJ水产公司交付货物及单据，由此产生的仓储费用与山东HJ水产公司无关，其后续变卖货物的行为亦与山东HJ水产公司无关。基于CFR交易方式，国际贸易商会对其规则的解释为：对A8交货凭证、运输单据或有同等作用的电子讯息卖方必须自付费用，并毫不迟延地向买方提明载往约定目的港的通常运输单据。此单据（如可转让提单、不可转让海运单或内河运输单据）必须载明合同货物，其日期应在装运期内，使买方得以在目的港向承运人提取货物；除非另有约定，应使买方得以通过单据（可转让提单）或通过通知承运人，向其后手买方出售在途货物。本案YZ水产食品公司违反国际货物买卖的基本准则，并未向山东HJ水产公司交付货物及提单，由此产生的仓储费用与山东HJ水产公司无关。YZ水产食品公司关于对货物的运输及仓储系其内部事务，并未实质履行合同，YZ水产食品公司变卖有关货物的事实发生在其未按CFR规则履行交付义务之前，为此，其变卖的损失与山东HJ水产公司无关。

（二）YZ水产食品公司违反合同关于2020年4月装运日期的约定，是其产生损失的原因。本案是国际货物连环买卖合同，受欧洲新冠肺炎疫情的影响，山东 HJ 水产公司于 2020 年 3 月 31 日接到有关订单停止履约的有关通知，与 YZ 水产食品公司电话沟通无效后，于 2020 年 4 月 14 日书面通知 YZ 水产食品公司解除合同，如 YZ 水产食品公司不违反双方合同的约定，则不会产生相关损失。因此，YZ 水产食品公司的损失是其违约直接导致的，与山东 HJ 水产公司无关。依据 CISG 第 79 条的规定，应当予以免责。合同双方当事人所属国是 CISG 的签约国，均受该公约的约束。CISG 第 79 条第 1 款规定确立了合同当事人未履行义务而免责的条件或标准：免责的条件就是障碍是当事人不能控制、不能预见、不能避免、不能克服的。这与构成不可抗力的条件实质上并无二致，本案系国际货物连环买卖纠纷，双方合同签订之时，新冠肺炎疫情虽然在中国大陆被控，但被告的上游客户波兰却开始出现了严重疫情，使得被告的订单不能被履行，基于 CISG 第 79 条第 1 款规定，被告及时向原告 YZ 水产食品有限公司进行了通告。

YZ 水产食品公司未向山东 HJ 水产公司交付提单及变卖货物均系基于新冠肺炎疫情风险作出的应对措施，其不应当将有关的疫情风险全部转嫁于山东 HJ 水产公司。YZ 水产食品公司违反 CFR 国际货物买卖原则及历史交易惯例的事实，也能证明其是基于对新冠肺炎疫情风险的警惕和防范。YZ 水产食品公司起诉的同时将涉案货物变卖，从而也能证明 YZ 水产食品公司基于山东 HJ 水产公司的通知放弃了继续履行合同的主张，是其对全球市场的不确定性而作出的应对措施。山东 HJ 水产公司的客户主要在欧美国家，面对美国的贸易战及新冠肺炎疫情所带来的市场风险，合同的一方当事人不应当将其所有的风险及损失转嫁于被承担者。

（三）买方并未违约，卖方在诉讼请求中主张的各项内容无事实与法律依据。转卖价格远远低于涉案合同价格，属于不合理低价转让，如让买方承担如此之高的差价损失，明显不公。即使认定存在货物差价损失，也应当按照货物款项逾期付款的损失进行赔偿。仓储费用从卖方提供的证据显示其货物是出售给青岛崂山仓储有限公司，而并非本案买方，其行为是一种备货行为。且货物到港后并未通知在山东 HJ 水产公司办理相关手续，因此仓储费用不应由买方承担。2020 年 7 月 20 日，YZ 水产食品公司将其仓储货物以 900 美元/吨的价格出售，明显低于 1 400 美元/吨的市场价格，其差价损失应当由其自行承担。YZ 水产食品公司向法院提供了"渔易拍" 2020 年 4 月 29 日有关价格资讯，不能证明其 2020 年 7 月 22 日贱卖货物价格的正当性。但此行为说明原告接受"渔易拍"有关价格资讯，根据"渔易拍"2020 年 7 月 22 日发布的有关资讯，涉案货物的市场价格应为 1 400 美元/吨。

综上所述，山东 HJ 水产公司认为，YZ 水产食品公司未按 CFR 贸易原则履行交付提单及货物的义务是其造成损失的原因，山东 HJ 水产公司基于上游方因波兰的新冠肺炎疫情不能履约的障碍符合 CISG 第 79 条第 1 款规定，应当予以免责。

（四）YZ 水产食品公司无权同时主张损失赔偿与违约金，其诉求不明确。YZ 水产食品公司同时主张损失赔偿与违约金，势必会因诉讼成功而获取额外利益，根据《中华人民共和国合同法》的有关规定，YZ水产食品公司不能同时主张损失赔偿与违约金，应当明确其诉求。

资料来源：王珩霖. 亚洲水产食品有限公司山东新华锦水产有限公司国际货物买卖合同纠纷民事一审民事判决书［EB/OL］.［2022-11-06］. https：//wenshu.court.gov.cn/（编者有修改）

【案例使用说明】■━━━━━━━━━━━━━━━━━━━━━━━━

一、教学目的与用途

本案例适用于"不可抗力条款"章节（教材第12章）的教学过程使用。学生通过阅读案例、思考问题及小组讨论的方式，掌握了关于不可抗力的定义及免责条款的相关法律知识。

二、讨论问题

（一）在国际货物买卖中，什么是不可抗力？合同当事人未履行义务而免责应满足哪些条件？本案中，卖方声称的受新冠肺炎疫情影响停止履约是否应予以免责？

（二）HJ公司是否有权以YZ水产公司未履行装运货物的义务为由拒绝履行开立信用证的义务？

（三）对卖方在诉讼请求中主张的要求买方赔偿货物差价损失以及仓储费，法院是否应予以支持？

（四）查阅《中华人民共和国民法典》合同编的相关资料，研究关于损失赔偿与违约金不能同时主张的问题。

三、分析思路

分析本案例应当根据讨论问题，到案例中找出与每一讨论问题相对应的案例素材，然后认真阅读案例的相关材料，挖掘提炼出本部分案例材料的基本事实，然后再运用所学专业知识对相关事实反映的问题作出判断。

四、理论依据与分析

（一）不可抗力的定义及免责条件

不可抗力，是指不能预见、不能避免并不能克服的客观情况。当事人依据上述公约的规定免责，或依据有关不可抗力的规定免责，前提条件之一是存在该当事人不能控制的障碍或客观情况，导致该当事人不能履行合同义务，且其在订立合同时不能预见上述障碍或客观情况。CISG第79条第1款规定："当事人对不履行义务，不负责任，如果他能证明此种不履行义务，是由于某种非他所能控制的障碍，而且对于这种障碍，没有理由预期他在订立合同时能考虑到或能避免或克服它或它的后果。"

根据《中华人民共和国民法典合同编》规定，因不可抗力不能履行合同的，根据不可抗力的影响，部分或者全部免除责任。不可抗力，是指不能预见、不能避免并不能克服的客观情况。当事人依据上述公约的规定免责，或依据有关不可抗力的规定免责，前提条件之一是存在该当事人不能控制的障碍或客观情况，导致该当事人不能履行合同义务，且其在订立合同时不能预见上述障碍或客观情况。

（二）违约金过高标准及举证责任

认定约定违约金是否过高，一般应当以《中华人民共和国民法典》规定的损失为基础进行判断，这里的损失包括合同履行后可以获得的利益。除借款合同外的双务合同，作为对价的价款或者报酬给付之债，并非借款合同项下的还款义务，不能以受法律保护的民间借贷利率上限作为判断违约金是否过高的标准，而应当兼顾合同履行情况、当事人过错程度以及预期利益等因素综合确定。主张违约金过高的违约方应当对违约金是否过高承担举证责任。

五、参考答案

（一）不可抗力，是指不能预见、不能避免并不能克服的客观情况。当事人依据上述公约的规定免责，或依据有关不可抗力的规定免责，前提条件之一是存在该当事人不能控制的障碍或客观情况，导致该当事人不能履行合同义务，且其在订立合同时不能预见上述障碍或客观情况。CISG第79条第1款规定："当事人对不履行义务，不负责任，如果他能证明此种不履行义务，是由于某种非他所能控制的障碍，而且对于这种障碍，没有理由预期他在订立合同时能考虑到或能避免或克服它或它的后果。"

当事人依据CISG的规定免责，或依据有关不可抗力的规定免责，前提条件之一是存在该当事人不能控制的障碍或客观情况，导致该当事人不能履行合同义务，且其在订立合同时不能预见上述障碍或客观情况。本案中，HJ公司主张合同解除系由新冠肺炎疫情造成，其应当免责。本院认为，本案合同签订于2020年3月27日至3月31日之间，合同签订时新冠肺炎疫情已经开始流行，HJ公司在签订合同时能够预见到新冠肺炎疫情对合同履行的影响。HJ公司未履行涉案买卖合同，却在2020年7月另行购买了同类货物，HJ公司关于不履行本案合同系因新冠肺炎疫情造成的主张与该事实相悖。因此，对于HJ公司提出的其应免责的主张，本院不予支持。

（二）本案双方当事人签订的买卖合同约定了货物名称、规格、数量和价格，还约定装运日期为2020年4月，支付方式为100%不可撤销的90天远期信用证，2020年3月31日前开立，如HJ公司逾期付款，则每天按发票总额的3%支付违约金。合同约定的货款支付方式为信用证，且双方并未约定其他支付方式，因此HJ公司应当在2020年3月31日前开立信用证，否则构成逾期付款，应当按照合同约定向YZ水产公司支付违约金。合同签订后，HJ公司未于2020年3月31日前开立信用证，因此其应当依约向YZ水产公司支付违约金。HJ公司称，YZ水产公司未向法院提交涉案货物的提单，法院仅以YZ水产公司制作的商业发票、装箱单以及YZ水产公司签订的仓储协议来认定YZ水产公司履行了合同，有失偏颇；YZ水产公司将其所称的货物运送到青岛，并不是为了履行本案合同。

根据涉案合同约定，HJ公司在2020年3月31日前开立信用证，YZ水产公司

2020年4月装运货物，因此HJ公司开立信用证的义务在先，YZ水产公司装运货物的义务在后，HJ公司无权以YZ水产公司未履行装运货物的义务为由拒绝履行开立信用证的义务。同时，YZ水产公司作为卖方，其主要义务为交付货物，不论货物是在合同订立前装运的，还是在合同订立后装运的，只要不影响其在青岛向HJ公司交付符合合同约定的货物，就可以认定YZ水产公司能够履行合同主要义务。

（三）YZ水产公司虽然提交了经过公证认证的付款及收款凭证，但未提交相关合同、装箱单、商业发票等的原件或者通过电子邮件发送的记录予以印证，因此不能确认YZ水产公司上述收款、付款行为与本案具有关联性。一审法院未将上述证据作为确定YZ水产公司实际损失数额的依据，并无不当。YZ水产公司所举证据不能证明其实际损失数额大于违约金数额，因此一审法院仅支持YZ水产公司关于违约金的诉讼请求，符合法律规定。

（四）HJ公司于2020年4月14日向YZ水产公司发出解除合同的通知，违约金应当计至该日，违约金数额为每逾期付款一天支付发票总额的3%，共计305 113.95美元。《中华人民共和国民法典合同编》规定，约定的违约金过分高于损失的，当事人可以请求人民法院或者仲裁机构予以适当减少。最高人民法院《全国法院民商事审判工作会议纪要》第50条规定："'违约金过高标准及举证责任'认定约定违约金是否过高，一般应当以《中华人民共和国民法典》规定的损失为基础进行判断，这里的损失包括合同履行后可以获得的利益。除借款合同外的双务合同，作为对价的价款或者报酬给付之债，并非借款合同项下的还款义务，不能以受法律保护的民间借贷利率上限作为判断违约金是否过高的标准，而应当兼顾合同履行情况、当事人过错程度以及预期利益等因素综合确定。主张违约金过高的违约方应当对违约金是否过高承担举证责任。"本案中，HJ公司的违约行为不仅表现为迟延付款，而且表现为在YZ水产公司催告后仍拒绝付款。因为HJ公司的原因，本案合同在没有履行的情况下即解除。YZ水产公司所受损失不仅包括HJ公司迟延付款而产生的损失，还包括因合同未履行而产生的损失。HJ公司作为专业从事水产品加工和进出口贸易的公司，其在缔约时应当对订立涉案违约金条款的后果，以及迟延履行和拒绝履行合同的后果有所预见。考虑到以上因素，HJ公司提出的减少违约金的请求法院应不予支持。

主要参考文献

［1］党伟．国际货物销售合同公约的审判实践（一）［M］．北京：对外经济贸易大学出版社，2016.

［2］党伟．国际货物销售合同公约的审判实践（二）［M］．北京：对外经济贸易大学出版社，2016.

［3］刘晓春，何音，刘哲伟．《联合国国际货物销售合同公约》典型仲裁案例选编［M］．北京：北京大学出版社，2020.

［4］贾林青，陈晨，丁当．保险合同案例评析［M］．北京：知识产权出版社，2003.

［5］余庆瑜．国际贸易实务原理与案例（第三版）［M］．北京：中国人民大学出版社，2021.

［6］李勤昌．海上货物索赔教学案例［M］．大连：东北财经大学出版社，2016.

［7］徐景霖，李勤昌．国际贸易实务［M］．11版．大连：东北财经大学出版社，2019.

［8］易露霞，陈新华，尤彧聪．国际贸易实务双语教程［M］．5版．北京：清华大学出版社，2021.